Hamburger
Edition
Institut für
Sozialforschung

Wolfgang Kraushaar

Verena Becker und der Verfassungsschutz

Hamburger Edition

Hamburger Edition HIS Verlagsges. mbH
Mittelweg 36
20148 Hamburg
www.Hamburger-Edition.de

Umschlaggestaltung: Wilfried Gandras
Typografie und Herstellung: Jan und Elke Enns
Satz aus der Stempel Garamond
von Dörlemann Satz, Lemförde
Druck und Bindung: CPI – Clausen & Bosse, Leck
Printed in Germany
ISBN 978-3-86854-227-1
2. Auflage Oktober 2010

Inhalt

Wer erschoss den Generalbundesanwalt?

Keine andere Frage hat im Zusammenhang mit der RAF die deutsche Öffentlichkeit in den vergangenen drei Jahren stärker bewegt. Die Versuche, darauf eine Antwort zu finden, muten inzwischen längst wie eine nicht enden wollende Schnitzeljagd an. Von den Medien sind häppchenweise Informationen von unterschiedlicher Bedeutung ans Tageslicht gebracht worden, ohne dass damit immer ein wirklicher Erkenntnisgewinn zu verzeichnen gewesen wäre. Die Vielzahl und Heterogenität der Informationen fügt sich partout nicht zu einem kohärenten Bild. Wie absurd dabei die Suche nach dem Todesschützen mitunter werden kann, hat das Politmagazin »Report« in einem satirischen Beitrag anschaulich dargestellt. Bereits im Frühjahr 2007 hatte die Kunstfigur »Lisa« ihren Senf dazu abgegeben, wer als Täter infrage komme:

> »Wer es denn nun wirklich war und wer nicht und wer vielleicht doch? Bis jetzt war klar, auf dem Motorrad saßen der Sonnenberg und der Folkerts. Und der Folkerts war es.
>
> Der Klar saß im Auto. Oder der Klar und der Sonnenberg auf dem Motorrad und der Folkerts im Auto. Oder der Klar und der Folkerts oder so …
>
> Aber jetzt ist alles anders. Der *Spiegel* sagt jetzt: Der Wisniewski war es. Weil das der Boock gesagt hat. Und dem hat das auch jemand gesagt, sagt er. Wer, will er aber nicht sagen.
>
> Und wenn es der Wisniewski war, kann es der Klar nicht gewesen sein. Das hat zwar niemand gesagt, ist aber auch egal. Trotzdem soll der Klar jetzt nicht begnadigt werden. Auch wenn er es ja nicht war. Der Folkerts kann's auch nicht gewesen sein. Weil der war in Amsterdam, sagt die Maier-Witt. Der Wisniewski aber auch, sagt der … ähm … die Generalbundesanwalt. Deshalb kann es der Folkerts trotzdem gewesen sein. Oder der Wisniewski. Das sagt die Verena Becker, sagt der *Spiegel.* Und der Boock. Und wenn der Boock das sagt, stimmt das. Sagt die Maier-Witt und der *Spiegel.* Sonst sagt es aber niemand. Deshalb sagt der *Spiegel* jetzt, die Becker war es.

Die Becker sagt dazu gar nichts. Und der Wisniewski auch nicht. Und alle anderen auch nicht. Der Einzige, der was sagt, ist der Boock. Aber der sagt ja jeden Tag was anderes. Aber jetzt ist es wohl klar, wer es war.«[1]

Der Fall Buback, der unter der Hand immer mehr zu einem Fall Becker geworden ist, hat in der Tat Züge eines absurd anmutenden Verwirrspiels angenommen. Nicht ohne Grund herrscht unter den Beobachtern und Kommentatoren eine regelrechte Kakophonie vor.

Doch seitdem das ehemalige RAF-Mitglied Peter-Jürgen Boock im April 2007 Michael Buback, den Sohn des Ermordeten, angerufen hatte, um ihm mitzuteilen, wer seiner Erinnerung nach dessen Vater ermordet hat, ist in dem ungeklärten Kriminalfall eine ungeahnte Dynamik in Gang gekommen. Sie ist vermutlich größer als jene, die unmittelbar nach der Karlsruher Mordtat im April 1977 zu beobachten war. Inzwischen sind über den Göttinger Chemieprofessor mehr Artikel geschrieben und Filme gedreht worden als drei Jahrzehnte zuvor über die Ermordung seines Vaters, des einstmals höchstrangigen Staatsanwalts der Republik. Das ist überaus erstaunlich. Fast scheint es, als müsse erst ein gehöriger historischer Abstand eingetreten sein, bevor sich die Öffentlichkeit an ungeklärte Fälle dieser Dimension überhaupt heranwagt.

Michael Bubacks ebenso simple wie verzwickte Frage lautet: »Wer hat meinen Vater erschossen?« Damit begibt er sich im Hinblick auf die Aufklärung von RAF-Verbrechen in eine entscheidende Differenz zu seinem Vater. Während es diesem durch die Befürwortung einer Erweiterung des § 129 zum § 129a darauf ankam, dass RAF-Täter bereits wegen ihrer bloßen Mitgliedschaft strafrechtlich belangt werden konnten und es noch immer können, ist genau dies seinem Sohn wiederum ein Dorn im Auge. Michael Buback will möglichst genau wissen, wer seinen Vater ermordet hat. Ihm kommt es nicht auf eine abstrakte Zurechnung und indirekte Mitverantwortung an, sondern auf die ganz konkrete individuelle Verantwortlichkeit. Man könnte sagen: Während Buback senior das Recht vertrat, vertritt Buback junior die Moral.

---

1 Lisas Welt, »Wer vielleicht geschossen hat und wer nicht«, *Report Mainz*, 7. Mai 2007.

Die konkrete Frage nach dem Mörder ist zweifelsohne der Motor gewesen, der 2007 den Diskussionsprozess in Gang gebracht und immer wieder aufs Neue vorangetrieben hat. Es hat den Anschein, als habe der öffentliche Druck dafür gesorgt, dass sich die Bundesanwaltschaft bewegen musste. Nach langem Lavieren ist sie 2009 aktiv geworden und hat ein neues Ermittlungsverfahren im Mordfall Buback und Begleiter in Gang gebracht. Allein Michael Buback und seiner in der ganzen Angelegenheit nicht weniger unermüdlichen Frau ist es zuzurechnen, dass mit Verena Becker die nach wie vor am dringendsten Tatverdächtige vorübergehend in Untersuchungshaft gesteckt und nun mit einer Verspätung von nicht weniger als 33 Jahren vor Gericht gestellt worden ist. Doch nicht – wie die Bundesanwaltschaft inzwischen klargestellt hat – als Tatverdächtige, sondern nur als Beihelferin, wenn nicht sogar nur als Mitwisserin.

Die von Michael Buback aufgeworfene, für ihn so zentrale Frage dürfte, das ist jetzt schon abzusehen, in dem Verfahren nicht beantwortet werden. Denn es soll dort gar nicht darum gehen, ob Verena Becker die Todesschützin gewesen ist. Fast scheint es, als könnte ein weiteres Mal, im vorliegenden Fall vermutlich zum letzten Mal, die Chance verwirkt werden, Licht in den Mordfall zu bringen. Doch geht es den Behörden überhaupt um die vom Sohn des Ermordeten aufgeworfene und so hartnäckig wiederholte Frage? Zweifel daran sind jedenfalls durchaus angebracht. Zweifel, die im Übrigen von Michael Buback selbst seit Langem genährt worden sind und immer noch genährt werden.

In seinem Ende 2008 erschienenen Buch »Der zweite Tod meines Vaters«, in der mit kriminalistischem Spürsinn die vielen ungeklärten Fragen detailliert nachgezeichnet worden sind, bewegen sich die von ihm angestellten Überlegungen zum Tathergang und den Tätern in einem Schlagschatten, der übermächtiger zu sein scheint als die konkrete Nennung eines einzelnen Namens. Am Ende des Bandes rückt mit geradezu magnetischer Kraft die Frage ins Zentrum: Ist die Hauptverdächtige gedeckt worden, wenn ja, weshalb, und vor allem, durch wen? Buback hält fest:

> »Wir wissen jetzt, daß der Geheimdienst in Verbindung mit einer dringend tatverdächtigen Person stand und dass es im Rahmen der Ermittlungen Kontakte zwischen dem Geheimdienst und der Spitze der Bundesanwaltschaft gab, die uns erschrecken. Beiträge

staatlicher Stellen zur Unterstützung der Verbrecher, etwa durch Gewährung von Deckung und Schonung für Karlsruher Täter, sind in meinen Augen ein Verrat an meinem Vater, der mit all seiner Kraft für den Rechtsstaat eingetreten ist und dafür sein Leben gelassen hat. Für mich ist es wie ein zweiter Tod meines Vaters, wenn diejenigen, die ihn und seine Begleiter ermordeten, von staatlichen Stellen vor Bestrafung geschützt wurden. Wie unsagbar bitter, wenn im Tausch gegen Informationen für Geheimdienste auf Strafverfolgung der Mörder verzichtet worden wäre, wenn man meinen Vater wie eine Handelsware benutzt und missbraucht hätte. Das wäre eine ungeheuerliche Beschädigung der Würde der Opfer, und ich müsste mich fragen, ob die beteiligten Ämter oder Dienste dieselbe Verfassung schützen, für die mein Vater gearbeitet und gelebt hat und für die er und seine Begleiter gestorben sind. Verena Beckers Tatbeitrag sollte vordringlich untersucht werden, vor allem auch der Beginn und die Dauer ihrer Kontakte zu Geheimdiensten.«[2]

Und die von Michael Buback gehegte Vermutung, die unzähligen Schwierigkeiten, den Mordfall aufzuklären, könnten daher rühren, dass Verena Becker bereits zur Tatzeit und nicht erst – wie inzwischen bekannt ist – zu Beginn der achtziger Jahre für den Verfassungsschutz tätig war? Dieser Verdacht stellt eine solche Ungeheuerlichkeit dar, dass es schwerfällt, die Hypothese auch nur explizit zu formulieren.[3] Die RAF-Frau, die verdächtigt wird, den obersten Staatsanwalt der Bundesrepublik erschossen zu haben, soll für den Verfassungsschutz gearbeitet haben. Das klingt ganz nach einem Plot für einen Politthriller, den sich ein John le Carré, Frederick Forsyth oder Philip Kerr ausgedacht haben könnte: Der Geheimdienst eines Staates, dem die Aufgabe obliegt, die Verfassung zu schützen, führt eine Frau in ihren Diensten, die entweder über das Karlsruher Mordkomplott informiert oder an ihm beteiligt ist, oder aber er beauftragt sie – womit sie in die Rolle einer Agentin übergewechselt wäre – sogar damit, den Generalbundesanwalt eigenhändig zu erschießen. Das wirkt so bizarr, dass

---

2 Buback, Der zweite Tod meines Vaters. Erweiterte Taschenbuchausgabe, S. 347f.

3 In einem 2009 veröffentlichten Interview hat Michael Buback ebenso vorsichtig wie bestimmt erklärt: »Der Nerv des ganzen Falles sind die Kontakte Verena Beckers zum Verfassungsschutz.« Fragen an Michael Buback. »Wir hatten den Eindruck, mein Vater ist ein zweites Mal gestorben«, *Deutschland-Archiv*, 42. Jg., Heft 2/2009, S. 320–323, hier S. 321.

sich als erste Reaktion beinahe zwangsläufig ein Abwehraffekt einstellt und die Vermutung, es könne sich dabei nur um eine Verschwörungstheorie handeln. Diese Reaktion jedoch könnte voreilig sein. Denn die Hypothese verdient es bei aller Distanz gegenüber ihren Implikationen durchaus, näher geprüft zu werden.

Die Behauptung, dass Verena Becker für einen bundesdeutschen Geheimdienst gearbeitet haben könnte, ist erstmals vom Ministerium für Staatssicherheit aufgestellt worden. Tobias Hufnagl und Holger Schmidt, zwei Journalisten des Südwestrundfunks, waren 2008 bei Recherchen zu ihrem Feature »Verschlusssache Buback. Eine Rekonstruktion« in der Birthler-Behörde auf zwei entsprechende Dokumente gestoßen. In einem am 2. Februar 1978 von der für Spionage zuständigen Hauptabteilung II angefertigten Aktenvermerk zur »BRD-Terroristin Becker, Verena« heißt es:

> »Es liegen zuverlässige Informationen vor, wonach die B. seit 1972 von westdeutschen Abwehrorganen wegen der Zugehörigkeit zu terroristischen Gruppierungen bearbeitet bzw. unter Kontrolle gehalten wird. Diese Informationen wurden durch Mitteilungen der HVA von 1973 und 1976 bestätigt.«[4]

Die beiden Formulierungen »bearbeiten« und »unter Kontrolle halten« sind dem ersten Anschein nach nicht eindeutig. Die Bundesanwaltschaft hat darauf entsprechend reagiert. Auf einer Pressekonferenz im Dezember 2008 hat Bundesanwalt Rainer Griesbaum, der 1985 im Prozess gegen Brigitte Mohnhaupt und Christian Klar unter anderen die Anklage vertreten hatte, die Bedeutung dieses Dokuments zu relativieren versucht. Man habe den ehemaligen Stasi-Offizier,[5] der den Vermerk angefertigt hatte, ausfindig gemacht und ihn nach der Bedeutung des Schriftstücks befragt. Dieser soll gesagt haben, dass »unter Kontrolle halten« nicht mehr bedeute, als dass bundesdeutsche

---

4 Von Major Siegfried Jonas unterzeichneter Aktenvermerk der Hauptabteilung II/2 vom 2. Februar 1978 des ehemaligen Ministeriums für Staatssicherheit, Archiv der Bundesbeauftragten für die Unterlagen des Staatssicherheitsdienstes der ehemaligen Deutschen Demokratischen Republik (BStU).

5 Bei dem ehemaligen Major handelt es sich um einen gelernten Modellbauer, der seit 1954 für die Stasi tätig war und in dem für Innere und Äußere Spionageabwehr zuständigen Referat 2 der Hauptabteilung II des Ministeriums für Staatssicherheit gearbeitet hat. Vgl. Leyendecker, »Die Notizen des Stasi-Majors Siegfried J.«, *Süddeutsche Zeitung*, 2. 9. 2009.

Abwehrorgane Erkenntnisse über die betreffende Person gewonnen hätten. Diese relativierende Erläuterung ist jedoch ziemlich zweifelhaft. Denn »unter Kontrolle halten« hieß möglicherweise viel mehr. Die in zahlreichen anderen MfS-Dokumenten auftauchende Formulierung könnte meinen, dass jemand im Sinne einer bestimmten Aufgabe funktioniert, mehr noch: gehorcht. Diese Definition besitzt eine überaus praktische Dimension und geht über die bloße Gewinnung von Erkenntnissen weit hinaus. Doch es bleibt keineswegs bei einigen kryptisch anmutenden Feststellungen des einstigen Geheimdienstes der DDR.

Die Berührungspunkte von Verena Becker zu Geheimdiensten, zum Verfassungsschutz, aber auch zum Bundesnachrichtendienst, sind vielfältig und alles andere als ein Fantasieprodukt. Sie lassen sich für die Zeit ab 1972 im Zusammenhang mit dem Mordfall Ulrich Schmücker durchaus nachweisen. Die Ermordung des Mitglieds der *Bewegung 2. Juni*, der in Untersuchungshaft als V-Mann kooptiert worden war, konnte auch in vier Gerichtsverfahren nicht geklärt werden und war wohl der größte Skandal, den es im Zusammenhang eines bundesdeutschen Geheimdienstes mit dem Terrorismus jemals gegeben hat. Auf die Ähnlichkeiten des Falles Becker mit dem Mordfall Schmücker hat der *Spiegel* bereits im Frühjahr 2007 hingewiesen: »Die Parallelen zum Fall der Verena Becker sind unübersehbar. Auch in ihrem Fall hielt der Geheimdienst wichtige Informationen zurück, um seine Quelle zu schützen – und nahm womöglich billigend in Kauf, dass der wahre Tatverlauf während des Anschlags auf Buback bis heute nicht aufgeklärt werden konnte.«[6] Auch an Becker war der Verfassungsschutz – wie im Folgenden nachgewiesen wird – damals zweifelsohne interessiert.

Gegenstand der hier angestellten Überlegungen ist vor diesem Hintergrund also nicht so sehr die Frage, wer Siegfried Buback an jenem 7. April 1977 zusammen mit seinen beiden Begleitern erschossen hat. Sie ist in diesem Zusammenhang eher sekundär und spielt nur indirekt eine Rolle. Im Zentrum steht hingegen die Frage, ob Verena Becker bereits *vor* 1981 für einen Geheimdienst, insbesondere den Verfassungsschutz, gearbeitet haben könnte. Es geht dabei in erster Linie um

---

6 Friedmann/Hinrichs/Sontheimer/Holm, »Das Geheimnis des dritten Mannes«, *Der Spiegel,* 23. April 2007, 61. Jg., Nr. 17, S. 29f.

ihre terroristische Anfangszeit in der sogenannten *Bewegung 2. Juni*, jener Konkurrenzorganisation der RAF, die sich 1980 aufgelöst hat und deren Mitglieder schließlich doch noch zu einem nicht unerheblichen Teil in der einst wegen ihrer organisatorischen Rigidität als verpönt angesehenen RAF gelandet sind.

Eine Reihe von Verdachtsmomenten, die sich in den Sicherheitsbehörden, den Geheimdiensten und der Justiz gegen Becker richteten, weist auf ein Delikt hin, das Beamten immer mal wieder zum Vorwurf gemacht worden ist – auf das der Strafvereitelung im Amt. Nach § 258a StGB ist die absichtliche oder wissentliche Vereitelung der Bestrafung eines Täters oder eines Teilnehmers einer rechtswidrigen Tat strafbar. Dazu gehören sowohl die Vereitelung der Strafverfolgung als auch die der Vollstreckung der Strafe. Für dieses Vergehen ist als Strafandrohung eine Freiheitsstrafe von bis zu fünf Jahren oder eine Geldstrafe angesetzt.

Hypothetisch gefragt: Sollten Vertreter staatlicher Behörden, von Geheimdiensten wie von der Justiz, in diesem Punkt das Gesetz gebrochen haben und wenn ja, warum?

Nicht weniger hypothetisch beantwortet: Weil man nicht Gefahr laufen wollte, dass mit Verena Becker eine Tatverdächtige vor Gericht gestellt und gleichzeitig als Informantin eines Nachrichtendienstes überführt wird, dessen oberster Dienstherr der Bundesinnenminister ist. Das allein wäre schon ein Skandal. In einem Fall aber, in dem es um die Ermordung des obersten Staatsanwaltes der Republik geht, hätte man es mit einer Affäre zu tun, die an den Grundmauern des Staates rüttelt. Es spricht einiges dafür, dass wir es im Fall Becker mit einer verschleppten Staatsaffäre zu tun haben könnten.

Bei der Klärung dieses Falles geht es um mehr als die Klärung eines Verbrechens der RAF. Im Kern geht es um die Glaubwürdigkeit des bundesdeutschen Rechtsstaates. Wenn hinsichtlich der Frage nach den geheimdienstlichen Dimensionen des Mordfalles Buback jene Kräfte unterlägen, denen an einer rückhaltlosen Aufklärung gelegen ist, dann erlitte die Demokratie einen kaum wiedergutzumachenden Schaden. Gerade die Frage nach der geheimdienstlichen Dimension dieses Mordfalles sollte nicht jenen Kräften überlassen werden, die von vornherein glauben bzw. glauben machen wollen, dass der Rechtsstaat eine Fiktion ist und dessen »wahres Gesicht« nur in Ausnahmefällen zum Vorschein kommt.

Anstatt a priori zu erklären, dass nicht sein könne, was nicht sein dürfe, gilt es die Ungereimtheiten, Lücken und Widersprüche kenntlich zu machen, ihre möglichen, wenn nicht wahrscheinlichen Zusammenhänge aufzuzeigen, die Verdachtsmomente ernst zu nehmen und ihnen nachzugehen. Es hat im Fall Buback nicht an Autoren gefehlt, die sich mit ihren Publikationen nicht ganz zu Unrecht den Vorwurf eingehandelt haben, sie würden Verschwörungskonstrukten anhängen.[7] Das Kriterium dafür, ob eine Deutung überzogen ist oder nicht, besteht in der Lückenlosigkeit ihrer Vermittlungsglieder. Das ist in einem undurchsichtigen und zum Teil verfahrenen Kriminalfall ein hoher Anspruch, jedoch keiner, von dem – aus welchen Gründen auch immer – Abstand zu nehmen ist. Wenn die viel zitierten *missing links* nicht aufgebracht werden können, dann müssen diese Lücken kenntlich gemacht werden. Alles andere würde zu einem unhaltbaren Deutungskonstrukt führen.

Im Folgenden geht es zunächst einmal um nichts anderes als eine Spurensuche, allerdings eine, die nicht ohne die entsprechende historische Kontextualisierung auskommt. Und es geht um die Formulierung einer Hypothese sowie deren Bewertung anhand der zuvor zusammengetragenen Indizien – letztlich also um die Interpretation eines Falles, der immer mehr Züge einer Verfassungsschutzaffäre angenommen hat.

Dabei kann nicht auf eine Rekonstruktion des Mordfalles Schmücker und der Gründe für seine gescheiterte juristische Aufarbeitung verzichtet werden. Denn was in dieser Verfassungsschutzaffäre zum Vorschein gekommen ist, das könnte auch im Fall der Verena Becker von Bedeutung gewesen sein.

---

7 So berichtet Michael Buback etwa vom Anruf eines Autors und der E-Mail einer Autorin, die ihn auf weithergeholte Zusammenhänge aufmerksam machen wollten, die sich wohl kaum belegen lassen dürften. Buback, Der zweite Tod meines Vaters, S. 160.

»30 Jahre Deutscher Herbst«

Im Jahr 2007 wurde die bundesdeutsche Öffentlichkeit von einer denkwürdigen Dynamik ergriffen. Obwohl die Auflösung der RAF zu diesem Zeitpunkt bereits ein knappes Jahrzehnt zurücklag, brandete die Debatte um die Vergangenheit des linken Terrorismus erneut auf und wuchs sich zu einem zentralen innenpolitischen Thema aus. Wenn jemand zu Beginn dieses Jahres hätte prognostizieren sollen, was sich zum 30. Jahrestag der Schleyer-Entführung, dem sogenannten Deutschen Herbst, abspielen würde, dann hätte er wohl am ehesten auf die üblichen, häufig redundanten TV-Dokumentationen verwiesen, in denen seit Jahr und Tag fast immer dieselben RAF-Geschichten zu sehen und zu hören waren. Kaum jemand hätte jedoch eine breite öffentliche Debatte erwartet, in deren Verlauf neue, überaus brisante Informationen zutage kommen könnten.

Doch bereits im Frühjahr, ein halbes Jahr bevor sich die medial ritualisierte Gedächtnis- und Erinnerungspolitik überhaupt auf die eigentlichen Daten beziehen und das düstere Jubiläum begehen konnte, brach ein erbitterter Streit über die vorzeitige Haftentlassung bzw. Begnadigung von zweien der letzten noch verbliebenen RAF-Häftlinge aus. Doch dabei blieb es nicht. Es ging auf einmal in maßgeblicher Hinsicht um die Opfer und deren Angehörige. Und dabei spielten Personen eine Hauptrolle, die bislang fast immer im Hintergrund gestanden hatten.

Dabei waren die Opfer über lange Zeit hinweg so etwas wie »der blinde Fleck der RAF« gewesen. Der Erste, der das festgestellt hatte, war selbst ein RAF-Mann, ein Vertreter der sogenannten ersten Generation. Bereits vor über zwanzig Jahren hatte Klaus Jünschke, kurz nachdem er vom damaligen rheinland-pfälzischen Ministerpräsidenten Bernhard Vogel begnadigt und auf freien Fuß gesetzt worden war, geschrieben, dass »immer nur vom Leiden der Terroristen« die Rede sei und »niemand ein Wort über die Opfer« verliere. Und als sich 1998 die RAF mit ihrer Auflösungserklärung aus der Öffentlichkeit verabschiedete, stellte Jünschke resigniert fest, dass »das alte Tabu« immer noch nicht gebrochen sei: »Kein Wort über die Opfer.«[8] Stattdessen wurde in der retrospektiv immer noch pathetisch aufgeladenen Erklärung nur jener Opfer gedacht, die aus den eigenen Reihen stammten, jedes einzelne RAF-Mitglied, das sein Leben verloren hatte, wurde namentlich erwähnt. Posthum wurden sie zu Märtyrern erklärt, die angeblich für eine bessere Sache ihr Leben gelassen hätten.

Dreißig Jahre nach der von der RAF angekündigten »Offensive 77« schien aber auf einmal Bewegung in dieses Missverhältnis gekommen zu sein. In Gang gekommen war das insbesondere durch verschiedene Wortmeldungen Michael Bubacks. Hartnäckig wie kaum ein anderer hatte der Göttinger Chemieprofessor immer wieder darauf insistiert, dass ihn im Grunde nur eine Frage interessieren würde – wer am 7. April 1977 in Karlsruhe die tödlichen Schüsse auf seinen Vater abgegeben habe. Er wolle den Namen des Täters, Aufschluss über die Motive und Details über den Hergang des Mordanschlags wissen. Jene Fragen hingegen, die zu diesem Zeitpunkt in der Öffentlichkeit noch am meisten diskutiert wurden, ob Brigitte Mohnhaupt vorzeitig auf freien Fuß gesetzt und Christian Klar begnadigt werden dürfe, schienen ihn nur bedingt zu interessieren.

Und nun passierte etwas, womit niemand hatte rechnen können. In der *Süddeutschen Zeitung* erschien ein Artikel, in dem sich Michael Buback für eine Begnadigung Christian Klars durch den Bundespräsidenten aussprach.[9] Dabei hatte er sich erst wenige Wochen zuvor in derselben Zeitung in einem Kommentar dagegen ausgesprochen, als Angehöriger eines Opfers überhaupt Einfluss auf eine solche Entscheidung zu nehmen.[10] Ein derartiger Sinneswandel war für einen Außenstehenden kaum nachvollziehbar. Entscheidendes musste für ihn in der Zwischenzeit offenbar geschehen sein. Er wisse nun, so hieß es in dem Artikel, wer seinen Vater erschossen habe. Christian Klar sei es auf jeden Fall nicht gewesen. Kurz darauf erschien im *Spiegel* ein Interview, aus dem mehr darüber zu entnehmen war, was sich im Einzelnen abgespielt hatte.[11] Peter-Jürgen Boock war nicht nur zu der Ein-

---

8 »So sehen sie das Ende der RAF«, *die tageszeitung*, 22. April 1998, S. 3.

9 Buback, »Gnade für Christian Klar«, *Süddeutsche Zeitung*, 18. April 2007.

10 Buback, »Fremde, ferne Mörder«, *Süddeutsche Zeitung*, 24. Januar 2007.

11 »Es ist auch Scham dabei«. Ex-Terrorist Peter-Jürgen Boock, 55, über das Attentat auf Generalbundesanwalt Siegfried Buback, die Strategie der RAF und seine persönliche Schuld, *Der Spiegel*, 23. April 2007, 61. Jg., Nr. 17, S. 36–38.

sicht gelangt, dass vieles an der Begnadigungsdebatte falsch gelaufen sei, sondern dass die Opfer ein Anrecht darauf hätten, zu erfahren, was sich damals wirklich abgespielt habe. Um die Darstellung des Buback-Mordes zu korrigieren, hätte er sich an den Sohn des damaligen Generalbundesanwalts gewandt und ihm in mehreren Telefonaten Einzelheiten über den mutmaßlichen Hergang des Karlsruher Attentats geschildert. Der Todesschütze, entlockte ihm der Interviewer, könne nicht Knut Folkerts, der an der Anschlagsaktion überhaupt nicht beteiligt gewesen sei und sich an dem besagten Tag zudem in Holland aufgehalten habe, sondern nur Stefan Wisniewski gewesen sein. Dessen Name war in diesem Zusammenhang zuvor in der Öffentlichkeit überhaupt noch nie genannt worden. Er war allerdings wegen der Beteiligung an der Entführung und Ermordung Hanns Martin Schleyers zu einer zweifachen lebenslänglichen Haftstrafe verurteilt worden. Das war die erste Überraschung.

Die zweite, die damit in Verbindung stand, war allerdings noch brisanter. Das Hamburger Nachrichtenmagazin behauptete darüber hinaus, dass sowohl das Bundesamt für Verfassungsschutz als auch das Bundeskriminalamt durch andere Aussagen geständiger RAF-Mitglieder bereits seit vielen Jahren gewusst hätten, dass Wisniewski der Todesschütze gewesen sei. Nun standen auf einmal gleich zwei staatliche Behörden unter Erklärungszwang. Der Druck, der wochenlang auf die RAF-Täter ausgeübt worden war, erfasste mit einem Mal auch die andere Seite, die des Staates. Und jene konservativen Kräfte, die über Jahre hinweg eine ebenso lücken- wie schonungslose Aufklärung der RAF-Verbrechen gefordert hatten, mussten nun plötzlich unter Beweis stellen, dass sie es mit der Aufklärung in Bezug auf die Vergangenheit der bundesdeutschen Geheimdienste nicht weniger ernst meinten. Der drohende Glaubwürdigkeitsverlust war offenbar so stark, dass sich nach der Generalbundesanwältin Monika Harms auch Bundesinnenminister Wolfgang Schäuble zu Wort meldete und eine gründliche Sachaufklärung in seinen eigenen Behörden ankündigte.

Mit diesem Vorgang hatte sich etwas Entscheidendes in der Debatte über den bundesdeutschen Terrorismus verändert. Nun ging es nicht mehr allein um die Verbrechen der RAF. So anfechtbar sich Michael Buback einerseits mit der Reduktion des Begnadigungsfalles Klar auf die Frage nach dem Mörder seines Vaters gemacht hatte, so folgenreich schien andererseits seine öffentliche Intervention gewesen zu sein. Nun wurde mit einer gewissen Verzögerung auch die andere Seite wieder sichtbar, jene staatliche, die während des Herbstes 1977 etwa mit der Verabschiedung des Kontaktsperregesetzes die Grenzen des Rechtsstaates auf problematische Weise verschoben hatte. Nicht ohne Grund hatte der damalige Bundeskanzler Helmut Schmidt später erklärt: »Ich kann nur nachträglich den deutschen Juristen danken, dass sie das alles nicht verfassungsrechtlich untersucht haben.«[12] Der Ausnahmezustand, der von der damaligen Bundesregierung zusammen mit der Opposition während der 44 Tage andauernden Schleyer-Entführung faktisch praktiziert wurde, war ein ungedeckter Scheck auf die Verfassung.

Je näher der 30. Jahrestag der Entführung Hanns Martin Schleyers im Laufe des Jahres 2007 kam, desto stärker schlug das erinnerungspolitische Pendel aus. Neben zahllosen Presseartikeln, Rundfunk- und Fernsehbeiträgen folgten auch Tagungen und Konferenzen. So führte die Evangelische Akademie Bad Boll Ende Oktober unter dem Titel »30 Jahre nach dem Deutschen Herbst« eine dreitägige Konferenz durch, auf der alle wesentlichen Fragen erörtert werden sollten. Als Referenten waren neben Rechts- und Staatsanwälten, Historikern und Sozialwissenschaftlern auch Angehörige von RAF-Opfern eingeladen worden. Am Schlusstag hielt Michael Buback einen Vortrag zu der brisanten Frage »Gnade ohne Klärung?«.[13] Noch einmal wollte er sich offenbar mit dem Problem befassen, ob Straftäter ohne einen vorherigen Beitrag zur Klärung der von ihnen begangenen Straftat überhaupt begnadigt werden könnten.

Buback schilderte im vollbesetzten Saal, wie im Laufe der Monate zuvor bei ihm und seiner Frau die Zweifel an der im Mordfall seines Vaters von der Justiz vertretenen Tat- und Täterversion angewachsen waren. Doch im Gegensatz zu Boocks Behauptung, Wisniewski sei der Todesschütze gewesen, nannte er jetzt den Namen Verena Beckers als dringend Tatverdächtiger. Das war vor allem das Resultat eines Hinweises, den er am 18. April 2007 von einem 44-jährigen Mann per E-Mail erhalten hatte. Dieser Mann, der als »Zeuge vom Vortag« in die Literatur eingegangen ist, hatte mit seinem Wagen am 6. April 1977

---

12 »›Leistung liegt im Deutschen drin‹ – Interview mit Bundeskanzler Helmut Schmidt«, *Der Spiegel,* 15. Januar 1979, 33. Jg., Nr. 3, S. 42.

13 Prof. Dr. Michael Buback, Gnade ohne Klärung?, http://www.ev-akademie-boll.de/fileadmin/res/otg/520707-Buback.pdf [10. September 2010].

vor dem Bundesverfassungsgericht in Karlsruhe beinahe einen Unfall ausgelöst. Er habe dort mit seiner Familie kurz halten wollen und hätte durch das Öffnen der Fahrertür beinahe ein Motorrad zu Fall gebracht. Dieses sei kurz ins Schleudern gekommen und ohne anzuhalten davongeprescht. Als er am Tag darauf von dem Attentat erfahren habe, hätte er die Polizei angerufen und seine Beobachtung zu Protokoll gegeben. Auf dem Soziussitz habe eine zierliche, nur zwischen 1,60 und 1,70 Meter große Person gesessen, ein »Hüpferle«. Diese Aussage schien in den Gerichtsverfahren gegen Mohnhaupt, Klar und Folkerts nicht berücksichtigt worden zu sein; jedenfalls wurde sie in der Urteilsbegründung mit keinem Wort erwähnt. Sie hätte auch nicht zu den gefällten Entscheidungen gepasst.

Die nochmalige Lektüre von Zeitungsartikeln zur Festnahme von Günter Sonnenberg und Verena Becker am 3. Mai 1977 in Singen hatten Buback und seine Frau nun in dem Verdacht bestätigt, dass es sich bei der 1,64 Meter großen Becker um jene Person gehandelt haben könnte, die der Zeuge vom Vortag auf dem Soziussitz des Motorrades gesehen hatte. Entscheidend für diesen Zusammenhang war in ihren Augen, dass Becker und Sonnenberg bei ihrer Verhaftung die Tatwaffe des Attentates auf Buback und seine beiden Begleiter mit sich geführt hatten.

Besonders alarmiert hatte sie, dass Becker auch Informantin eines Geheimdienstes, des Bundesamtes für Verfassungsschutz, war. Nach Angaben eines ehemaligen Mitarbeiters hatte Becker irgendwann zu Beginn der achtziger Jahre ausgesagt, dass Stefan Wisniewski der Schütze auf dem Motorrad gewesen sei. Diese Information war überdies, wie sich Buback vom Bundesinnenminister schriftlich bestätigen ließ, »zeitnah, vollständig und schriftlich« an die Bundesanwaltschaft weitergegeben worden. Andererseits jedoch hatte diese Information keinen Eingang in das 1983 vor dem Oberlandesgericht Stuttgart durchgeführte Verfahren gegen Brigitte Mohnhaupt und Christian Klar gefunden, in dem das Karlsruher Attentat einen der zentralen Anklagepunkte darstellte. Michael Buback zog daraus die Schlussfolgerung, dass Generalbundesanwalt Kurt Rebmann, der Nachfolger seines Vaters, den fünf Richtern am Oberlandesgericht Stuttgart eine bedeutende Information vorenthalten habe.

Darüber hinaus warf Michael Buback aber auch noch die Frage auf, seit wann Verena Becker Geheimdienst-Informantin gewesen sei. Denn inzwischen hatte der Südwestrundfunk die eingangs erwähnte Stasi-Akte ausfindig gemacht, der zufolge Becker seit 1972 von westdeutschen Abwehrorganen »bearbeitet« bzw. »unter Kontrolle« gehalten worden sei. Wenn die Information über eine Zusammenarbeit zutreffe und sie bereits fünf Jahre vor der Ermordung seines Vaters bestanden habe, schlussfolgerte er, dann würden sich daraus »Fragen von enormer Wucht« ergeben. Buback ging nun sogar so weit, als eine mögliche Erklärung für die von ihm aufgeführten Unzulänglichkeiten bei den Ermittlungen nach den Mördern seines Vaters die Frage in Erwägung zu ziehen, ob es »eventuell eine Deckung für Täter gegeben« haben könnte. An diesem Punkt war er unschlüssig und schwankte in seiner Beurteilung. Einerseits konnte er sich keinen Grund für eine Deckung vorstellen, andererseits aber ließ er das Publikum wissen, dass er auch in dieser Hinsicht »inzwischen etwas nachdenklicher« geworden sei.

Unter diesen Voraussetzungen war es naheliegend, dass sein Vortrag in einer ganzen Reihe von Vorwürfen gipfelte, die er der Bundesanwaltschaft gegenüber erhob. Zusammen mit seiner Mutter sei er mehrfach, wie er bemerkte, mit dem damaligen Generalbundesanwalt und verschiedenen Bundesanwälten zusammengetroffen. Doch keiner von ihnen habe einen Hinweis auf Beckers Aussage und ihre Behauptung gegeben, dass Wisniewski geschossen habe. Dies zu erfahren, sei für ihn und die anderen Angehörigen »bitter und verletzend« gewesen. Andererseits ließ er keinen Zweifel daran, dass er aufgrund der ihm vorliegenden Zeugenaussagen Verena Becker für die eigentliche Tatverdächtige hielt. Er forderte deshalb, dass ihr Tatbeitrag vordringlich untersucht werden sollte, vor allem auch »der Beginn und die Dauer ihrer Kontakte zu Geheimdiensten«.

Ausdrücklich beklagte sich Buback über Angriffe aus der Bundesanwaltschaft, die er im Zuge seiner eigenen Nachforschungen zu ertragen habe. So hatte sich etwa die Generalbundesanwältin zu seinem Erstaunen dahin gehend geäußert, dass die Frage, wer konkret die Schüsse auf seinen Vater abgegeben hätte, in rechtlicher Hinsicht eher von einer nachgeordneten Bedeutung sei. Und der ehemalige Bundesanwalt Peter Zeis hatte in einem Leserbrief an den *Spiegel* die Ergebnisse von Bubacks Recherchen gar als »abenteuerliche Beanstandungen« gerügt.

Die Mischung aus nüchtern vorgetragenen Argumenten in der Sache und der Beschreibung persönlicher Gefühle verfehlte ihre Wirkung nicht. Unter den Referenten von Bad Boll befand sich der baden-württembergische Generalstaatsanwalt Klaus Pflieger, ein ehemaliger Angehöriger der Bundesanwaltschaft, der zudem als einer der besten Kenner der RAF-Geschichte gilt und der Bubacks Überlegungen natürlich nicht unwidersprochen im Raume stehenlassen konnte. Pflieger reagierte ganz persönlich auf Buback.[14] Die Bundesanwaltschaft habe sich damals – betonte er zunächst – sehr intensiv um eine Aufklärung des Karlsruher Attentats bemüht. Es habe ihn geschmerzt, sich darüber nun Spekulationen anhören zu müssen. Es wäre besser gewesen, wenn Buback bei den Fakten geblieben wäre. Diese Zurückweisung entsprach allerdings in keiner Weise der immanent ansetzenden Argumentation eines Staatsanwaltes und war insofern ganz allgemeiner Natur.

Die Stimmung im Saal war aufgewühlt. Einerseits konnte sich kaum jemand den Affekten entziehen, die Buback bei seinen Überlegungen mit ins Spiel gebracht hatte, andererseits aber war wohl auch niemand dazu in der Lage, die Tragweite seiner Argumente zu überblicken. Pflieger wurde vorgehalten, dass es – bei allem Respekt für seine Haltung – nicht möglich sei, in einer rein subjektiven Weise auf Bubacks Vorhaltungen zu reagieren. Wenn er seine eigene Position plausibel machen wolle, dann müsse er konkret auf die vorgebrachten Ermittlungsdefizite eingehen. Doch genau das geschah nicht. Pflieger blieb in Bad Boll eine Zurückweisung in der Sache schuldig. Buback hatte nicht nur moralisch gepunktet. Und die Bundesanwaltschaft schien ihm gegenüber in einem Erklärungsnotstand zu stecken. Es musste sich zeigen, ob dieser Eindruck trog.

Sollte Michael Buback mit seinen Bedenken recht behalten? Anfang Januar 2008 sollte es eine andere Gelegenheit geben, seine Zweifel und Einwände zu überprüfen. In München kam es zu einem Zusammentreffen zwischen ihm und dem ehemaligen BKA-Präsidenten Horst Herold, bei dem auch Frau Buback und der Autor zugegen waren.[15] Herold war bestens vorbereitet, um den damaligen Kenntnisstand des BKA referieren zu können. Minutiös schilderte er, was er im Juli 1977 im Innenausschuss des Bundestages zum damaligen Kenntnisstand über Hintergründe und Zusammenhänge des Buback-Attentates vorgetragen

---

14 Buback hat die Szene auch in seinem Buch beschrieben. Vgl. Buback, Der zweite Tod meines Vaters, S. 265.

15 Auch darüber hat Michael Buback in seinem Buch ausführlich berichtet. Vgl. Buback, Der zweite Tod meines Vaters, S. 279f.

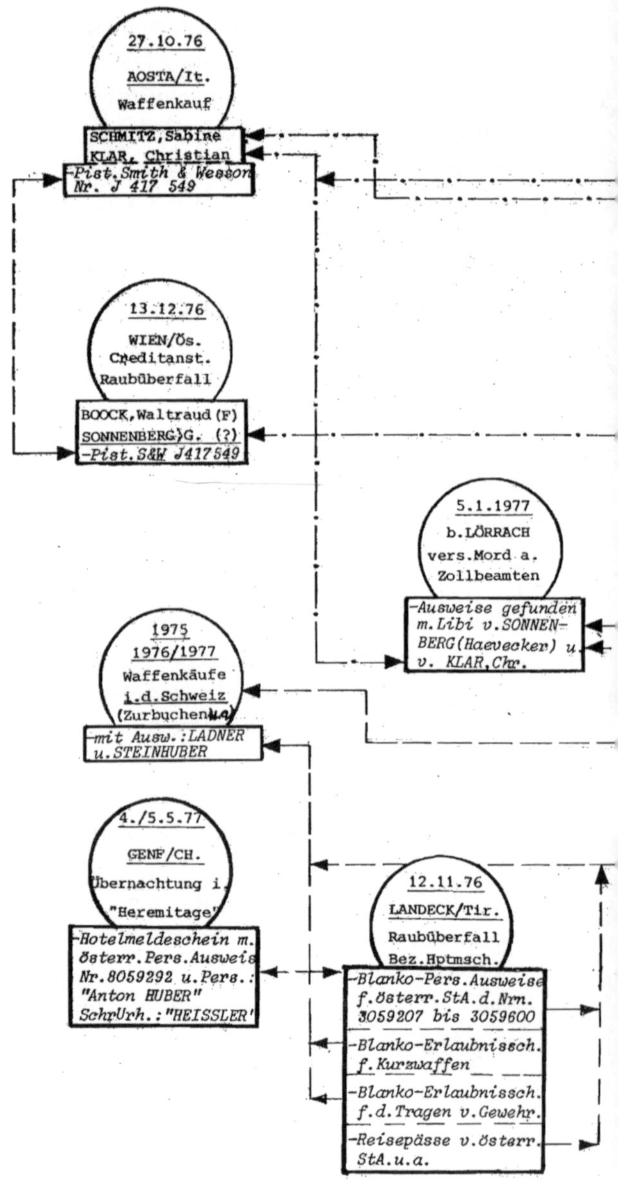

BKA-Dokumentation der im Mordfall Buback ermittelten Indizien
HIS-Archiv

all BUBACK

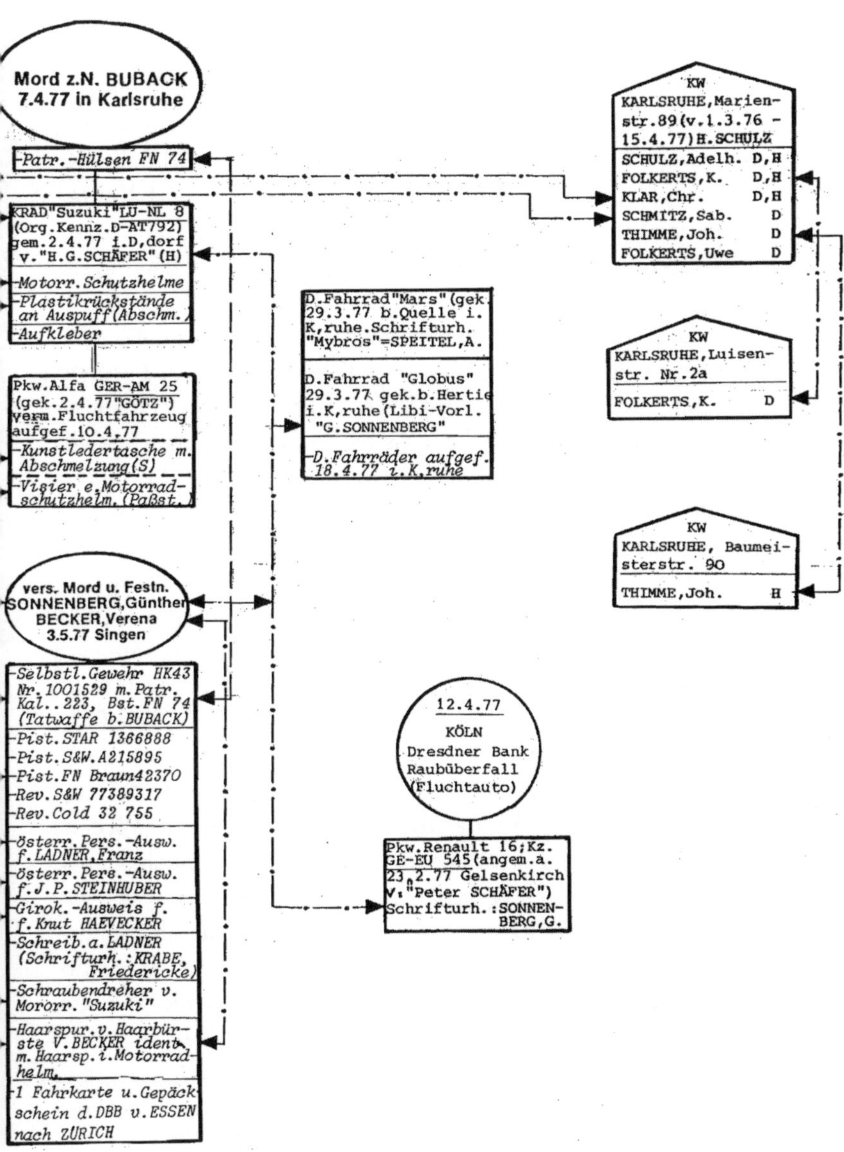

Mord z.N. BUBACK
7.4.77 in Karlsruhe
-Patr.-Hülsen FN 74
KRAD"Suzuki"LU-NL 8
(Org.Kennz.D-AT792)
gem.2.4.77 i.D,dorf
v."H.G.SCHÄFER"(H)
-Motorr.Schutzhelme
-Plastikrückstände
an Auspuff(Abschm.)
-Aufkleber
Pkw.Alfa GER-AM 25
(gek.2.4.77"GÖTZ")
verm.Fluchtfahrzeug
aufgef.10.4.77
-Kunstledertasche m.
Abschmelzung(S)
-Visier e.Motorrad-
schutzhelm.(Paßst.)
vers. Mord u. Festn.
SONNENBERG,Günther
BECKER,Verena
3.5.77 Singen
-Selbstl.Gewehr HK43
Nr.1001529 m.Patr.
Kal..223, Bst.FN 74
(Tatwaffe b.BUBACK)
-Pist.STAR 1366888
-Pist.S&W.A215895
-Pist.FN Braun42370
-Rev.S&W 77389317
-Rev.Cold 32 755
-österr.Pers.-Ausw.
f.LADNER,Franz
-österr.Pers.-Ausw.
f.J.P.STEINHUBER
-Girok.-Ausweis f.
f.Knut HAEVECKER
-Schreib.a.LADNER
(Schrifturh.:KRABE,
Friedericke)
-Schraubendreher v.
Mororr."Suzuki"
-Haarspur.v.Haarbür-
ste V.BECKER ident.
m.Haarsp.i.Motorrad-
helm.
-1 Fahrkarte u.Gepäck
schein d.DBB v.ESSEN
nach ZÜRICH
D.Fahrrad"Mars"(gek.
29.3.77 b.Quelle i.
K,ruhe.Schrifturh.
"Mybros"=SPEITEL,A.
D.Fahrrad "Globus"
29.3.77 gek.b.Hertie
i.K,ruhe(Libi-Vorl.
"G.SONNENBERG"
-D.Fahrräder aufgef.
18.4.77 i.K,ruhe
12.4.77
KÖLN
Dresdner Bank
Raubüberfall
(Fluchtauto)
Pkw.Renault 16;Kz.
GE-EU 545(angem.a.
23.2.77 Gelsenkirch
v."Peter SCHÄFER")
Schrifturh.:SONNEN-
BERG,G.
KW
KARLSRUHE,Marien-
str.89(v.1.3.76 -
15.4.77)H.SCHULZ
SCHULZ,Adelh. D,H
FOLKERTS,K. D,H
KLAR,Chr. D,H
SCHMITZ,Sab. D
THIMME,Joh. D
FOLKERTS,Uwe D
KW
KARLSRUHE,Luisen-
str. Nr.2a
FOLKERTS,K. D
KW
KARLSRUHE, Baumei-
sterstr. 90
THIMME,Joh. H

hatte. Er sprach von der Tatwaffe, den beiden Motorradhelmen und dem Schraubenzieher der Suzuki, den man in Singen bei Sonnenberg und Becker gefunden hatte, von Verfärbungsspuren in den Haaren, von Blutgruppen und vielen anderen Sachindizien. Wichtiger noch als seine mündlichen Ausführungen war allerdings ein BKA-Dokument, das die von ihm beschriebenen Zusammenhänge genau belegen konnte.[16]

Es war ein Schaubild, das die Überschrift »Spuren- u. Beweismittelzusammenhänge: Fall BUBACK« trug. Darunter befanden sich zwei Indizien-Komplexe, die durch eine Vielzahl von Spuren und Sachbeweisen miteinander verknüpft waren. Der erste trug den Titel »Mord z.N. BUBACK/7. 4. 77 in Karlsruhe« und der zweite den Titel »vers. Mord u. Festn./SONNENBERG, Günther/BECKER, Verena/3. 5. 77 Singen«. Das Schaubild ließ keinen Zweifel daran, dass die beiden Geschehnisse, das Attentat vom 7. April in Karlsruhe und die Festnahmeaktion vom 3. Mai in Singen, vom BKA damals als eine Einheit behandelt worden sind. Die Tatsache, dass das zweite Ereignis ebenfalls unter den »Fall Buback« subsumiert wurde, wirkte wie die Untermauerung der Hypothese, dass es bei ihm wohl um die Lösung des ersten gehen müsse. Die Verklammerung der beiden Komplexe wurde vor allem durch drei Indizien hergestellt:

1. Die am Karlsruher Tatort aufgefundenen Patronenhülsen FN 74 waren die gleichen wie die in Singen, aufgefundenen und stammten aus ein und demselben Schnellfeuergewehr: dem »Selbstl. Gewehr HK 43, Nr. 1001529«, also einer Heckler & Koch 43. Im Schaubild heißt es deshalb an dieser Stelle: »(Tatwaffe b. Buback)«.

2. Der nach dem Schusswechsel bei Singen aufgefundene Schraubendreher stammte von der Suzuki 750 GS mit dem gefälschten Kennzeichen »LU-NL 8«, das vor und bei dem Attentat von verschiedenen Zeugen gesehen und danach verlassen aufgefunden worden war.

3. In den von den Attentätern getragenen Motorradhelmen gefundene Haarspuren waren mit solchen identisch, die man nach der Schießerei bei Singen in einer Haarbürste Verena Beckers entdeckt hatte.

---

16 Ein Ausschnitt des Schaubildes ist inzwischen in einer Tageszeitung abgedruckt worden: Maike Röttger, »BKA-Beweise belasten Verena Becker«, *Hamburger Abendblatt,* 4. September 2009. Eine andere, mit einer Landkarte und Piktogrammen erweiterte Variante des Schaubildes hat ein ehemaliger Kriminaldirektor in der Stabsstelle Interpol des Bundeskriminalamtes veröffentlicht. Vgl. Schenk, Der Chef. Horst Herold und das BKA, S. 250.

Diese drei Indizien waren von einem derartigen Gewicht, dass sie nach Herolds Ansicht einen dringenden Tatverdacht belegten und zu einer Anklageerhebung hätten führen müssen. In einem der drei Punkte hatte das BKA einige Monate später jedoch eine Revision vorgenommen. In einem im Herbst 1977 durchgeführten Haargutachten, in dem Menschen- und Kaninchenhaare, die aus dem von Becker in Essen aufgegebenen Koffer, dem am 7. April aufgefundenen Motorradhelm und der Kleidung des Karlsruher Flucht-Pkw stammten, miteinander verglichen wurden, soll Verena Becker als Spurenlegerin für den Helm ausgeschlossen worden sein.[17] Aber auch ohne dieses Indiz wären die beiden anderen für eine Anklageerhebung schwerwiegend genug gewesen.

---

17 Diese Korrektur ist jedoch merkwürdig. Der Journalist Heribert Prantl schreibt über die im Motorradhelm der Buback-Attentäter aufgefundene Haarspur: »Diese nur einen Zentimeter lange Haarspitze soll identisch sein mit einem Haar, das in der Bürste von Verena Becker gefunden wurde. Das Gutachten, das dies attestiert, ist verschwunden. Die Haarspur existiert noch, ist aber angeblich wegen ›Spurenverbrauch‹ für weitere Ermittlungen nicht mehr tauglich.« Prantl, »Der Züricher Koffer«, *Süddeutsche Zeitung*, 10. September 2009.

Beckers Herkunft

In den letzten drei Jahren hat es nicht an Versuchen gefehlt, sich ein Bild von Beckers Biografie zu machen. Sie schien bis dahin ziemlich uninteressant zu sein und galt fast immer nur als eine Terroristin aus der zweiten oder dritten Reihe der RAF, die nur das ausführende Organ anderer, tonangebender Figuren war. Ihre Beteiligung am Bombenanschlag auf einen britischen Yachtclub, ihre Freipressung durch die Lorenz-Entführung und ihre spektakuläre Festnahme zusammen mit Günter Sonnenberg in Singen waren rasch in Vergessenheit geraten. Den meisten war nicht einmal klar, dass sie gar nicht aus der RAF, sondern aus der mit ihr konkurrierenden, eher subkulturell ausgerichteten Gruppe *Bewegung 2. Juni* stammte. Doch es wäre ein unverzeihlicher Fehler, ihre Jahre vor 1977 – wie meist üblich – als bloße »Vorgeschichte« abzutun.

Um sich eine Vorstellung von ihrer damaligen Rolle zu machen, ist es erforderlich, ihre Zeit in der *Schwarzen Hilfe* und der *Bewegung 2. Juni* in Erinnerung zu rufen. Erst im Kontext dieser Aktivitäten lässt sich ein sinnfälliger Eindruck davon gewinnen, in welchem Maß der Verfassungsschutz mit von der Partie war. Die Häufigkeit und Dichte der Kontakte von Agenten des Berliner Landesamtes für Verfassungsschutz zu Akteuren der linksradikalen Szene gehört jedenfalls – wie im Folgenden noch zu zeigen sein wird – zu den Eigentümlichkeiten in den Anfangsjahren des Terrorismus, wie sie in dieser Form in keinem anderen Bundesland zu beobachten waren.

Warum Verena Becker den Ausstieg aus ihrer proletarisch-kleinbürgerlichen Existenz gewählt und einen Zugang zum linksradikalen Westberliner Milieu gefunden hat, ist ohne eine Auseinandersetzung mit ihrer Herkunft und Entwicklung als Jugendlicher kaum zu verstehen. Über ihre Lebensgeschichte ist jedoch nicht sonderlich viel bekannt geworden.[18] Sie wird am 31. Juli 1952 in West-Berlin geboren.

---

18 Fast alle bislang in der Öffentlichkeit verbreiteten Informationen stammen entweder aus den Anklageschriften oder den Urteilsbegründungen zu ihren beiden Gerichtsverfahren, dem Prozess vor dem Berliner Landgericht von 1974 und

Ihre Familie ist ungewöhnlich kinderreich. Sie hat nicht weniger als neun Geschwister. Ihr Vater ist der Bergbautechniker Ewald Becker. Es heißt, dass er sich wiederholt stationär in der Psychiatrie habe aufnehmen lassen müssen. Als er 1961 stirbt, ist Verena erst neun Jahre alt. Die Mutter, heißt es weiter, sei in der Folge mit der Erziehung und Betreuung der zehn Kinder überfordert gewesen. Nach Abschluss der zehnten Klasse wird Verena Becker 1970 aus der Gottfried-Kinkel-Realschule in Spandau, ohne die mittlere Reife erreicht zu haben, entlassen. Mit 17 Jahren sei sie aus dem mütterlichen Haushalt ausgezogen und habe zur Untermiete bei Bekannten gewohnt. Zunächst besucht sie ein Jahr lang eine Haushaltsschule, danach arbeitet sie vorübergehend in einer Fleischfabrik und auf einem Fernmeldeamt als Telefonistin. Seit Dezember 1971 ist sie laut Gerichtsakten nicht mehr polizeilich gemeldet, und seit dem Januar 1972 gilt sie als erwerbslos.

Ganz unbezweifelbar ist, welch hohen Stellenwert für Becker auch in der Zeit danach ihre Familie einnimmt. Fast scheint es so, als sei ihre Verbindung zur Familie das Einzige, was über die Jahre hinweg alle Anfechtungen und Anfeindungen überdauert. Selbst als sie als verurteilte Terroristin im Gefängnis sitzt, geben ihre Angehörigen den Kontakt zu ihr nicht auf und kümmern sich weiter um sie – ihre Mutter, ihre Großmutter und ihre Geschwister. Allerdings reagieren sie ganz unterschiedlich darauf, wie Verena Becker in den Medien präsentiert wird. Als ihre herzkranke Mutter später im Fernsehen mit ansehen muss, wie sie freigepresst und ausgeflogen wird, bricht sie von Weinkrämpfen geschüttelt zusammen und muss auf die Intensivstation einer Klinik gebracht werden.[19] Einerseits kann sie nicht verstehen, dass ihre Tochter »in so eine Clique« geraten konnte, andererseits will sie sie auf keinen Fall aufgeben. Besonders beunruhigend finde sie, erklärt sie Journalisten gegenüber, dass ihr eine ihrer jüngeren Schwestern auch noch nachzueifern versuche. Als sich im Frühjahr 1981 Angehö-

---

dem vor dem Stuttgarter Oberlandesgericht von 1977. Vgl. Urteil in der Strafsache gegen den Glasreiniger Willi Räther und die berufslose Verena Christiane Becker vom 12. Dezember 1974, Archiv des Hamburger Instituts für Sozialforschung [künftig zitiert als HIS-Archiv], Ur/12, S. 5f. und S. 25; Anklageschrift gegen Verena Christiane Becker und Günter Wilhelm Gustav Sonnenberg, Karlsruhe, den 28. Juni 1977, HIS-Archiv, RA 01/013, 005, S. 18f.

19 Vgl. »Die Eltern der Terroristen sind am Ende«, *Quick*, 13. März 1975, Nr. 12, S. 24–28, hier S. 27.

rige von RAF-Gefangenen, darunter eine ganze Reihe von Müttern, auf dem Platz vor dem Bonner Rathaus anketten, um gegen die Haftbedingungen zu protestieren, beteiligen sich auch zwei Schwestern Verena Beckers. Und als sie eines Tages vom Bundespräsidenten begnadigt wird, kommt sie bei einer ihrer Schwestern unter.

Als der Öffentlichkeit spätestens Mitte der siebziger Jahre klar geworden ist, wie außergewöhnlich hoch der Anteil von Frauen im linken Terrorismus ist, setzt eine lebhafte Debatte darüber ein, warum sich gerade junge Frauen an terroristischen Gewaltakten beteiligen.[20] Die meisten Beiträge verraten eine gewisse Hilflosigkeit, dieses Phänomen zu erklären. Becker gilt unter den Terroristinnen als eines von ganz wenigen Arbeiterkindern. Helga Einsele, die langjährige Leiterin der hessischen Frauenvollzugsanstalt in Frankfurt-Preungesheim, schreibt 1978 zusammen mit einer Koautorin über Becker, die dort im selben Jahr einsitzt:

> »Soweit bekannt, gab es zwei Arbeiterkinder unter den deutschen Terroristinnen. Eine von ihnen, Verena Becker, ist heute wohl dem ›harten Kern‹ zuzurechnen. Im Gegensatz zu den männlichen ›Handwerkern‹, blieb sie in der Szene. Wir wissen nicht, wie sie hineingekommen ist. Wir wissen auch nicht, wie tief sie bereits vor der Befreiung durch die Lorenz-Entführer verstrickt war. Wir wissen lediglich, dass sie eher ein geistig-unselbständiges, kontaktbereites Mädchen war.«[21]

Diese Charakterisierung stellt am ehesten ein Dokument der Ratlosigkeit dar. Geistige Unselbständigkeit wird mit Kontaktbedürftigkeit assoziiert. Das entspricht dem Bild der proletarischen Herkunft, die für Rolle und Status innerhalb einer Gruppe als ausschlaggebend angenommen wird. Während mit bürgerlicher Herkunft die Vertretung einer geistig-intellektuellen Autorität und ein Führungsanspruch assoziiert wird, so mit einer proletarischen die Tendenz zur Unterordnung gegenüber einer geltenden Gruppendisziplin. Doch diese und andere Spekulationen sind eher zweifelhafter Natur.

---

20 Vgl. Korte-Pucklitsch, »Warum werden Frauen zu Terroristen?«, *Vorgänge*, Nr. 40/41, 18. Jg., 1979, Heft 4/5, S. 121–128; Dürkop, »Frauen als Terroristen«, *Kriminologisches Journal*, 10. Jg., 1978, S. 264–280.

21 Einsele/Löw-Beer, »Politische Sozialisation und Haftbedingungen«, S. 31.

Die erste empirisch fundierte Untersuchung über das Verhalten von Frauen in terroristischen Gruppen erscheint 1981 und kommt zu ganz anderen Ergebnissen.[22] Die Psychologin Lieselotte Süllwold widerspricht darin explizit den üblicherweise als weiblich unterstellten Eigenschaften wie Skrupel, Hilfsbereitschaft und Mitleid und verweist sie ins Reich der Legenden. Keine dieser erwarteten Reaktionsweisen sei erkennbar gewesen:

> »Die Frauen beantworten insbesondere Schwächen ihrer Geschlechtsgenossinnen mit Aggression. Elemente der Mäßigung oder des Mitleids werden nicht von ihnen eingebracht, weder gegenüber möglichen Opfern noch gegenüber den eigenen Mitgliedern.«[23]

In einer Extremsituation wie der Gefangenschaft seien Frauen »ihrer Menschlichkeit beraubt, überangepasst an ein Klischee des Revolutionärs, herrschsüchtig und ohne Maß«. Sie würden dabei keine Züge der Aufopferung und des Märtyrertums an den Tag legen, sondern »eher die eines kalten Perfektionismus«. Weiblicher Terrorismus sei kein »Exzess der Selbstbefreiung«, sondern »vielmehr deren völlige Verleugnung«.

---

22 Süllwold, »Stationen in der Entwicklung von Terroristen«.
23 Ebenda, S. 110.

»Die schwarze Braut«

Unklar ist trotz aller Bemühungen geblieben, wie Verena Becker Zugang zur linksradikalen Szene gefunden hat. Zu vermuten ist, dass es etwas mit der Rolle der sogenannten Randgruppen zu tun hat, die seit dem Abklingen der 68er-Bewegung für die radikale Linke besonders wichtig geworden sind. Als im Juni 1970 die Gründungserklärung der RAF im Szene-Blatt *Agit 883* erscheint, geht es vor allem um die Agitation marginalisierter Jugendlicher und anderer sozial Deklassierter.

Das ist in besonderem Maße das Anliegen Ulrike Meinhofs. Die einstige *Konkret*-Kolumnistin setzt sich bereits seit Längerem für Jugendliche ein, die ohne Perspektive sind. An sie richtet sich der vermutlich von der ehemaligen Journalistin verfasste Aufruf, zu den Waffen zu greifen, in erster Linie. Angeblich kämen sie als Erste für den »revolutionären Prozeß« infrage. Da die Randgruppen nicht an der Ausbeutung der Dritten Welt teilhätten, gäbe es für sie auch keinen Grund, sich mit den Ausbeutern zu identifizieren. In schnoddrig-autoritativem Tonfall heißt es:

> »Die können das kapieren, daß das, was hier jetzt losgeht, in Vietnam, Palästina, Guatemala, in Oakland und Watts, in Kuba und China, in Angola und New York schon losgegangen ist. Die kapieren das, wenn Ihr es ihnen erklärt, daß die Baader-Befreiungs-Aktion keine vereinzelte Aktion ist, nie war, nur die erste dieser Art in der BRD ist.«[24]

Die Stadtguerilla der ersten Stunde wendet sich vor allem an die Randgruppen; und eine derjenigen, die sich davon angesprochen fühlen muss, ist die zu diesem Zeitpunkt knapp 18-jährige Verena Becker.

Sie entstammt einer deklassierten Familie, hat keine Perspektive und ist auf der Suche. Enttäuschung über Schule und Erziehung sowie eine allgemeine Wut auf die Verhältnisse könnten die Wurzeln für ihre Bereitschaft dargestellt haben, mit politischen Aussteigern in Kontakt zu treten. Die RAF und andere Gruppen, die zum Sprung in den Un-

---

24 »Die Rote Armee aufbauen!«, *Agit 883,* 5. Juni 1970, 2. Jg., Nr. 62, S. 6.

tergrund bereit sind, artikulieren einen unspezifischen Hass auf das Bestehende und formulieren so ein Angebot für diejenigen, die das selbst kaum zu formulieren imstande sind, es aber glauben fühlen zu können. Die junge, eher unscheinbar wirkende Verena Becker findet genau zu dieser Zeit Anschluss an das Milieu.

Ganz an ihrem Anfang in der radikalen Linken steht eine militant-feministische Gruppe, die ihre Flugblätter mit »Die schwarze Braut« unterzeichnet hat. Zu ihr zählen u.a. Angela Luther, Inge Viett, Verena Becker, Ingeborg Barz und Waltraud Siepert. Das Hauptanliegen dieser Gruppe besteht offenbar darin, gegen die Unterdrückung von Frauen zu protestieren und insbesondere Einrichtungen anzugreifen, in denen sich diese Einstellung manifestiert. Mit Molotow-Cocktails setzen sie Brautgeschäfte und Sex-Shops in Brand. Viett und Becker hatten zu dieser Zeit eine besonders enge Beziehung.[25] Die acht Jahre ältere Viett beschreibt die subversive Praxis später in ihren Memoiren mit den Worten:

> »Ich bin viel mit Verena unterwegs. [...] Wir schleichen im Dunkeln durch die Stadt und bepflastern sie mit geheimnisvollen Aufklebern: ›Die schwarze Braut kommt‹. Am Morgen sind die Schaufenster der Braut- und Pornoläden verwüstet. Die Bürger schütteln die Köpfe. Solche schöönen Brautkleider! Wir stürmen die ›Mißwahlen‹ in den Kaufhäusern. [...] Wir halten revolutionäre Reden über die sexuelle Ausbeutung und Entwertung der Frau und sind wieder davon, bevor die Polizei anrückt.«[26]

Zu der Zeit als sich die RAF nach Westdeutschland abgesetzt hat und mit Michael Baumann, Dieter Kunzelmann und Georg von Rauch die führenden Mitglieder der *Tupamaros West-Berlin* (TW) im Gefängnis sitzen, stellen sie eine der militantesten Gruppen in West-Berlin dar. Die Frauen der *Schwarzen Braut* sind mit der *Schwarzen Hilfe* weit-

---

25 Wie vertraulich ihr Ton auch noch nach Jahren ohne Kontakt zu ihr ist, geht aus den Briefen hervor, die Viett ihr in den neunziger Jahren zunächst aus Berlin und dann aus der Justizvollzugsanstalt Zweibrücken schreibt. Trotz der Tatsache, dass Becker 1983 wegen ihrer Kooperation mit dem Verfassungsschutz aus der RAF als »Verräterin« ausgeschlossen worden ist, bleibt Viett ihr eng verbunden. Im Februar 1994 schreibt sie: »Du bleibst mir immer ein liebenswerter Mensch. Das hat sich nie verändert, wo und wie auch die Dinge verliefen. Ich finde das bemerkenswert, weil ich schließlich mit vielen anderen längere Wege gegangen bin.« Viett, Einsprüche! Briefe aus dem Gefängnis, S. 134.

26 Viett, Nie war ich furchtloser, S. 85.

gehend identisch. Ihr Hauptsitz ist eine Wohngemeinschaft in der Köpenicker Straße.

Am 6. Mai 1971 taucht Verena Becker erstmals in den Polizeiakten auf. Ihre Freundin Angela Luther, eine 31-jährige vom Dienst suspendierte Lehrerin aus Hamburg, wird verdächtigt, in einen Banküberfall verwickelt gewesen zu sein.[27] Am 9. März war in München die Bayerische Vereinsbank ausgeraubt worden. Die Täter, die in der linksradikalen Szene vermutet werden, haben 80000 DM erbeutet. Später wird Luther in einem Ford 17 M mit einem Hamburger Kennzeichen gesehen, der von den Tätern benutzt worden ist. Doch anstelle der Gesuchten finden die Beamten in der Liebenwalder Straße 33 die 18-jährige Verena Becker, deren Wohnsitz die Konradinstraße 15 ist, zusammen mit einer anderen jungen Frau vor.

Zwei Tage danach stellt sich Luther freiwillig der Polizei und wird nach einer Gegenüberstellung wieder auf freien Fuß gesetzt. Das Amtsgericht München hat den am 7. April ausgestellten Haftbefehl am 7. Juni wieder aufgehoben. Der gegen sie erhobene Vorwurf hatte gelautet: Verdacht der Unterstützung einer kriminellen Vereinigung, schwerer Raub und Begünstigung.

In einem am 26. Mai verfassten Schreiben, mit dem dazu beigetragen werden soll, Luther ein Alibi zu verschaffen, gibt Becker an, dass sie die Verdächtige seit Anfang 1970 kennen würde. Zusammen mit Luther habe sie, so heißt es darin, regen Kontakt zur Gefangenenhilfsorganisation *Schwarze Hilfe*.[28] Diese sieht Häftlinge grundsätzlich als politische Gefangene an. Ihrem Selbstverständnis nach sind sie nicht kriminell, sondern Opfer des Systems. Sie hat es sich zur Aufgabe gemacht, Gefangene möglichst optimal zu betreuen. Mitte 1971 beträgt die Anzahl der von ihr betreuten Häftlinge 57. Für sie organisiert sie Besuche, pflegt Briefkontakte, verschickt Bücher und Broschüren und zu besonderen Anlässen wie Weihnachten auch Geschenkpakete. Immer wieder müssen sich ihre Mitglieder

---

27 Vgl. Freudenreich, »Lehrerin an Banküberfällen beteiligt«, *Süddeutsche Zeitung*, 6. Mai 1971.

28 Im Gegensatz zur *Roten Hilfe* ist die wissenschaftliche Literatur über die *Schwarze Hilfe* äußerst spärlich. Eine Ausnahme bildet ein entsprechender Exkurs von Claessens/de Ahna, »Das Milieu der Westberliner ›scene‹ und die ›Bewegung 2. Juni‹«, S. 129–132.

gegen den Vorwurf zur Wehr setzen, sie würden anstatt politischer rein karitative Ziele verfolgen. Sie versuchen deshalb häufiger unter Beweis zu stellen, dass sie auch in der Lage sind, »Widerstandsaktionen« zu organisieren. Zur *Schwarzen Hilfe* gehören u.a. Ingeborg Barz, Wolfgang Grundmann, Michael Baumann, Heinz Brockmann, Hans-Peter Knoll sowie das Ehepaar Karin und Siegfried Mahn.

Die im Hamburger Villenvorort Blankenese aufgewachsene Angela Luther gerät im Mai 1972 unter Verdacht, in den Bombenanschlag der RAF auf das US-Hauptquartier der US-Landstreitkräfte in Europa verwickelt zu sein, bei dem in Heidelberg drei Menschen den Tod finden. Sie verschwindet danach spurlos. Bis heute ist unklar, ob sie tot oder irgendwo untergetaucht ist. Über Luther heißt es in einer Akte des Ministeriums für Staatssicherheit, HA XXII, sie stehe im Verdacht, »evtl. Kontakte zu gegnerischen Geheimdiensten« zu unterhalten.[29] Als Luther einer Sympathisantin eine Pistole angeboten habe, heißt es weiter, sei diese misstrauisch geworden und habe den Kontakt abgebrochen.

In einer anderen Meldung, diesmal vom Auslandsgeheimdienst der DDR, der Hauptverwaltung Aufklärung, Abteilung X/4, heißt es am 19. März 1975:

> »Unsere Quelle hatte vor ca. 4 bis 5 Jahren engen persönlichen Kontakt zu Mitgliedern des 2. Juni. Sie berichtet, dass seinerzeit die Luther von einigen Linken als Sicherheitsrisiko eingeschätzt wurde. Es habe im Verhalten der Luther einige Momente gegeben, die den Verdacht, sie arbeite für den Verfassungsschutz, aufkommen ließen, es handle sich um folgende Dinge: schnelle Freilassung; nie Geldsorgen; Weitergabe einer Pistole. Unsere Quelle hat sich in langen Jahren der Zusammenarbeit als sehr zuverlässig erwiesen.«[30]

---

29 Entsprechend einer inoffiziellen Information einer Quelle der HVA, die 1970/71 mit Angela Luther persönlich bekannt war, ergaben sich Verdachtsmomente für eine Zusammenarbeit mit dem Verfassungsschutz. »Observation einer Trefftätigkeit der Luther mit der … [Name geschwärzt] durch das BfV Köln mit dem Ziel, Kontaktpersonen festzustellen.« Luther, Angela/Berichte und Dossiers zu Angela Luther (1973.05.30. – 1977.11.15.), HIS-Archiv, MfS 75/012.

30 Berichte und Dossiers zu Angela Luther, HVA Abt. X/4 vom 19. März 1975, Reg.-Nr. XV 219/70, HIS-Archiv, MfS 75/012.

Hier also könnte es eine erste Verbindung zum Inlands-Geheimdienst der Bundesrepublik gegeben haben. Falls der Bericht des IM zutreffend gewesen sein sollte, dann könnte mit Angela Luther bereits die erste wichtige Kontaktperson Verena Beckers in der Szene für den Verfassungsschutz gearbeitet haben.

Von der *Schwarzen Hilfe* zur *Bewegung 2. Juni*

Im Übergang von 1971 auf 1972 ist die Konstellation innerhalb jener Strömungen der linksradikalen Berliner Szene, die zum Terrorismus tendieren, ziemlich unübersichtlich. In der Presse dominieren nach wie vor die Schlagzeilen über die »Baader-Meinhof-Gruppe«. In den Westberliner Medien ist hingegen häufiger sehr viel vager von »anarchistischen Gewalttätern« zu lesen und zu hören. Zumeist ist unklar, wer zu welcher Gruppe zählt, was diese jeweils vorhat und welche Ziele sie insgesamt verfolgt. Vor allem fehlt es an Bezugsfiguren, die für bestimmte Zusammenhänge und damit auch Grundorientierungen stehen. Insbesondere nach dem Tod Georg von Rauchs ist die Zeit für eine Neuformierung reif. Der Kieler Professorensohn dürfte bis zu seiner Erschießung am 4. Dezember 1971 die einzige charismatische Figur im Untergrund gewesen sein. Sein Tod, der in der Szene als Ermordung durch den Staatsschutz dargestellt wird, ist für die meisten ein »Schock« (Heinz Brockmann) mit nur schwer abzuschätzenden Konsequenzen.

Die Tage der im Herbst 1969 gegründeten *Tupamaros West-Berlin* sind längst gezählt.[31] Dieter Kunzelmann, ihr einstmals führender Kopf, sitzt bereits seit dem Juli 1970 im Gefängnis. Seine Gefährtin Ingrid »Ina« Siepmann, die über Monate hinweg bei den Palästinensern in Jordanien geblieben war, ist inzwischen zwar wieder zurückgekehrt, jedoch offenbar nicht dazu in der Lage, konzeptionell für eine Reorganisierung zu sorgen. Doch es gibt zu dieser Zeit diverse Ansätze, die nebeneinander existieren und untereinander verknüpft sind, um das »Projekt bewaffneter Kampf« weiter voranzutreiben. Eine dieser sich in West-Berlin herausschälenden neuen Gruppierungen, die *Rote Ruhrarmee*, wechselt in die Bundesrepublik über, naheliegenderweise ins Ruhrgebiet sowie nach Düsseldorf und Köln. Eine andere rekrutiert sich vor allem aus ehemaligen *Tupamaros* und versucht unter

---

31 Zu Entstehung und Entwicklung der ersten terroristischen Organisation in der Bundesrepublik vgl. Kraushaar, »Die Tupamaros West-Berlin«, S. 512–530.

dem Namen *Bewegung 2. Juni* einen Neuanfang.[32] Mit der Selbstbezeichnung soll zweierlei signalisiert werden: einerseits unter der Firmierung »Bewegung« die Abgrenzung gegenüber einer als starr und hierarchisch empfundenen Organisation wie der RAF, andererseits durch die Berufung auf das erste Todesopfer der Studentenbewegung, den am 2. Juni 1967 erschossenen Benno Ohnesorg, die Abwälzung der Verantwortung für den Schritt in die Illegalität und die organisierte Gewalt auf den Staat. Bei jedem Anschlag sollte der Tenor lauten: »Die haben zuerst geschossen.«[33]

Eines Tages bringt Verena Becker zwei erfahrenere Genossen in die Kommune Liebenwalder Straße mit. Es sind Michael »Bommi« Baumann und Hans-Peter Knoll, die zu dieser Zeit hin und wieder wie Pat und Patachon aus dem Untergrund auftauchen. Zusammen mit Inge Viett, die die Szene in ihrer Autobiografie ausführlich beschreibt,[34] lässt sie sich für die im Aufbau befindliche *Bewegung 2. Juni* anwerben. Viett schildert die vermeintlich zurückhaltende Reaktion ihrer Gefährtin mit den Worten:

> »Verena mischt sich kaum in die Diskussion ein und mir wird klar, daß sie schon lange weiß, was sie will. Ich wundere mich, wie vollkommen sie ihre Kontakte vor mir verbergen konnte, und plötzlich entdecke ich hinter dem verschmitzten Mädchengesicht eine entschlossene junge Frau.«[35]

Selbst Viett scheint davon überrascht zu sein, wie es Becker gelingen konnte, über die Anbahnung des Kontakts zu einer solch schillernden, seinerzeit in der Szene schon beinahe mythisch überhöhten Figur wie »Bommi« Stillschweigen zu bewahren, und mit welcher Selbstverständlichkeit sie auf das Angebot reagiert. Im Grunde ist sie schon einen Schritt weiter und hat die für den Eintritt in den Terrorismus er-

---

32 Zu Geschichte, Struktur und Besonderheiten der mit der RAF konkurrierenden Organisation vgl. Wunschik, »Die Bewegung 2. Juni«, S. 531–561.

33 »Der Name wurde gewählt, um sich von der RAF abzuheben – erst mal. Außerdem 2. Juni, weil bei Meldungen dann immer gesagt werden muss, der 2. Juni war der Tag, an dem der Student Ohnesorg von dem Bullen Kurras erschossen worden ist. Das müssen sie dann bei jedem Zeitungsartikel auch heute noch immer sagen. Da konnte man klar zeigen, ihr habt den ersten Schuss abgefeuert, wenn hier zurück geschossen wird, ist das euer Verdienst.« Baumann, Wie alles anfing, S. 99f.

34 Viett, Nie war ich furchtloser, S. 86–88.

35 Ebenda, S. 87.

forderliche Entscheidung längst gefällt und die dafür nötigen Kontakte bereits hergestellt. Ihre Charakterisierung verrät vor allem aber auch, wie sehr sich Außenstehende in der Wahrnehmung Verena Beckers täuschen können.

Die 19-Jährige in ihrer Entschlossenheit zu unterschätzen, dürfte damals schon wahrscheinlich gewesen sein. Eine Fehleinschätzung, die sich häufiger wiederholt und später mit dazu beigetragen haben dürfte, ihr bestimmte Dinge nicht zuzutrauen. Sich vorzustellen, dass eine so zierliche Person einmal eine Maschinenpistole in die Hand nehmen könnte, fällt heute noch schwer. Baumann erklärt zu der Anwerbungsszene später lapidar: »Ich habe sie eingestellt.«[36]

Becker und Viett geben ihr Domizil in der Liebenwalder Straße, das ihnen trotz einer in den Fliesenboden eingebauten und in den Keller führenden Falltür zu unsicher geworden ist, schon bald auf. Viett schreibt später:

> »Der Verfassungsschutz geht dort ein und aus, und die Kommandos der politischen Polizei traten uns beliebig oft die Türen und Schränke ein. Wolfgang und Ingeborg aus der Schwarzen Hilfe waren verschwunden. Abgetaucht. Es war ein offenes Geheimnis, daß sie in die Illegalität zur RAF gegangen waren. Aber niemand wußte Genaues. Der Verfassungsschutz versuchte immer wieder, über die Liebenwalder Kommune ihre Spuren aufzunehmen.«[37]

Gemeint sind Wolfgang Grundmann, der bereits am 2. März 1972 nach einer Schießerei, bei der ein Polizist ums Leben kam, zusammen mit Manfred Grashof verhaftet wurde, und Ingeborg Barz, die nach Auskunft ihrer Mutter bereits am 21. Februar 1972 erklärt hatte, die RAF wieder verlassen zu wollen.

Baumann verdächtigt Barz in seinen 1973 gegenüber der Stasi gemachten umfassenden Aussagen, dass sie seinem Eindruck nach ein »Spitzel des LfV«, also des Berliner Landesamtes für Verfassungsschutz, gewesen sei.[38] Einer Aussage des ehemaligen RAF-Mitglieds Gerhard Müller zufolge soll sie von Andreas Baader erschossen wor-

---

36 Mündliche Mitteilung gegenüber dem Verfasser am 2. August 2005.

37 Viett, Nie war ich furchtloser, S. 88.

38 In Baumanns Niederschrift über Ingeborg Barz heißt es: »Mein persönlicher instinktiver durch keine Tatsachen zu belegender Eindruck Spitzel des LfV«, Aktionen linksextremistischer Personen in der BRD und WB, MfS 73/009, HIS-Archiv, S. 73.

den sein. Dieser habe angeblich befürchtet, dass sie den Behörden gegenüber auspacken würde. Barz, so Müller, sei wochenlang in Frankfurt festgehalten und dann am linken Rheinufer bei Stromkilometer 317 erschossen und dort vergraben worden. Die Suche nach ihrem Leichnam ist allerdings vergeblich verlaufen. Das BKA hat angeblich 1975 in der Nähe des im Landkreis Germersheim gelegenen Dörfchens Jockgrim sogar ein 400 Quadratmeter umfassendes Gelände durchwühlen lassen.[39] Barz blieb für immer verschwunden. Vielleicht ist sie und nicht erst zwei Jahre später Ulrich Schmücker das erste Opfer eines Fememords im bundesdeutschen Terrorismus gewesen.

Viett zieht wieder in ihre alte, in der Eisenbahnstraße gelegene Wohnung. »Hier gründeten wir«, fährt sie weiter fort, »eine Zelle der Bewegung 2. Juni. Wir waren erst vier, sehr bald sieben Genossen. Leider wußten die meisten nicht genau, was sie taten und wollten. Es war ohne Zweifel auch für mich ein Abenteuer, aber ich hatte mich für dieses Abenteuer entschieden. Ebenso Verena.«[40] Also geht es auf dem einmal eingeschlagenen Weg weiter.

---

39 Vgl. »Mit den Fingern in die Wunde greifen«, *Der Spiegel,* 4. Dezember 1978, 32. Jg., Nr. 49, S. 64–73, hier S. 73.

40 Viett, Nie war ich furchtloser, S. 88f.

Der tödlich verlaufene Anschlag auf den britischen Yachtclub

Auffällig ist, dass es meistens internationale Anlässe sind, die die beiden Aktivistinnen und ihre männlichen Gefährten zu ihren Anschlägen veranlassen. Es geht um von staatlichen Akteuren verübte Verbrechen gegen Minderheiten oder Oppositionelle, denen sie sich auf irgendeine Weise verbunden fühlen. Einen solchen, besonders gravierenden Anlass bietet ein von britischen Fallschirmjägern in Nordirland verübtes Blutbad, das sogenannte Bogside Massaker. Es beginnt damit, dass der nordirische Parlamentarier Ivan Cooper am 30. Januar 1972, einem Sonntag, in Londonderry einen Protestmarsch gegen die Internierungspolitik der Briten organisiert hat. Als Reaktion auf den unerwünschten Protestakt erschießen Soldaten eines britischen Fallschirmjägerregiments 13 Demonstranten, darunter sieben Teenager, und verletzen 16 weitere schwer.

Ob die Erschossenen bewaffnet oder unbewaffnet gewesen sind, bleibt jahrzehntelang umstritten. Ein Sprecher der Armee behauptet zunächst, dass die Soldaten bei dem Versuch, den Marsch aufzulösen, aus dem Hinterhalt beschossen worden seien und sich deshalb hätten wehren müssen. Der katholische Priester Edward Daly bestreitet das hingegen vehement und erklärt, dass die Schüsse ausschließlich von den Fallschirmjägern abgegeben worden seien. Am meisten entsetzt sei er allerdings von der Kaltblütigkeit gewesen, mit der die Soldaten blindlings in die Menge gefeuert hätten. Obendrein seien noch – als Menschen zu Boden stürzten – makabre Witze über die Opfer gemacht worden. Kein Geringerer als US-Senator Edward M. Kennedy bezeichnet das Massaker in Anspielung auf eine von US-Soldaten 1968 in Südvietnam verübte Gräueltat als »Großbritanniens My Lai«. Erst im Juni 2010 kommt ein Untersuchungsausschuss der britischen Regierung zu dem Ergebnis, dass keines der Opfer bewaffnet gewesen sei und die Angriffe »unjustified and unjustifiable« gewesen seien.[41]

---

41 Die britische Regierung hat zwei Untersuchungen des blutigen Vorfalls durchführen lassen. Eine erste, das sogenannte Widgery Tribunal, war unmittelbar

Als Michael Baumann, der bereits 1969 in London vergeblich Kontakt zu einem führenden Mann der IRA aufzunehmen versucht hatte, am Abend im Fernsehen Bilder vom »Blutsonntag von Londonderry« sieht, entschließt er sich spontan, »etwas dagegen zu unternehmen«. Am Vormittag des darauf folgenden Tages sucht er deshalb zusammen mit Hans-Peter Knoll mehrere Mitglieder der *Schwarzen Hilfe* auf. Es sind Verena Becker, Harald Sommerfeld und Inge Viett. Auch sie haben die schrecklichen Bilder im Fernsehen gesehen und wollen ebenfalls etwas tun, um ihren Protest zum Ausdruck zu bringen. Am Ende ihrer Überlegungen kommen sie zu dem Schluss, einen Sprengstoffanschlag auf eine Einrichtung des britischen Militärs in West-Berlin durchzuführen. Da Becker ein geeignetes Objekt in Gatow kennt, wird der Plan ausgeheckt, dort eine Bombe zu deponieren. Der im Bezirk Spandau gelegene Stadtteil gilt für ein solches Vorhaben als besonders geeignet. Er grenzt auf seiner östlichen Seite an die Havel, ist nur dünn besiedelt und wird gemeinhin als »Dorf in der Großstadt« bezeichnet. Da es den dreien von der *Schwarzen Hilfe* jedoch an praktischen Kenntnissen ebenso wie an den nötigen Materialien mangelt, sagen ihnen Baumann und Knoll ihre Unterstützung zu. Am Abend suchen die beiden eine Wohnung in Schöneberg auf und unterrichten auch Heinz Brockmann, Ralf Reinders und »Ina« Siepmann von dem Plan.[42] Der im Bau von Sprengsätzen und Bomben besonders versierte Brockmann macht den Vorschlag, eine Bombe in einen Handfeuerlöscher einzubauen. Zur selben Zeit treffen sich die drei Mitglieder der *Schwarzen Hilfe* in einer Charlottenburger Kneipe.

Verena Becker bringt einen bis dahin in der Gruppe unbekannten Mann mit. Sie stellt ihn mit der Bemerkung vor, es handle sich bei ihm um einen »zuverlässigen und brauchbaren Typen«. Der Mann heißt

---

danach durchgeführt worden und im Anschluss wegen seiner Rechtfertigungstendenzen heftig kritisiert worden. Eine zweite, die sogenannte Saville Inquiry, war 1998 von Lord Saville of Newdigate gestartet worden und legte erst zwölf Jahre später ihre Ergebnisse vor. Der britische Premierminister David Cameron hat daraufhin im Namen des Vereinigten Königreiches eine Entschuldigung ausgesprochen. Vgl. »Report of the The Bloody Sunday Inquiry«, 15 June 2010. http://report.bloody-sunday-inquiry.org/ [15. 06. 2010].

42 Es ist nicht sicher, ob sie damit auch einverstanden gewesen sind. Nach Baumanns Aussagen gegenüber der Staatssicherheit war dies der Fall, nach Brockmanns Aussagen gegenüber den Westberliner Ermittlern haben Reinders und Siepmann ihre Zustimmung verweigert.

Willi Räther und ist bereits 28 Jahre alt. Er stammt aus der DDR, war Unterfeldwebel bei der NVA und 1964 in den Westen geflohen. Nachdem er zwei Jahre zur See gefahren war, hatte er in Köln als Fensterputzer gearbeitet. Dort war er – wie es damals hieß – »auf die schiefe Bahn geraten« und zweimal zu Gefängnisstrafen verurteilt worden. Räther gilt offenbar als Mann fürs Grobe, auf jeden Fall ist er ein nicht unerfahrener Krimineller.[43]

In der Nacht halten sie Ausschau nach einer britischen Militäreinrichtung, die sich als Ziel für einen Anschlag eignen könnte. Als sie an der Havel auf das Gelände eines britischen Yachtclubs stoßen, meint Sommerfeld, dass es sich besonders gut eignen würde. Der Club werde hauptsächlich von britischen Offizieren besucht und würde in der Winterzeit offenbar nicht benutzt. Auch Becker und Viett sind damit einverstanden. Alle vier sind sich darin einig, dass die Bombe nur Sachschaden verursachen solle.

Am nächsten Tag gehen die Vorbereitungen weiter. Im Laufe des 1. Februar kauft Baumann die für den Anschlag nötigen Teile ein. Am Abend desselben Tages werden diese in einer konspirativen Wohnung in der Sybelstraße 26 zusammengebaut. Während Brockmann im Badezimmer mit der Konstruktion der Bombe und Baumann in der Küche mit der Mischung des Sprengstoffes beschäftigt ist, stehen die anderen abwechselnd an der Wohnungstür Wache. Es sind jedoch insgesamt drei Bomben, die dort fertiggestellt werden. Gegen 1.00 Uhr nachts verlassen sie die Wohnung in der Sybelstraße. Als Zeitpunkt für die Zündung der Bomben wird 2.15 Uhr vereinbart.

Bei einem anderen Treffen, an dem Sommerfeld, Viett und Becker zusammenkommen, wird in der Eisenbahnstraße 22 das Bekennerschreiben für den geplanten Anschlag verfasst. Zusammen mit Räther fahren sie anschließend, wiederum mitten in der Nacht, mit einem Pkw nach Gatow. Baumann, Brockmann und Knoll kehren während-

---

43 Räther ist zweier Delikte wegen vorbestraft. Im November 1968 hat ihn ein Schöffengericht in Köln wegen gemeinschaftlich versuchten Einbruchsdiebstahls zu einer Bewährungsstrafe von fünf Monaten verurteilt. Bevor die drei Jahre dauernde Bewährungsfrist abgelaufen ist, steht er erneut vor Gericht und wird im April 1971 vom Landgericht Köln wegen eines nur neun Tage nach seiner ersten Verurteilung begangenen Vergehens, einem gemeinschaftlich versuchten schweren Raub, zu einer Freiheitsstrafe von zweieinhalb Jahren verurteilt.

dessen in ihre Wohnungen zurück. Verena Becker, Inge Viett, Willi Räther und Harald Sommerfeld verüben schließlich gemeinsam den Anschlag auf den britischen Yachtclub. Während Viett mit ausgeschalteter Beleuchtung im Auto sitzen bleibt, um im Falle unerwartet auftretender Schwierigkeiten eine rasche Flucht zu ermöglichen, übersteigen Becker, Räther und Sommerfeld den Zaun zum Gelände des Clubs. Becker hat die Aufgabe, die Umgebung zu beobachten und abzusichern. Sommerfeld und Räther, die die Bombe in einer Tasche mit sich führen, laufen zu der an der Havel gelegenen Seite des Clubhauses weiter. Räther legt die Bombe schließlich auf einen Stuhl, der neben einer Tür auf der Terrasse steht, und stellt den Zeitpunkt für die Zündung – sie haben sich inzwischen etwas verspätet – auf 2.30 Uhr ein. Danach löst er Brockmanns Anweisungen folgend die Isolierungen an den Kabelenden und verbindet sie miteinander. Zuletzt stülpt er noch die Tasche über den Bombenkörper. In der Zwischenzeit legt Sommerfeld das Bekennerschreiben unterhalb der Fensterfront ab. Anschließend begeben sich die drei wieder zu dem parkenden Pkw und fahren zurück – die beiden Frauen in die Eisenbahnstraße, Räther und Sommerfeld in die Wrangel-Kaserne, in der sie gemeinsam wohnen. Keiner hält es für nötig, die Explosion aus der gebotenen Entfernung abzuwarten. Offenbar sind sie nur froh darüber, dass sie ihre »Aktion« bis zu diesem Punkt abgewickelt haben. Im Unterschied zu Baumann, Brockmann und Knoll sind sie ja Anfänger. Außerdem wollen sie kein Risiko eingehen, sich in der abgelegenen Umgebung noch erwischen zu lassen.

Der Sprengsatz detoniert jedoch nicht zu dem dafür vorgesehenen Zeitpunkt. Die ganze Nacht über bleibt es still. Gegen 8.15 Uhr morgens kommt der bereits im Rentenalter befindliche Bootsbauer Erwin Beelitz vorbei. Er macht wie üblich seinen Rundgang und entdeckt die Tasche mit dem merkwürdigen Inhalt. Um genauer nachzusehen, worum es sich dabei handelt, trägt er sie in das Bootshaus und macht sich an einem Schraubstock daran zu schaffen. Dabei geschieht, was schon fünfeinhalb Stunden früher hätte geschehen sollen – die Bombe explodiert. Beelitz erleidet schwere Verletzungen an beiden Händen und im Unterbauch. Verzweifelt versucht er noch Hilfe herbeizuholen. Doch es ist bereits alles zu spät. Innerhalb kürzester Zeit verliert er so viel Blut, dass er im Bootshaus zusammenbricht, das Bewusstsein verliert und stirbt. Gegen 11.00 Uhr wird der Leichnam des 66-jährigen Mannes von zwei Zeugen gefunden. In unmittelbarer Nähe des Tatorts stoßen sie auch auf den gut sichtbar abgelegten Zettel. Die Losung lautet: »Solidarität mit der IRA, Kommando ›Rache für Londonderry‹«. Wie sich bald herausstellt, sind parallel dazu in der Nähe des Theodor-Heuss-Platzes in Charlottenburg noch zwei weitere Anschläge verübt worden. Nicht auf britische Einrichtungen, sondern auf Pkws mit britischen Kennzeichen. Der eine Sprengsatz ist von Brockmann und der andere von Baumann und Knoll gezündet worden.

Als die beiden am 3. Februar in ersten Presseberichten lesen, dass bei dem von ihnen initiierten, aber nicht unmittelbar ausgeführten Anschlag auf den Yachtclub ein Mensch ums Leben gekommen ist, reagieren sie – so wird es später jedenfalls behauptet – mit Bestürzung. Sie fahren in die Wohnung der *Schwarzen Hilfe* und stellen die vier am Anschlag Beteiligten zur Rede. Diese berichten, dass sie die Bombe zusammen mit ihrem Bekenntnis wie verabredet am Eingang des Yachtclubs deponiert hätten. Aus der Tatsache, dass sie nicht dort, sondern im Bootsschuppen explodiert sei, schließen sie, dass der Zündmechanismus zunächst versagt haben müsse und erst in dem Moment ausgelöst worden sei, als sich der Bootsbauer daran zu schaffen gemacht hätte. Baumanns Vorschlag, sich wegen der tragischen Konsequenz des Anschlags namentlich dazu zu bekennen, wird abgelehnt. Alle scheinen deprimiert zu sein, am meisten bestürzt ist aber wohl derjenige, der die Bombe abgelegt hat – Willi Räther. Der 28-Jährige erklärt, dass er sich niemals mehr an einer derartigen Aktion beteiligen wolle.

Die anderen lassen jedoch keinen Zweifel daran, dass sie dennoch weitermachen wollen.[44] Sie beseitigen zunächst alle Spuren, die auf ihre Täterschaft hinweisen könnten, und beschließen, in Zukunft vorsichtiger und sorgfältiger vorgehen zu wollen. Ein Vorfall empört die Gruppe ganz besonders. Als das RAF-Mitglied Thomas Weisbecker am 2. März bei einer Fahndungsaktion in Augsburg von der Polizei erschossen wird, sind sie davon überzeugt, dass es sich dabei um die

---

44 Viett fühlt sich für den Tod des unschuldigen Beelitz nicht einmal verantwortlich: »Der Tod des Bootsbauers im britischen Yachtclub konnte uns nicht aufhalten. Ich war bestürzt, ja. Aber ich fühlte mich nicht verantwortlich. Es berührte mich eher in einer Weise, wie es einen Menschen berührt, in dessen Bekanntenkreis jemand einen tödlichen Unfall verursacht hat.« Viett, Nie war ich furchtloser, S. 91.

vorsätzliche Ermordung eines Genossen handeln müsse. Als Antwort verübt Baumann zusammen mit zwei anderen Mitgliedern einen Anschlag auf das Landeskriminalamt in Schöneberg. Sie kannten den Kieler Professorensohn besonders gut. Bevor er zur RAF stieß, war er lange Zeit mit ihnen gemeinsam Mitglied der *Tupamaros West-Berlin* gewesen. In einem von Ingrid Siepmann verfassten Bekennerflugblatt wird erstmals der Name »Bewegung 2. Juni« verwendet.

Ein anderer wichtiger Schritt besteht darin, auf linken Veranstaltungen aufzutreten, Flagge zu zeigen und bei solchen Gelegenheiten Kontakt mit Sympathisierenden herzustellen. Bei einem Teach-in im Auditorium Maximum der Technischen Universität am 19. März übernimmt die Gruppe die Verantwortung für den Brandanschlag auf das Schöneberger LKA. Dabei werden von der Empore Flugblätter geworfen, auf denen es heißt: »Jetzt reicht's«.[45] Gekennzeichnet sind sie mit »Bewegung 2. Juni«. Der 20-jährige Geschichtsstudent Ulrich Schmücker, der zeitweilig in der *Roten Zelle Historiker* aktiv war, ist besonders neugierig. Er nimmt Kontakt mit den beiden auf, die die Flugblätter heruntergeworfen haben. Es sind Becker und Viett. Sie verabreden miteinander, sich am Samstag darauf in Schmückers Wohnung in der Weisestraße 30 zu treffen. Schmückers Interesse kommt nicht von ungefähr.

Anderthalb Wochen zuvor, am 1. März, hatte Schmücker schon einen Schritt in ihre Richtung unternommen und aus Protest gegen Fahrpreiserhöhungen der BVG zusammen mit den Eheleuten Mahn auf mehreren U-Bahnhöfen die Münzschlitze der neuen Fahrscheinautomaten mit Kaltmetall verstopft. Die Mahns hatten das Material von Verena Becker erhalten. Für Schmückers politische Ausrichtung spielen sie eine wichtige Rolle. Sie treffen sich einmal die Woche, immer freitags. Gemeinsam lesen sie die programmatische, von Horst Mahler verfasste RAF-Schrift »Über den bewaffneten Kampf in Westeuropa«.[46] Mahler charakterisiert darin die bundesdeutsche Arbeiterklasse als »Arbeiteraristokratie« und dämpft damit alle an das eigene

45 Die Darstellungen in der Literatur weichen in einem Punkt voneinander ab. Nach Bortfeldt handelte es sich um einen Anschlag auf die Bücherei der Juristischen Fakultät, nach Aust um einen auf das Berliner Landeskriminalamt in der Gothaer Straße. Bortfeldt, Deckname »Kette«, S. 22; Aust, Der Lockvogel, S. 30.

46 »Über den bewaffneten Kampf in Westeuropa«, in: ID-Verlag (Hg.), Rote Armee Fraktion, Texte und Materialien zur Geschichte der RAF, S. 49–111.

Proletariat gerichteten revolutionären Erwartungen. Stattdessen bricht er eine Lanze für die Völker der Dritten Welt. Sie sollen es vor allem sein, die noch Aussichten für eine Revolution bieten. An ihnen, so der Tenor seiner Schrift, müssen sich die bewaffneten Gruppierungen orientieren, wenn sie aussichtsreich agieren wollten. Für Schmücker und die beiden Mahns ist das überzeugend. Sie wollen sich auf der Grundlage dieses RAF-Papiers organisieren und am bewaffneten Kampf teilnehmen.

An einem Samstagnachmittag empfängt Schmücker in seiner Wohnung wie verabredet Verena Becker, Harald Sommerfeld, Inge Viett und das ihm vertraute Ehepaar Mahn. Der ebenso wiss- wie aktionsbegierige Schmücker wird in die Grundstrukturen des bewaffneten Kampfes eingewiesen, das Leben in der Illegalität, Erfahrungen mit der Durchführung von Anschlägen, die dafür nötige Logistik wie Autoknacken, Passfälschung und anderem mehr. Man scheint sich auf Anhieb einig zu sein. Am Ende wird er in die im Aufbau befindliche Zelle der *Bewegung 2. Juni* aufgenommen, zu der bereits Becker, Sommerfeld und Viett gehören. Auch die beiden Mahns signalisieren, dass sie künftigen Aktionen nicht abgeneigt sind.

Davon unabhängig existiert die *Schwarze Hilfe* weiter. Die Hilfsorganisation benötigt Geld, um auch weiterhin ihre Arbeit mit Gefangenen und Obdachlosen finanzieren zu können. Dafür haben ihre Mitglieder in der Vergangenheit bereits einen Teil der Beute von Banküberfällen erhalten, nun aber wollen die neuen Mitglieder der *Bewegung 2. Juni* auch selbst Banken ausrauben. Um die Überfälle durchführen zu können, werden sie von Baumann und Knoll mit Waffen und Tipps versorgt. Becker, Sommerfeld und Viett händigen sie zu diesem Zweck drei Pistolen, einen Armeerevolver und ein Kleinkalibergewehr aus.

Als Erstes ist am 25. März die Postnebenstelle in Gatow an der Reihe. Der Vorschlag stammt von Becker, die sich in dem Stadtteil besonders gut auskennt. Aus der Tatsache, dass es sich dabei um keine Bank mit den üblichen Sicherheitsvorkehrungen handelt, versprechen sich die Täter eine einfachere Durchführung. Die Raubaktion schlägt trotzdem fehl. Nachdem sie die Post eine Viertelstunde lang beobachtet haben, stürmen sie mit gezogenen Waffen in den Vorraum. Sommerfeld hat eine Firebird vom Kaliber 9 mm im Anschlag, Viett, die zuvor eine mit Sehschlitzen ausgestattete Pudelmütze übergestreift hat, ein Kleinkalibergewehr der Marke Landmann-Preetz mit abgesägtem Lauf und Kolben. Während sie in der Tür stehen bleibt, rennt Sommerfeld auf den Kassenraum zu, richtet seine Pistole auf die Kassiererin und ruft: »Schnell, Geld raus!« Die Frau ist jedoch völlig perplex. Sie hält die noch sehr jugendlich aussehenden Täter, wie sie später vor Gericht aussagen wird, für Kinder und glaubt an einen Streich. Als sie keinerlei Anstalten macht, irgendetwas zu unternehmen, ergreift Viett die Initiative und wiederholt Sommerfelds Aufforderung. Daraufhin zieht die Kassiererin eine unter dem Tresen befindliche Schublade hervor und löst eine Alarmsirene aus. Als diese aufheult, wirken die Täter für einen Moment wie zu Salzsäulen erstarrt, verlieren die Nerven und suchen ihr Heil in der Flucht. An einem der nächsten Tage geben sie die Waffen samt der dazugehörigen Munition an Baumann und Knoll zurück.

Es ist unklar, ob der Überfall von drei oder nur von zwei Tätern verübt worden ist. Baumann, der nicht selbst dabei war, aber das Geschehen in seiner Aussage gegenüber der Stasi ausführlich schildert, geht davon aus, dass – wie abgesprochen – alle drei daran beteiligt gewesen sind.[47] In einem späteren Gerichtsurteil, in dem auf den gescheiterten Geldraub Bezug genommen wird, fehlt Becker auf einmal. Es heißt dort, sie sei zwar an der Vorbereitung beteiligt gewesen, habe aber an der Durchführung selbst nicht teilgenommen. Angeblich habe sie, so heißt es, sich an dem Tag »nicht wohl« gefühlt und sei deshalb zu Hause geblieben.[48] Merkwürdig. Sollte hier bereits eine Tatbeteiligung verschleiert worden sein, um das Strafmaß bei ihrer späteren Verurteilung abzumildern?

Trotzdem haben die drei ihre Ambitionen noch nicht aufgegeben. Am 4. April starten sie erneut einen Versuch. Diesmal soll ein bewaffneter Raubüberfall auf eine Filiale der Berliner Discontobank in Britz verübt werden. Dieselbe Filiale war im Februar bereits von einer anderen Gruppierung ausgeraubt worden. Ein dreiköpfiges Kommando hatte nicht weniger als 100000 DM erbeutet. Die Kenntnisse, die dabei

---

47 Vernehmungsprotokoll des Beschuldigten Baumann, Michael, MfS 73/033, vom 6. Dezember 1973, HIS-Archiv, S. 4.

48 Urteil in der Strafsache gegen den Studenten Harald Erich Sommerfeld, Große Strafkammer 502 a des Landgerichts Berlin, vom 25. Mai 1973, HIS-Archiv, Ur/11, S. 12.

von der Räumlichkeit, der Sicherheitsanlage und dem Kassierer erworben wurden, kommen nun Becker, Sommerfeld und Viett zugute. Auch dieses Mal fährt Viett den Pkw und bleibt während des Überfalls in ihm sitzen, um eine möglichst rasche Flucht zu garantieren. Die anderen beiden maskieren sich eilig im Vorraum, stürmen dann mit gezogenen Waffen in den Schalterraum und schüchtern die rund ein Dutzend Kunden mit dem Ruf ein: »Überfall, Hände hoch, alles da rüber!« Während Becker mit ihrem Kleinkalibergewehr die Anwesenden in Schach hält und den Bankraum absichert, springt Sommerfeld mit seiner Pistole in die Kassenbox und fordert den Kassierer auf, das Geld herauszurücken. Noch am selben Tag schildert er dem nicht weiter eingeweihten Schmücker den vermeintlichen Ablauf:

> »Wir hatten Jacken und Mützen und Halstücher und Sonnenbrillen dabei. Ich trug die Colt-Automatik, Inge den Revolver und Verena die Firebird. Verena und ich sind in der Nähe der Bank ausgestiegen, während Inge langsam weiterfuhr. Dann haben wir im Vorraum der Bank noch etwas gewartet und uns einen Aushang angesehen. Hinter einer alten Frau sind wir dann in den Schalterraum gegangen. Wir hatten uns Tücher vors Gesicht gebunden. Verena richtete ihre Firebird auf die Kunden und Angestellten der Bank, und ich bin auf den Kassierer losgegangen und hab ihm gesagt, er soll keine Faxen machen und schnell das Geld rausgeben. […] Der Kassierer war ganz schön verängstigt, aber er hat mir dann das Geld rübergeschoben. Als ich es gerade in meine weiße Plastiktüte stopfte, kam ein neuer Kunde in den Schalterraum. Verena drehte sich superschnell zu ihm um und zischte: ›Geh weg!‹ Dann schwenkte sie ihre Pistole und wollte ihn dazu bringen, sich zu den anderen Kunden und Angestellten der Bank zu stellen. Aber der Mann reagierte überhaupt nicht. Verena hat ihn zur Seite gestoßen, und wir sind an ihm vorbei aus der Bank gelaufen. Draußen sind wir dann in den VW gesprungen.«[49]

Als sie sich gemeinsam im Fernsehen die Berliner Abendschau ansehen, erleben sie mit, wie über den Bankraub in Britz berichtet wird. Bei der Fahndung nach den Tätern müssen sie feststellen, dass die abgegebene Personenbeschreibung ziemlich genau auf sie passt. Som-

---

49 Zitiert nach: Aust, Der Lockvogel, S. 37.

merfeld hat außerdem das Pech, dass er in der Aufregung seine mit Fingerabdrücken versehene Sonnenbrille auf dem Tresen der Bank liegen gelassen hat. Da die Gläser während des Überfalls beschlagen waren, hatte er sie abgesetzt, um besser sehen zu können, und sie bei ihrer Flucht vergessen. Die Beute ist zwar nicht so hoch wie bei ihren Vorgängern, beträgt aber immer noch stattliche 29450 DM. Der geglückte Überfall gibt der Zelle mächtig Auftrieb. Von dem Betrag wollen sie mehrere tausend DM abzweigen, um damit bei einer palästinensischen Organisation Sprengstoff zu kaufen. Den Kontakt zu einem Araber hat Schmücker bereits am Tag zuvor hergestellt.

Danach geht es wieder einmal um das ihnen besonders am Herzen liegende Thema »internationale Solidarität«. Aus Protest gegen die Wiederaufnahme der US-amerikanischen Bombenangriffe auf Nordvietnam beschließt die *Bewegung 2. Juni*, möglichst gleichzeitig verschiedene Sprengstoff- und Brandanschläge gegen US-amerikanische Einrichtungen durchzuführen. Becker, Sommerfeld und Viett haben mit Baumann, Brockmann und Knoll verabredet, eine »Antiamerikanische Nacht« zu »veranstalten«. Am 7. April erscheinen Becker und Viett bei Schmücker und dem Ehepaar Mahn und fordern sie auf, sich an der Durchführung zu beteiligen und zwei Anschläge zu übernehmen. Sie sind einverstanden und beginnen damit, einen der infrage kommenden Tatorte auszukundschaften. Drei Tage später bringt Schmücker in der Wohnung der Mahns einen mit Benzin gefüllten 10-Liter-Kanister vorbei. Sommerfeld ist bei seinem Eintreffen schon damit beschäftigt, die Zündvorrichtung für eine »Unkraut-ex-Bombe« zusammenzubauen.

Am 11. April ist es so weit. Schmücker und Sommerfeld fahren nach Mitternacht mit einem Mini-Cooper zu dem im Harnack-Haus untergebrachten amerikanischen Offiziersclub nach Dahlem und deponieren an einem der Kellerfenster einen Sprengsatz. Der Zünder ist zwischen 3 und 4 Uhr morgens eingestellt. Parallel dazu sind die beiden Mahns mit Schmückers VW unterwegs, in dem sich zwei für einen zusätzlichen Anschlag präparierte Benzinkanister befinden. Ziel ist in Dahlem der Privat-Pkw des Pressechefs der Berliner US-Mission. Dort angekommen, schieben sie die beiden mit einem Zündmechanismus versehenen Kanister unter das Fahrzeugheck. Der Zeitzünder ist auf 2.30 Uhr eingestellt. Doch aus beiden Anschlägen wird nichts. In dem einen Fall – so heißt es später offiziell – sollen Passanten gegen

2.10 Uhr den unter dem Pkw angebrachten Benzinkanister entdeckt und die Polizei alarmiert haben. Diese habe einen speziellen Räumdienst verständigt und den Brandsatz entschärft. Auch im zweiten Fall explodiert die Bombe auf wundersame Weise nicht. Ob es am Dilettantismus der *Bewegung 2. Juni* oder aber an von langer Hand vorbereiteten Manipulationen gelegen hat, bleibt offen.

Als sich Sommerfeld am Morgen darauf vor Ort vergewissern will, was mit der Bombe geschehen ist, und dabei die Entdeckung macht, dass sie nicht hochgegangen ist, ruft er bei der Polizei an, um sie über den abgelegten Sprengsatz zu alarmieren. Nicht noch einmal soll ein Unbeteiligter sterben. Sommerfeld beobachtet sicherheitshalber sogar, wie die Bombe von einem Kommando der Polizei entschärft wird. Damit ist die »Antiamerikanische Nacht« endgültig gescheitert.

Die Frustration über den doppelten Fehlschlag ist groß. In den Tagen darauf machen Vermutungen die Runde, warum die Zünder versagt haben könnten. Es werden sogar Vorwürfe erhoben, dass sich in der Gruppe ein Spitzel versteckt halten könnte. Der Verdacht fällt auf Sommerfeld. Geäußert wird er von den Eheleuten Mahn Viett und Becker gegenüber. Und diese wiederum berichten dem Verdächtigten davon.[50] Auch in der Verbindung zwischen Schmücker und dem Ehepaar Mahn kriselt es. Während sie immer stärker für die RAF Partei ergreifen, verteidigt Schmücker trotz der Fehlschläge auch weiterhin die *Bewegung 2. Juni*. Eine Rolle spielt dabei möglicherweise auch seine Verbindung zu palästinensischen Terroristen.

Durch einen Tutor, der in einem Solidaritätskomitee aktiv ist, über arabische Sprachkenntnisse verfügt und den er während seines Studiums kennengelernt hat, ist Schmücker am 3. April an einem Kiosk in der Nähe der U-Bahnhof-Station Dahlem-Dorf mit einem ihm Unbekannten in Kontakt gekommen. In dem Gespräch geht es um die mögliche Unterbringung eines zur Flucht gezwungenen Gefährten in einem Land des Nahen Ostens, die Beschaffung von Waffen und Sprengstoff samt der dafür notwendigen Zündvorrichtungen sowie eine gründliche, mindestens drei Monate dauernde militärische Ausbildung. Die angebotenen »Leistungen« sind jedoch nicht als reine So-

---

50 Vgl. Urteil in der Strafsache gegen den Diplom-Psychologen Siegfried Bruno Mahn und die Lehrerin Karin Ingeborg Mahn, 15. Große Strafkammer des Landgerichts Berlin, 2. April 1976, S. 21, HIS-Archiv, Ur/13.

lidaritätsakte misszuverstehen; das unbekannte Gegenüber verlangt dafür Geldbeträge in Höhe von jeweils mehreren tausend DM. Am Ende wird eine längerfristige Zusammenarbeit zwischen der *Bewegung 2. Juni* und dem Kontaktpartner, einem mutmaßlichen Vertreter der *Volksfront für die Befreiung Palästinas*, kurz PFLP genannt, vereinbart. Nach dem Banküberfall von Britz scheint sich das zu konkretisieren. Nun ist die für einen Großeinkauf nötige Summe vorhanden. Schmücker ordert bei seinem Partner für 15000 DM Handfeuerwaffen, für denselben Betrag Sprengstoff und für jeweils 5000 DM Schnellfeuergewehre und Handgranaten. Bald darauf treten jedoch Probleme auf. Anderen Mitgliedern der *Bewegung 2. Juni* erscheint der Ankauf als zu unsicher. Offenbar befürchten sie, bei dem Deal über den Tisch gezogen zu werden und anschließend möglicherweise sogar mit leeren Händen dazustehen.

Trotzdem wollen sie den Kontakt und die in Aussicht gestellte Kooperation nicht einfach aufgeben. Es wird ein zusätzlicher Kontakt aufgebaut. Der im Hintergrund die Fäden ziehende Tutor tritt erneut als Vermittler in Aktion. Diesmal soll die Anbahnung über Verena Becker laufen. Am 28. April kommt es tatsächlich zu einem Zusammentreffen Beckers mit einem Araber. Es ist unklar, ob es sich bei dem Mann um denselben handelt, den Schmücker getroffen hat. Mit ihm wird vereinbart, für 5000 DM Sprengstoff zu kaufen. Darüber hinaus wird verabredet, dass ihre Gruppe in der ersten Juniwoche in den Nahen Osten fliegen soll, um sich in einem dortigen Lager ausbilden zu lassen. Becker, Knupe, Schmücker und Viett wollen sich von einer professionellen Terrororganisation wie der PFLP im Libanon als Guerilleros ausbilden lassen. Dafür soll die Organisation nicht weniger als 40000 DM verlangt haben. Da Sommerfeld zur Bundeswehr muss, will er dort in der Zwischenzeit seine Grundausbildung absolvieren, um sich ein Minimum an militärischen Fähigkeiten anzueignen und damit das Training seiner Gefährten zu kompensieren.

Für die Abwicklung des ersten Schrittes wird wiederum Schmücker aktiviert. Nach entsprechenden Instruktionen fährt er am Abend des 1. Mai nach Braunschweig. Am Morgen darauf trifft er sich am Hauptbahnhof mit einem Kontaktmann und begibt sich mit ihm in ein Studentenheim. Dort werden ihm von einem Araber sechs Platten Sprengstoff samt der dazugehörigen Zündkapseln ausgehändigt. Dann wird er instruiert, wie sich eine Zeitzündervorrichtung zusammenbauen lässt. Diese Anweisung soll seiner Gruppe künftig als Modell dienen. Mittags reist Schmücker nach West-Berlin zurück, sucht in Kreuzberg eine konspirative Wohnung auf und übergibt Becker, Sommerfeld und Viett das Material zum Bombenbau. Es macht ganz den Anschein, dass sich die Zusammenarbeit mit ihm bewährt und die *Bewegung 2. Juni* in Richtung auf eine Kooperation mit den Palästinensern weiter vorankommt.

Weil absehbar ist, dass ihre Geldmittel durch die Geschäfte mit ihren Freunden aus dem Nahen Osten bald erschöpft sein könnten, schauen sie sich weiter nach Gelegenheiten für Banküberfälle um. Da sich Sommerfeld besonders gut in Hannover auskennt, verlagert sich ihr Interesse vorübergehend auf die niedersächsische Landeshauptstadt. Ende April fahren Becker, Knupe, Schmücker und Viett mit ihm zusammen dorthin. Mit Perücken, Bärten und gefärbten Augenbrauen sehen sie sich in acht bis zehn Filialen die Räumlichkeiten an. Der Vorwand ist immer der gleiche – entweder wechseln sie Geldbeträge in eine fremde Währung ein oder bei kleineren Beträgen Scheine in Münzen. Für zwei Banken, die sich am Ende als besonders geeignet erweisen, erkunden sie mögliche Fluchtwege und treffen eine Reihe weiterer Vorbereitungen. Zuvor ist jedoch noch ein weiterer Bankraub in Berlin geplant. Er soll am 9. Mai stattfinden. Doch dazu kommt es ebenso wenig wie zu den beiden in Hannover geplanten Überfällen.

Die Verhaftung einer Zelle der *Bewegung 2. Juni*

Erneut gibt es einen internationalen Anlass, auf den die *Bewegung 2. Juni* meint reagieren zu müssen. Als der türkische Staatspräsident Cevdet Sunay am 4. Mai 1972 eine Begnadigung von drei linksradikalen, zum Tode verurteilten Studenten verweigert,[51] wollen Schmücker und Knupe in der darauffolgenden Nacht einen Anschlag auf das türkische Generalkonsulat in West-Berlin durchführen. Doch der an der Rückseite des Gebäudes deponierte Sprengsatz explodiert nicht. Frustriert wollen sie nun zumindest symbolisch ein Zeichen des Protests setzen. Sie rufen anonym bei einer Dienststelle der Polizei an, um sie über die Bombe zu informieren. Als auch im Fernsehen nichts davon gebracht wird, verfassen sie eine Solidaritätserklärung und bringen sie bis an die Tür des Berliner dpa-Büros. Um sicherzugehen, dass nicht auch sie ignoriert wird, rufen sie – wiederum anonym – bei der Presseagentur an und weisen auf das Schreiben hin. Der Text, der verrät, in welchem Maße andere Völker zum Projektionsschirm eigener Aufstandsfantasien gemacht werden, lautet:

»Aus Solidarität mit dem Kampf des sich bewaffnenden türkischen Volkes gegen die Militärdiktatur in Ankara haben wir gestern eine Plastikbombe in das Konsulat dieser Faschisten gelegt. Die Bombe explodierte *leider* nicht. Um die Gefährdung Unbeteiligter durch eine Spätzündung zu verhindern, wurde die Polizei von uns benachrichtigt. Sie reagierte nicht! Die Bombe liegt noch jetzt in einer

---

51 Bei den drei zum Tode verurteilten Deniz Gezmiş, Yusuf Aslan und Hüseyin İnan handelt es sich um ehemalige Aktivisten der türkischen Studentenbewegung. Nach deren Ende hatten sie sich dem bewaffneten Kampf angeschlossen, 1969 eine Organisation namens *Volksbefreiungsarmee der Türkei* gegründet und in den Jahren 1970/71 mit Banküberfällen und Entführungsaktionen landesweit für Schlagzeilen gesorgt. Obwohl sich der Vorsitzende der kemalistisch orientierten *Republikanischen Volkspartei*, Bülent Ecevit, ebenso wie der ehemalige türkische Staatspräsident İsmet İnönü gegen das Todesurteil ausgesprochen haben, wird es zwei Tage später vollstreckt. Vgl. Kraushaar, »Aus der Protest-Chronik: 6. Mai 1972«, *Mittelweg 36*, 18. Jg., Heft 5, Oktober/November 2009, S. 89–92.

Mauernische der Hintertreppe des türkischen Generalkonsulats in der Kirschenallee/Charlottenburg. Hier wie überall auf der Welt wird der Kampf gegen das Großkapital, Faschismus und Imperialismus fortgesetzt.

Es lebe der internationale Befreiungskampf!

Bewegung 2. Juni«[52]

Doch auch davon ist nichts in den Nachrichten zu hören oder in der Presse zu lesen. Allem Anschein nach wollen sich die Medien nicht zum verlängerten Arm einer dilettantisch agierenden Gruppe von Möchtegern-Untergrundkämpfern machen lassen. Doch die Youngster lassen immer noch nicht locker. Im Gegenteil, nun wollen sie einen größeren Anschlag verüben. Nicht in West-Berlin, sondern in der Bundeshauptstadt, in Bonn. Schließlich will man mit der eigenen Aktion ja eine Signalwirkung erreichen, eine, die über Berlin und Deutschland hinausgeht und auch international, vor allem aber in der Türkei zu vernehmen ist.

Als am 6. Mai im Zentralgefängnis von Ankara die Todesstrafen gegen Deniz Gezmiş, Yusuf Aslan und Hüseyin İnan durch Erhängen vollstreckt werden, reist die Zelle der *Bewegung 2. Juni* nach Westdeutschland ab. Ihr Plan besteht darin, einen Anschlag auf die türkische Botschaft in Bonn zu verüben. Aus Sicherheitsgründen bleibt Verena Becker in West-Berlin. Sie hat die Aufgabe, für den Fall, dass etwas schiefgeht, Spuren zu beseitigen. Als Viett, Knupe, Sommerfeld und Schmücker gegen 18.00 Uhr mit einem grauen Fiat 124 ihre Fahrt antreten, haben sie im Kofferraum die nötigen Utensilien dabei: den vorbereiteten Sprengsatz, zwei Funkgeräte, ein Transistorradio zum Abhören des Polizeifunks, zwei Funksprechgeräte, eine Zündschnur, ein Kabel, sieben Batterien, eine Uhr, verschiedene Chemikalien, Elektrowerkzeug, zwei Glasschneider und einen Schlossabzieher, mit dem sich Autos aufbrechen lassen.

Als sie gegen 22.00 Uhr im niedersächsischen Gifhorn eintreffen, suchen sie die Wohnung eines jungen Mannes auf, den Knupe entfernt kennt. Sie benötigen einen Raum, um die Bombe zusammenzubauen. Um dabei möglichst ungestört zu bleiben, geben sich Schmücker und

---

52 Urteil in der Strafsache gegen den Studenten Ulrich Sepp Schmücker, 14. Große Strafkammer des Landgerichts Berlin, 7. Februar 1973, S. 23f., HIS-Archiv, Ur/10.

Sommerfeld kurzerhand als Schwule aus. Und tatsächlich, sie werden in Ruhe gelassen. Aus zwei Platten Sprengstoff, einer Gasampulle und einer Sprengkapsel basteln sie eine mit Draht umwickelte Bombe zusammen. Sie hat, wie später festgestellt werden wird, die Sprengkraft einer mittleren Handgranate. Anschließend fahren sie in Richtung Westen weiter.

Als sie noch in derselben Nacht in Köln eintreffen, versuchen sie zunächst einen Mercedes 280 SE zu stehlen. Zur Spurenverwischung benötigen sie ein zusätzliches Fahrzeug, das sie nach dem Sprengstoffanschlag auf ihrer Flucht zurücklassen können. Doch sie scheitern daran, weil sie das Lenkschloss nicht knacken können. Der völlig übermüdete Schmücker verfährt sich obendrein noch bei der Weiterfahrt nach Bonn. Daraufhin entscheiden sie sich, nach Bad Neuenahr zu fahren, den Ort, in dem Schmückers Eltern wohnen. Als er merkt, dass er auch noch die Hausschlüssel in Berlin vergessen hat, halten sie kurzerhand in der Nähe des Wohnhauses und versuchen etwas Schlaf nachzuholen. Doch die Ruhepause dauert nicht lange.

Gegen 8.00 Uhr klopft es an einer der Scheiben des Fiat. Zwei Polizisten sind – angeblich im Zuge einer Routinekontrolle, wie es später dazu heißt – am Kaufhaus Moses vorbeigekommen und haben die vier im Pkw schlafenden Insassen entdeckt. Sie wollen die Ausweispapiere sehen. Misstrauisch geworden, verlangen sie von ihnen, den Kofferraum zu öffnen. Als sie darin das verräterische Equipment entdecken, werden die vier Berliner festgenommen. Keiner von ihnen versucht sich dem zu widersetzen. Am Tag darauf erlässt das Amtsgericht Koblenz gegen alle vier Haftbefehl. In einem Fernschreiben an das Berliner Landesamt für Verfassungsschutz heißt es, dass bis auf einen von ihnen alle die Aussage verweigern würden. Die Ausnahme macht Ulrich Schmücker. Doch er ist damit, wie sich noch herausstellen wird, keineswegs allein.

Im Untersuchungsgefängnis tritt ein »Herr Rühl« auf den Plan

Nur drei Tage nach ihrer Festnahme unternimmt Wolfgang Knupe in der Untersuchungshaft einen Selbstmordversuch. Er versucht sich an einem Zellenfenster zu erhängen – doch der Handtuchstreifen reißt. Er schlägt mit dem Kopf auf die Bettkante und verliert vorübergehend das Bewusstsein.

In derselben Zeit werden die Berliner Wohnungen der vier von der Polizei durchsucht. Doch sie findet so gut wie nichts. Becker scheint in der Zwischenzeit ihre Aufgabe gründlich erledigt zu haben. Lediglich in einem von Schmückers Räumen fällt ihr ein »Handbuch für Heimfeuerwerker« in die Hände.

Kurz nach dem Höhepunkt der Anschlagswelle, der sogenannten »Mai-Offensive«, mit der die RAF Mitte Mai 1972 die Republik in Atem hält, sucht am 24. Mai der mit den Ermittlungen betraute Oberstaatsanwalt Heribert Braun Schmücker in der Koblenzer Haftanstalt auf. Doch der hält sich bedeckt. Er habe nichts anderes vorgehabt, als seine Eltern zu besuchen. Von den im Kofferraum befindlichen Materialien habe er keine Ahnung gehabt. Er sei zwar politisch durchaus engagiert, räumt er ein, lehne Bombenanschläge und Attentate aber mit Entschiedenheit ab. Die entschlossene Haltung, mit der er auftritt und selbstsicher seine Legende präsentiert, soll schon bald Risse bekommen.

Als Nächstes erhält Schmücker Besuch aus Berlin, von einem »Herrn Rühl«. Der Mann mittleren Alters, Bartträger, tritt höflich und zuvorkommend auf. Er zeigt einen Dienstausweis des Senators für Inneres und stellt sich als Sonderbeauftragter des Berliner Senats zur Aufklärung von Sprengstoffanschlägen vor. Dabei tastet er sich vorsichtig voran und versucht möglichst den Eindruck zu vermeiden, als wolle er Druck ausüben, um an Informationen zu gelangen. Der Besuch wird sich als verhängnisvoll erweisen. Im Unterschied zu den anderen, die ebenfalls von dem jovial auftretenden Mann aufgesucht werden, wird er für Schmücker eines Tages sogar tödliche Konsequenzen haben. Viett schreibt dazu später:

»Der Rühe vom Berliner Verfassungsschutz ist reihum zu uns ins Gefängnis gekommen, um ›Gespräche‹ zu führen. Ich denke, daß dies damals für den Verfassungsschutz eine Routinearbeit war: alle Gefangenen, die in links-militante Aktivitäten verwickelt waren oder auch nur Berührung damit hatten, aufzusuchen, abzutasten und möglichst anzuwerben. Oft waren sie sehr erfolgreich und ich bin nicht sicher, ob dies ein Zufall war, oder Ausdruck einer erschreckend hohen Dunkelziffer von IM in der linken Bewegung. Jedenfalls standen fortan Harald Sommerfeld und Ulrich Schmücker im Dienst des Verfassungsschutzes.«[53]

Wer hinter dem Namen »Rühl«, den Viett offenbar nicht mehr exakt erinnert, wirklich steckt, bleibt noch über längere Zeit hinweg unbekannt.

Bei seinen Besuchen in der Koblenzer Haftanstalt verrät »Herr Rühl« von Anfang an ein besonderes Interesse an Verena Becker. Schon bei seinem ersten Besuch fragt er Schmücker, ob er sie nicht kennen würde, sie sei schließlich mit Inge Viett befreundet. Doch Schmücker spielt den Ahnungslosen und verneint. Bei einem anderen Besuch werden dem inzwischen in die Justizvollzugsanstalt Diez verlegten Untersuchungshäftling sogar eine Reihe von Observationsfotos vorgelegt, die heimlich von Verena Becker gemacht worden sind. Auch diesmal tut Schmücker so, als wisse er nicht, um wen es sich handelt.

In der Folge wird der vom Berliner LfV als »intelligent-labil« eingeschätzte junge Mann, der eigentlich Theologie hatte studieren und Pfarrer werden wollen, trotzdem langsam schwach. »Rühl« gelingt es, Schmücker ein ums andere Mal der Lüge zu überführen und ihn damit in die Enge zu treiben. Besonders schwierig wird es für ihn, als er erkennen muss, dass ihm »Rühl« selbst im Hinblick auf seinen Sprengstoff-Ankauf bei seinem arabischen Kontaktmann auf die Schliche gekommen ist. Noch einmal blockt er ab und bestreitet den sichtbar gewordenen Zusammenhang.

In dieser Situation packt der Verfassungsschützer seinen größten Trumpf aus. Wortlos zieht er drei Fotos aus seiner Tasche und breitet sie vor ihm aus. Es sind Aufnahmen von Erwin Beelitz, dem Todesop-

---

53 Viett, Nie war ich furchtloser, S. 93.

fer beim Anschlag auf den britischen Yachtclub – eine schlimmer als die andere. Die erste zeigt eine zerfetzte Hand des Bootsbauers, eine andere den Leichnam im Moment seiner Auffindung und die dritte entkleidet – alle Verletzungen noch einmal auf einen Blick. Auch wenn klar ist, dass Schmücker in diesem Fall unbeteiligt gewesen ist, so weiß »Rühl« doch ganz genau, wie er ihn bei der ihm eigenen Moralität packen kann. Gönnerhaft meint er, dass bei ihm ja noch nicht alles verloren sei, appelliert an ihn, doch ein paar Hinweise zu geben, und bietet ihm im Gegenzug durchaus Verlockendes an. Er wolle ihm eine neue Wohnung besorgen und ihm ein Stipendium beschaffen, damit er sein Studium fortsetzen könne. Er macht ihm sogar Hoffnung, auch in Zukunft weiter in einer linken Gruppe aktiv sein zu können. Schmücker zeigt sich von der Offerte sichtlich beeindruckt, bittet um Bedenkzeit und entschließt sich einen Tag später, das Angebot anzunehmen.

Am 12. Juni beginnt er zu reden, allerdings nicht, ohne sich zuvor von Ruhland, der als Erster in der Geschichte der RAF die Rolle eines Kronzeugen gespielt hat, und von seinem plauderwilligen Ex-Genossen Sommerfeld abgegrenzt zu haben. Er wolle weder um ein paar Jahre weniger Knast noch um Geldzuweisungen buhlen. Außerdem würde er seine Aussagen weder vor Gericht noch vor einem Staatsanwalt wiederholen. Nachdem er sich auf diese Weise moralisch justiert hat, sprudelt er zur Überraschung seines Gegenübers los wie ein Wasserfall. Während er eine Geschichte nach der anderen vorträgt, blättert »Rühl« in Akten herum, die er mitgebracht hat. Und immer wieder gelingt es dem Beamten, dem »singenden« jungen Mann Unterlagen unter die Nase zu reiben, die ihn auf Widersprüche aufmerksam oder aber ihm insgesamt deutlich machen, wie gut sein Gegenüber ohnehin bereits informiert ist.

Als »Rühl« ankündigt, dass er von ihrem Gespräch »natürlich« ein Protokoll anfertigen und dies intern weitergeben müsse, versichert er ihm, dass Polizei und Justiz nichts davon zu sehen bekommen würden. Er rät ihm darüber hinaus, dem Koblenzer Oberstaatsanwalt Braun gegenüber auf keinen Fall weitergehende Aussagen zu machen. Er werde diesen darum bitten, auf weitere Vernehmungen zu verzichten. Später beklagt sich Braun im *Spiegel* über den Mann aus Berlin.[54]

---

54 »Lockende Losung«, *Der Spiegel,* 17. Juni 1974, 28. Jg., Nr. 25, S. 34.

Er habe ihm zunächst Zugang verschafft, weil er davon ausgegangen sei, dass er mehr wüsste als sie bei der Staatsanwaltschaft. Dann habe sich jedoch herausgestellt, dass »Rühl« fast nichts von seinen gewonnenen Informationen an sie weitergegeben habe. Ihm sei natürlich klar, fügt er hinzu, dass die in seinem Amt »ja nicht nach dem Legalitätsprinzip« arbeiteten und noch »das dickste Ding unter den Tisch kehren« könnten. Dem »Rühl« gehe es offenbar darum, die Angelegenheit juristisch in Schranken zu halten, um mit Schmücker auch in Zukunft »noch was anfangen« zu können.

Bei seinem nächsten Besuch – insgesamt sind es 16 – lockt »Rühl« Schmücker mit der Aussicht, dass er vielleicht schon in zwei oder drei Wochen entlassen werden könne. Das würde er durchkriegen. Dann könne er mit seinen Genossen wieder Kontakt aufnehmen und bei Gelegenheit mit Genehmigung des Generalbundesanwaltes erneut untertauchen: »Dann sind Sie V-Mann.« Doch so weit ist es noch nicht. Scheinbar tauchen Schwierigkeiten auf. Seit der Verhaftung der führenden RAF-Leute sei man in Berlin nicht mehr ganz so stark an seinem Fall interessiert. Am 22. Juni wird er in die Justizvollzugsanstalt Diez verlegt. Die Besuche des »Herrn Rühl« gehen dennoch munter weiter. Am 12. Juli überrascht er Schmücker mit der Mitteilung, dass Sommerfeld vor dem Koblenzer Oberstaatsanwalt über den Bombenanschlag auf den britischen Yachtclub ausgepackt hat. Zur Bestätigung lässt er ihn in ein drei Tage zuvor angefertigtes Protokoll blicken. Nun habe er nur zwei Möglichkeiten: Entweder würde er keine weitere Aussage mehr machen und umgehend fester Mitarbeiter des Verfassungsschutzes werden oder aber gegenüber der Staatsanwaltschaft umfassend aussagen und sich vor Gericht stellen lassen. Dann werde er in einem unter Ausschluss der Öffentlichkeit stattfindenden Verfahren freigesprochen oder aber zu einer so niedrigen Haftstrafe verurteilt, dass er unter Anrechnung seiner U-Haft anschließend sofort auf freien Fuß gesetzt werden könnte. Eine Folge sei allerdings, dass er sich unter den Linken, zumindest den Anarchisten, nicht mehr blicken lassen könne. Einen Tag später hat »Rühl« ihn so weit.

Schmücker macht eine von ihm selbst schriftlich fixierte Aussage. »Rühl« leistet ihm dabei Hilfestellung. Um mit Sommerfelds Aussage gleichzuziehen, datiert er sie auf den 9. Juli zurück und macht ihm Vorschläge, wie und was er zu schreiben hat. Am 18. Juli gibt er sein auf diese Weise zustande gekommenes »Geständnis« auch dem Staatsanwalt zu Protokoll, und zwei Tage später versichert er dem Untersuchungsrichter, dass er sein Geständnis »selbständig und freiwillig« abgegeben habe.

Lediglich in einem Punkt hat er eine Ausnahme gemacht. Über seine Kontakte zu den Arabern wolle er nur gesondert und vertraulich Stellung nehmen. Dies begründet er mit den Worten:

> »Mir ist aus Gesprächen bekannt, daß die Leute, um die es hierbei geht, Verräter unter allen Umständen liquidieren; ich bin sicher, daß ich im Falle eines Bekanntwerdens meiner diesbezüglichen Aussagen von ihnen bedroht wäre und mich in Lebensgefahr befinde.«[55]

Das sind unfreiwillig prophetische Worte. Er dürfte dabei allerdings nicht geahnt haben, dass er in den Augen seiner Genossen die Grenze zum Verrat bereits längst überschritten hat.

---

55 Zitiert nach: Bortfeldt, Deckname »Kette«, S. 43.

Beckers erste Verhaftung

Die Aussagen eines der in Bad Neuenahr verhafteten Mitglieder der *Bewegung 2. Juni* erweisen sich schon bald darauf als folgenreich. Bei der Suche nach Sympathisanten der RAF werden in West-Berlin am 21. Juli 1972 insgesamt 15 Wohnungen durchsucht und dabei 22 Verdächtige festgenommen. Zwei der Betreffenden, die in Kreuzberg festgenommene »19-jährige Telefonistin« Verena Becker und der im Wedding festgenommene »27-jährige Diplompsychologe« Siegfried Mahn, werden dem Haftrichter vorgeführt. Die Presse schreibt, dass ein »Terroristenring« gesprengt bzw. eine »Bombenwerkstatt« entdeckt worden sei. Becker wird beschuldigt, an dem Sprengstoffanschlag auf den britischen Yachtclub beteiligt gewesen zu sein.

Ausschlaggebend für die Festnahme beider sind die Aussagen Harald Sommerfelds, der bei seiner Vernehmung in Koblenz dem ermittelnden Oberstaatsanwalt Braun gegenüber Einzelheiten geschildert und auch gleich die Adressen konspirativer Wohnungen mit angegeben hat.[56] Im Falle des getöteten Bootsbauers Beelitz habe er nach anfänglichem Leugnen zugegeben, zusammen mit Becker und zwei anderen die Bombe auf das Gelände des Yachtclubs gebracht zu haben. Während Willi Räther die Bombe gelegt habe, will Sommerfeld Flugblätter verstreut haben. Mit nicht unerheblichem Geschick hat »Rühl« zwei der in Bad Neuenahr verhafteten Mitglieder der *Bewegung 2. Juni* gegeneinander ausgespielt. Wechselseitig hatte er Sommerfeld

---

56 In einem späteren Gerichtsurteil heißt es: »Der Zeuge Sommerfeld hat nach seiner Verhaftung nach anfänglichem Bestreiten ein umfassendes Geständnis abgelegt, sich und die übrigen Beteiligten in einem weit über den Anlaß der Festnahme hinausgehenden Umfange belastet und dabei Einzelheiten angegeben, die nur einem Tatbeteiligten bekannt sein können.« Urteil in der Strafsache gegen den Glasreiniger Willi Räther und die berufslose Verena Christiane Becker vom 12. Dezember 1974, HIS-Archiv, Ur/12, S. 16f. Sommerfeld ist jedoch nicht nur von Oberstaatsanwalt Braun, sondern angeblich auch von einem Beamten der Sicherungsgruppe Bonn ausführlich befragt worden. Bei diesem Hinweis dürfte es sich allerdings um eine gezielte Falschinformation handeln. Denn der zweite Mann bei Sommerfelds Vernehmungen war derselbe »Herr Rühl«, der auch Schmücker in die Mangel genommen hat.

und Schmücker vorgegaukelt, dass der jeweils andere umfassender ausgesagt habe und so den Eindruck vermittelt, dass bis zu einem bestimmten Punkt schon längst bekannt sei, was der in einer Nachbarzelle befindliche Kumpan noch für sich behalte. Im Gegensatz zu Knupe und Viett, von denen es heißt, dass sie »Herrn Rühl« ins Leere hätten laufen lassen, sind die beiden anderen von Mal zu Mal weicher geworden. Allein durch Sommerfelds Aussagen können 14 Brand- und Sprengstoffanschläge sowie vier Banküberfälle aufgeklärt werden.

In Vietts 1996 erschienenen Erinnerungen liest sich der Hergang des Bombenanschlags auf den britischen Yachtclub ganz anders. Ihrer Darstellung nach – sie saß ja, was sie dabei unerwähnt lässt, im parkenden Pkw – hat nicht Räther, sondern Sommerfeld die Bombe vor der Tür abgelegt. Und er sei es gewesen, dem der entscheidende Fehler unterlaufen sei. Er habe es – ob absichtlich oder versehentlich – unterlassen, den Zeitzünder auf den dafür vorgesehenen Zeitpunkt einzustellen. An diesen Vorwurf knüpft Viett die Frage, ob Sommerfeld nicht »zu dieser Zeit schon als Agent-Provocateur für den Verfassungsschutz gearbeitet« haben könnte. Eine andere Bombe, die er in dieser Zeit hätte legen sollen, habe ebenfalls nicht funktioniert, sie sei nicht einmal aufgefunden worden. Auf jeden Fall aber sei Sommerfeld »wie ein haltloses Treibgut in den Netzen des Verfassungsschutzes« gelandet.

Durch einen Haftbefehl des Amtsgerichts Tiergarten wird Becker noch am selben Tag unter dem Verdacht der fahrlässigen Tötung und der Herbeiführung einer Sprengstoffexplosion in Untersuchungshaft genommen. Nach einer ersten polizeilichen Vernehmung wird sie in das in der Lehrter Straße gelegene Frauengefängnis Tiergarten gebracht. Mahn kommt einen Tag später in Untersuchungshaft.[57] Die Polizei fahndet inzwischen weiter nach dem mutmaßlichen Bombenleger Willi Räther sowie dessen Komplizen Michael Baumann, Heinz Brockmann und Hans-Peter Knoll.

57 Er wird am 29. November 1972 wieder auf freien Fuß gesetzt, jedoch vier Jahre später zusammen mit seiner Ehefrau wegen terroristischer Vergehen vor Gericht gestellt. Das Landgericht Berlin verurteilt das Ehepaar Mahn wegen des in der »Antiamerikanischen Nacht« versuchten Anschlags auf das Fahrzeug des Pressechefs der US-Mission zu Freiheitsstrafen von jeweils anderthalb Jahren. Vgl. Urteil in der Strafsache gegen den Diplom-Psychologen Siegfried Bruno Mahn und die Lehrerin Karin Ingeborg Mahn, 15. Große Strafkammer des Landgerichts Berlin, 2. April 1976, HIS-Archiv, Ur/13.

Was sich am Abend und in der Nacht nach Beckers Verhaftung abgespielt hat, wird erst Monate später bekannt. Ihr Anwalt Dr. Dieter Hoffmann schildert im November in der Zeitung *Rote Hilfe* detailliert, wie mit seiner Mandantin umgegangen worden ist. Nach ihrer Festnahme um 15.00 Uhr sei sie zunächst erkennungsdienstlich behandelt worden und drei Stunden später in die am Tempelhofer Damm gelegenen Diensträume der Abteilung I der Politischen Polizei gebracht worden. Obwohl sie von Anfang an beteuert habe, keinerlei Aussagen zu machen, sondern zuerst mit ihrem Anwalt sprechen wolle, sei sie bis 2.00 Uhr morgens verhört worden. Dabei sei ihr zwischen 22.00 und 24.00 Uhr ein Aktenordner mit großformatigen Farbaufnahmen vorgelegt worden. Auf den Fotos vom Format DIN A4 seien vor allem Aufnahmen vom Leichnam des beim Bombenanschlag auf den britischen Yachtclub getöteten Bootsbauers zu sehen gewesen. Die Kriminalbeamten hätten ihr Bilder vom aufgerissenen Bauch, einem zerschmetterten Bein, den verstümmelten Händen und anderen Leichenteilen gezeigt. Dann hätten sie ihr einen Spiegel hingehalten und sie darauf hingewiesen, dass sie ja so blass aussehe. Verena Becker sei es, so Hoffmann weiter, nach dieser Prozedur so übel gewesen, dass sie von einer Kriminalbeamtin erst einmal zur Toilette hätte gebracht werden müssen. Nach ihrer Rückführung sei die Vernehmung fortgeführt worden. Die beiden Kriminalbeamten hätten auch nach Mitternacht noch einmal versucht, sie zu einer Aussage zu bewegen. Der Anwalt erhebt anschließend den Vorwurf:

> »Die brutale, quälerische und menschenverächtliche Weise, in der die bezeichneten politischen Kriminalbeamten glaubten, mit Verena Becker umgehen zu können, stellt ein schweres Vergehen dar. Es dürfte auch unter strafrechtlichen Gesichtspunkten zu würdigen sein. Es darf auf keinen Fall behördenintern vertuscht werden.«[58]

Seine Mandantin, die zum Zeitpunkt dieser Verhörmaßnahmen noch nicht einmal 20 Jahre und damit nicht volljährig gewesen sei,[59] habe

---

58 *Rote Hilfe*, Hamburg – Frankfurt – Berlin – München, Nr. 15, November 1972, S. 9.

59 Strafrechtlich wird eine Person zwischen dem 18. und dem 21. Geburtstag als Heranwachsende angesehen, auf die entweder das Jugendstrafrecht oder das allgemeine Strafrecht angewendet werden kann. In der Bundesrepublik Deutschland ist das Alter der Volljährigkeit erst am 1. Januar 1975 auf 18 Jahre herabgesetzt worden.

diesen Vorfall zunächst zu vergessen versucht. Erst durch einen an einen ihrer Verteidiger abgeschickten Obduktionsbericht, der am Rande einer Verteidigerbesprechung Erwähnung gefunden habe, sei die Rede darauf gekommen. Als Becker davon gehört habe, hätte sie sich wieder erinnert. Hoffmann legt gegen die beiden Vernehmungsbeamten, Kriminalhauptmeister Rückwardt und Meiser von der Politischen Polizei, Dienstaufsichtsbeschwerde ein.

Der 20-jährige Harald Sommerfeld wird schließlich am 25. Mai 1973 vom Landgericht Berlin wegen Sprengstoffvergehens zu einer Jugendstrafe von vier Jahren und neun Monaten verurteilt.[60] Er nimmt das Urteil sofort an. Versuche, seinen ehemaligen Kampfgefährten Schmücker als Zeugen vorzuladen, sind zuvor gescheitert. Er behauptet, sich in Schweden aufzuhalten. Da er nicht vor Gericht erscheint, wird sein Haftbefehl wieder in Kraft gesetzt. In der Folge kursieren in der Szene Gerüchte, ob Sommerfeld nicht schon vor seiner Festnahme in Bad Neuenahr mit der Politischen Polizei oder dem Verfassungsschutz zusammengearbeitet haben könnte. Er wird insbesondere mit Anschlägen in Verbindung gebracht, bei denen der Sprengstoff aus unerfindlichen Gründen nicht explodiert ist.

Ein anderer, nicht weniger schwerer Schlag ist Brockmanns Verhaftung. Am 3. Mai 1973 dringen fünf Kriminalbeamte und zehn Polizisten mit gezogenen Waffen in seine konspirative Wohnung in der Steglitzer Schildhornstraße ein und nehmen ihn fest. Als der leitende Kriminalhauptkommissar ihn auffordert, seine Schusswaffe herauszugeben, deutet er nur auf sein Kopfkissen. Darunter finden die Beamten eine geladene Smith & Wesson. Die *Bewegung 2. Juni* verliert mit Heinz Brockmann nicht nur ihren besten Techniker.[61] Im Oktober macht er umfassende Aussagen gegenüber der Staatsanwaltschaft, die einen tiefen Einblick in die sonst nur schwer zu durchschauenden Zusammenhänge der einzelnen Zellen gewähren.[62] Im Anschluss daran

---

60 Urteil in der Strafsache gegen den Studenten Harald Erich Sommerfeld, Große Strafkammer 502 a des Landgerichts Berlin, 25. Mai 1973, HIS-Archiv, Ur/11.

61 Mit dem aus einem Banküberfall stammenden Geld war Brockmann 1971 in einer konspirativen Wohnung sogar eine Schlosser- und Tischlerwerkstatt eingerichtet worden.

62 Einen Monat später wird im *Spiegel* ausführlich darüber berichtet: Vgl. »›Für Revolutionäre gibt es keinen Urlaub‹. Die Bewegung 2. Juni im Untergrund«, *Der Spiegel,* 19. November 1973, 27. Jg., Nr. 47, S. 74–92.

bleibt der Gruppe nichts anderes übrig, als einen Teil ihrer illegalen Struktur aufzugeben.

Räther, der nach der Verhaftung seiner einstigen Gefährten auf Tauchstation gegangen ist, wird drei Monate später im Zentrum West-Berlins festgenommen. Als er am 1. August am Breitscheidplatz zusammen mit der Frau eines Freundes und deren beiden Kindern eine Rolltreppe betreten will, um zum Europa-Center zu gelangen, treten ihm zwei Polizisten entgegen. Zwar führt er im Hosenbund eine Pistole mit sich, eine Parabellum vom Kaliber 9 mm, die geladen und entsichert ist, er ist von dem Zugriff jedoch so überrascht, dass er nicht dazu kommt, sie einzusetzen.

Nachdem in der Frauenhaftanstalt Lehrter Straße deren Leiterin aus Altersgründen von einem Sozialoberamtsrat abgelöst worden ist, verschärft sich – wie es in einem Bericht des Hafthilfeausschusses West-Berlin heißt – die Situation der dort einsitzenden weiblichen Gefangenen.[63] An einer Reihe von Zellenfenstern lässt der neue Leiter Drahtgitter anbringen, um zu verhindern, dass die Häftlinge durch das sogenannte Pendeln, das Weitergeben von an Schnüren befestigten, hin- und herschwingenden Zetteln, Nachrichten austauschen können. Neben Becker sind es mit Brigitte Asdonk, Monika Berberich, Irene Goergens, Katharina Hammerschmidt und Ingrid Schubert noch vier weitere der RAF zugerechnete Gefangene, die davon betroffen sind. Als sie im Oktober 1973 beginnen, sich gegen diese und andere Maßnahmen zur Wehr zu setzen, wird ein spezieller Trupp von Vollzugsbeamten, ein sogenanntes Rollkommando, aus der Untersuchungshaftanstalt Moabit herbeigeholt, um für Ruhe zu sorgen. Die etwa ein Dutzend Männer hätten, so heißt es in dem Bericht, die Gefangenen körperlich misshandelt und vier von ihnen in Beruhigungszellen, sogenannte Bunker, gezerrt.

Eine derjenigen, die ebenfalls in den Bunker gesperrt wird, ist Verena Becker. Ihr wird vorgeworfen, dass sie nachts brennende Papierstücke in den Hof geworfen habe. In ihrer Abwesenheit wird am 13. Oktober ihre Zelle ausgeräumt, mitsamt der dort befindlichen Schriftstücke und ihrer Verteidigerpost. Angeblich erhält sie später nur einen Teil ihrer Unterlagen wieder zurück. Am selben Tag tritt sie

---

63 Hafthilfeausschuss West-Berlin, »Hungerstreik in der Strafanstalt Lehrter Straße/Berlin-West«, *Rote Hilfe*, 1. Jg., Nr. 2, 1973, S. 18.

zusammen mit 15 weiteren Gefangenen aus Protest gegen die von der Anstaltsleitung ergriffenen Maßnahmen in einen unbefristeten Hungerstreik. Die Streikfront beginnt jedoch schon nach kurzer Zeit zu bröckeln. Nachdem einige aus Gesundheitsgründen aufgegeben haben, brechen am 26. Oktober auch die anderen ihren Hungerstreik ab.

Ein Jahr später, genau am 1. Oktober 1974, beginnt dann vor einem Schwurgericht des Berliner Landgerichts der Prozess gegen Willi Räther und Verena Becker wegen ihrer Beteiligung am Bombenanschlag auf den britischen Yachtclub. Becker ist außerdem noch wegen ihrer Beteiligung am Banküberfall in Berlin-Britz angeklagt. Nach 20 Verhandlungstagen wird am 12. Dezember das Urteil verkündet. Wegen gemeinschaftlich versuchter Herbeiführung einer Sprengstoffexplosion in Tateinheit mit fahrlässiger Tötung wird Räther zu einer Freiheitsstrafe von acht Jahren und Becker – bei ihr kommt wegen des Bankraubes noch die Beteiligung an einer gemeinschaftlich begangenen räuberischen Erpressung hinzu – zu sechs Jahren verurteilt. Da sie zur Tatzeit erst 19 Jahre alt war, ist das Jugendstrafrecht angewendet worden. Das Gericht räumt zur Strafmilderung ihrer Jugendlichkeit erheblichen Raum ein. Einmal heißt es, sie sei »leicht beeinflussbar« gewesen, ein anderes Mal, dass in ihrer »sittlichen und geistigen Persönlichkeitsentwicklung« eine Verzögerung eingetreten sei.[64] Ihre terroristische Praxis wird als das Adoleszenzproblem eines aus einem sozial unterprivilegierten Elternhaus stammenden jungen Mädchens hingestellt.

Ein seitens der Verteidigung gegen das Urteil eingelegter Revisionsantrag wird vom Bundesgerichtshof in Karlsruhe am 2. September 1975 als »offensichtlich unbegründet« zurückgewiesen.

---

64 Urteil in der Strafsache gegen den Glasreiniger Willi Räther und die berufslose Verena Christiane Becker vom 12. Dezember 1974, HIS-Archiv, Ur/12, S. 7 und S. 26.

Beckers Ausflug in den Südjemen

Nur wenige Monate später gelangt Becker überraschend in Freiheit. Im Unterschied zur RAF gelingt es der *Bewegung 2. Juni*, durch die Entführung eines Politikers Gefangene freizupressen. Drei Tage vor den Wahlen zum Berliner Abgeordnetenhaus entführt ein Kommando der *Bewegung 2. Juni* den Spitzenkandidaten der Berliner CDU für das Amt des Regierenden Bürgermeisters, den 52-jährigen Peter Lorenz. Die Entführer verlangen im Austausch für seine Freilassung die Ausreise von sechs Mitgliedern der *Bewegung 2. Juni* und der RAF in ein Land ihrer Wahl. Trotz großer Bedenken entschließt sich die Bundesregierung, auf die Forderung der Entführer einzugehen und die Genannten freizulassen. Am 3. März 1975 ist es dann so weit: Verena Becker wird zusammen mit Rolf Heißler, Gabriele Kröcher-Tiedemann, Rolf Pohle und Ingrid Siepmann in den Südjemen ausgeflogen. Der RAF-Mitbegründer Horst Mahler hat sich als Einziger geweigert, auf diesem Weg in Freiheit zu gelangen. Die ARD überträgt das Geschehen am Frankfurter Rhein-Main-Flughafen live im Fernsehen. Zum ersten Mal bekommt die Öffentlichkeit ein genaueres Bild von Verena Becker. In einem grünen Parka blinzelt sie mit zusammengekniffenen Augen in Richtung Kamera. Sie wirkt verschlossen und macht alles andere als einen gelösten, gar glücklichen Eindruck. Von allen ist sie zweifelsohne die Unscheinbarste. Im Gegensatz zu exotisch wirkenden Erscheinungen wie Heißler und Pohle dürfte sie kaum einen bleibenden Eindruck bei den Zuschauern hinterlassen haben.

Auf ihrem Flug mit der Boeing 707 werden die fünf von einem neutralen Mann ihrer Wahl begleitet. Es ist der Pastor und ehemalige Regierende Berliner Bürgermeister Heinrich Albertz, dessen politisches Schicksal unauflöslich mit dem Namen der Entführergruppe verbunden ist. Als politisch Verantwortlicher hatte er in der Folge des Polizeieinsatzes, der am 2. Juni 1967 zum Tode Benno Ohnesorgs führte, seinen Rücktritt erklären müssen. Als Albertz die zuvor von den Entführern festgelegte Losung »So ein Tag, so wunderschön wie heute« im Fernsehen bekannt gibt, wird die Geisel Peter Lorenz freigelassen.[65] Nach seiner Rückkehr beschreibt Albertz Verena Becker – ebenso wie Rolf Heißler – als »verschlossen«.[66] Im Gegensatz zu ihr und den anderen sei Ingrid Siepmann eindeutig als Chefin der Gruppe aufgetreten.

In einem Bericht, den Albertz am 11. März vorsorglich für seine Aussagen gegenüber der Staatsanwaltschaft und möglichen Gerichtsverfahren verfasst, schildert er minutiös seine Vermittlerrolle. Dabei beschreibt er auch, dass er Verena Becker und Ingrid Siepmann, die zunächst gefesselt in einem Gefängniswagen zu der französischen Kuriermaschine gebracht worden waren, auf ihrer ersten Station, dem gemeinsamen Flug von Berlin-Tegel zum Frankfurter Rhein-Main-Flughafen, als »völlig verkrampft und verschlossen« erlebt habe.[67] Albertz beklagt sich in seinem Bericht voller Empörung darüber, dass die Gespräche, die er vor dem Abflug mit den Gefangenen in ihren Zellen geführt habe, abgehört worden seien. Ein Beamter habe eine dahin gehende Frage zunächst verneint, später aber habe er vom Chef der Berliner Senatskanzlei erfahren, dass in den Zellen tatsächlich Abhörgeräte installiert gewesen seien. Dieser habe ihn mit den Worten zu beruhigen versucht, dass man die Unterhaltungen nicht habe mithören können, da die ganze Zeit über ein Transistorradio in Betrieb gewesen sei. Das jedoch erklärt Albertz für Unsinn. Man habe das Radio in seiner Anwesenheit nur jede Stunde ganz kurz eingeschaltet, um die jeweilige Nachrichtensendung verfolgen zu können.

Bald hält sich nahezu die gesamte RAF in der südjemenitischen Hauptstadt Aden auf. Verstärkt durch ehemalige Mitglieder der *Bewegung 2. Juni*, die wie Verena Becker zur Konkurrenzorganisation übergewechselt sind. In einem Ausbildungslager der PFLP werden die Verabredungen zur »Offensive 77« getroffen, mit denen Baader, Ensslin, Raspe und andere freigepresst werden sollen. Die Gruppe erhält eine militärische Grundausbildung und plant unter dem Stichwort »big raushole« eine »Befreiungsaktion« und unter dem Stichwort »Margarine« eine »Bestrafungsaktion«, die durch das benutzte Kürzel »SB«

---

65 Zum genauen Ablauf vgl. Schuster, Heinrich Albertz – der Mann, der mehrere Leben lebte, S. 277–302.

66 Lehmann, »Aden ist kein Paradies«, *Stern,* 13. März 1975, Nr. 12, S. 65.

67 Bericht von Pfarrer Heinrich Albertz über die Durchführung eines Auftrags im Zusammenhang mit der Entführung von Herrn Peter Lorenz, in: Albertz, Blumen für Stukenbrock, S. 175–187, hier S. 177.

auf Siegfried Buback hinweist. Zur Vorbereitung müssen umfangreiche Strukturen aufgebaut werden, die sich nicht nur auf verschiedene Teile des Bundesgebietes erstrecken, sondern auch auf Nachbarländer wie Frankreich, Belgien und die Niederlande. Es müssen konspirative Wohnungen angemietet, Geldbeschaffungsaktionen – also Banküberfälle – durchgeführt, Waffendepots angelegt werden und anderes mehr. Der Kopf der Gruppe ist ganz offensichtlich Rechtsanwalt Siegfried Haag. Mit ihm soll Becker – so wird jedenfalls berichtet – während dieser Zeit eine Beziehung eingegangen sein.

Haag war der Letzte, der im November 1974 den sterbenden Holger Meins in der Justizvollzugsanstalt Wittlich noch lebend gesehen hatte. Seine Versuche, am Wochenende einen Anstaltsarzt zu mobilisieren, der den RAF-Mann noch hätte retten können, waren gescheitert. Dieses traumatische Erlebnis wird für Haags Entscheidung, in den Untergrund zu gehen und sich selbst der RAF anzuschließen, als ausschlaggebend angesehen. Als Hauptverantwortlicher für die Haftbedingungen gilt Generalbundesanwalt Buback. Er ist es, den die RAF für den Tod ihres Mitglieds vor allem verantwortlich macht.

Haag gehörte ab 1972 zu 15 Wahlverteidigern, die das Mandat für Andreas Baader wahrgenommen haben. Während des großen Hungerstreiks im Herbst 1974 soll er es vor allem gewesen sein, der als Kurier zwischen den verschiedenen Gefängnissen tätig war. Ihm wurde eine besondere Ergebenheit Baader gegenüber nachgesagt. Eine Reihe ehemaliger RAF-Mitglieder hat berichtet, dass sie von Haag wegen des Hungerstreiks unter starken Druck gesetzt worden sei. Eine Zeit lang hatte seine Hauptaufgabe offenbar darin bestanden, neue Mitglieder zu rekrutieren. So berichtet Volker Speitel etwa, dass Haag ihn unter Verweis auf den Tod von Meins angeworben habe, um Gefangene zu befreien. Haag soll der Kontaktmann des »Kommandos Holger Meins« gewesen sein und jene RAF-Mitglieder rekrutiert haben, die 1975 die Deutsche Botschaft in Stockholm besetzt und dabei zwei Diplomaten umgebracht haben. Als der Bundesgerichtshof am 15. Mai 1975 einen Haftbefehl wegen des Verdachts der Unterstützung einer kriminellen Vereinigung ausstellte, war er bereits untergetaucht. In einem Schreiben an die Deutsche Presseagentur rechtfertigte er seinen Schritt, seine Anwaltsrobe an den Nagel zu hängen, anschließend damit, es sei wichtiger, bestimmte Aufgaben im Kampf gegen den Imperialismus zu übernehmen.

Irgendwann im Spätsommer/Frühherbst 1976 kehren Haag, Becker, Heißler und andere wieder in die Bundesrepublik zurück. Einen ersten konkreten Hinweis darauf, dass sich mit Heißler einer der fünf durch die Lorenz-Entführung Freigepressten wieder im Land befinden muss, bekommen die Zielfahnder des BKA am 5. Oktober 1976. An diesem Tag unterzeichnet Heißler – wie eine Schriftenanalyse ergibt – in Heuchelheim bei Gießen unter dem Namen »Konrad Binder« einen Kaufvertrag für einen gebrauchten Renault, einen R 6, im Wert von 2000 DM.[68] Um die von Haag angeführte Gruppe scharen sich andere RAF-Mitglieder, die wie etwa Christian Klar noch nicht im Rampenlicht gestanden haben. Haag fällt das erste Mal wieder auf, als er am 27. Oktober 1976 in dem in den italienischen Alpen, ganz in der Nähe der schweizerischen und der französischen Grenze gelegenen Aosta zusammen mit Klar und Roland Mayer Waffen einkauft. Sie erstehen zwei Revolver der Marke Smith & Wesson sowie kurz darauf eine Pistole des Fabrikats Heckler & Koch sowie eine weitere Smith & Wesson. Die letzte Waffe taucht am 13. Dezember in den Händen von Waltraud Boock auf, als sie mit anderen in Wien eine Filiale der Creditanstalt überfällt.

Bereits am 30. November 1976 gerät Haag zusammen mit Roland Mayer in eine Polizeifahndung. Sie sind in der Nähe von Gießen mit einem gestohlenen Pkw unterwegs, dessen Kennzeichen gefälscht ist. Widerstandslos lässt er sich mit einer Pistole im Hosenbund, einer Perücke und einer Vielzahl verräterischer Papiere festnehmen. Aus ihnen gehen zahlreiche verschlüsselte Hinweise auf Entführungen und Anschläge hervor. Die aufwendige Auswertung der »Haag-Papiere« wird der Abteilung Terrorismus des Bundeskriminalamtes in Bonn-Bad Godesberg am 12. Dezember vorgelegt. Verfasser ist der BKA-Beamte Alfred Klaus, der sich zuvor bereits einen Namen bei der Decodierung von RAF-Papieren gemacht hat.[69] Darin wird der Ex-Anwalt als »Kopf der Untergrundgruppe« bezeichnet. Die in erster Linie von Haag verfassten Papiere ließen erkennen, so Klaus, dass »ein illegaler

---

68 Barth, »›Ein Schwein nach dem anderen umlegen‹«, *Stern*, 29. Mai 1980, Nr. 23, S. 120–124, hier S. 124.

69 Alfred Klaus war bereits 1953 von der Kriminalpolizei in Lübeck zum BKA gewechselt, zur Abteilung Sicherungsgruppe in Bonn. Seit 1971 war er dann als Sonderermittler in der »Soko Baader/Meinhof«. Vgl. Droste/Klaus, Sie nannten mich Familienbulle.

Apparat nach dem Muster der 1972 zerschlagenen RAF aufgebaut« worden sei. Politisch-propagandistische Interessen würden dabei nur eine untergeordnete Rolle spielen, im Gegensatz dazu stehe die Praxis ganz im Vordergrund. Es spreche alles dafür, dass es sich bei der Gruppe »um ein auf Zeit angelegtes Untergrundnetz zum Zweck einer bewaffneten Aktion zur Befreiung der RAF-Gefangenen« handele. Die dafür nötigen logistischen Vorbereitungen – wie Geld, Wohnungen, Depots, Autos, Waffen, Sprengstoff, gefälschte Ausweispapiere – hätten ganz offensichtlich kurz vor ihrem Abschluss gestanden.

Im Abschnitt über operative Planungen werden von Klaus fünf Komplexe herausgefiltert:

> »1. ein unmittelbar bevorstehendes ›Kommando‹-Unternehmen, Deckname ›Margarine‹,
> 2. eine in Vorbereitung befindliche bewaffnete Aktion zur Beschaffung einer großen Geldsumme, Stichwort ›Big Money‹,
> 3. eine geplante ›Rache‹-Aktion zur Befreiung einer größeren Anzahl von Gefangenen, Stichwort ›Big Raushole‹, sowie die
> 4. Vorbereitung eines Bankraubes durch die ›Filiale 2‹ und
> 5. eines Einbruchs in eine Paßbehörde (›Amt‹) durch die ›Filiale 1‹ zur Beschaffung von Dokumenten für die Herstellung von Falschpapieren.«[70]

Im Laufe des Jahres 1977 hat sich dann peu à peu gezeigt, was mit den ersten drei Projekten geplant war: der Mordanschlag auf Generalbundesanwalt Siegfried Buback, die in eine Mordtat umgeschlagene Entführung des Bankiers Jürgen Ponto und die Entführung des Arbeitgeberpräsidenten Hanns Martin Schleyer zur – ebenfalls fehlgeschlagenen – Freipressung von RAF-Häftlingen.

Insbesondere über die Vorbereitungen zur Durchführung der »Operation ›Margarine‹« ist der Kenntnisstand hoch. Es handele sich dabei, so heißt es, um »eine spektakuläre Aktion mit politischer Brisanz«:

> »Ihrer Planung ging eine politische Diskussion voraus. Die Täter wurden besonders gründlich ausgewählt, ihre Flucht (›Rückzug‹) bis ins Detail (›wer wohin/wann‹) vorbereitet, einschließlich der

---

70 TE 13, Bericht/Betr.: Festnahme HAAG/MAYER am 30. November 1976; hier: Sichergestellte Papiere, BN-Bad Godesberg, 12. 12. 76, S. 22, HIS-Archiv, KOK 05, 002.

vermutlich legal in Karlsruhe lebenden Helfershelfer ›W/P‹ (2 Personen?).«[71]

Doch weder Klaus noch ein anderer der Ermittlungsbeamten vom BKA kommt auf die Idee, die damals im Angebot befindlichen Margarinesorten durchzugehen. Eine der Marken heißt »SB« – die Initialen Siegfried Bubacks. Dieses Versagen ist umso überraschender, als an einer Stelle des Auswertungstextes (S. 26) auf die Möglichkeit verwiesen wird, dass mit der Abkürzung »Kr« Karlsruhe gemeint sein könnte. Die Frage, gegen wen sich ein in Karlsruhe durchzuführendes spektakuläres Kommandounternehmen mit politischer Brisanz richten könnte, hätte auch ohne die direkte Dechiffrierung des Deckwortes »Margarine« jemanden auf die Idee bringen müssen, dass damit vermutlich der Generalbundesanwalt oder die Bundesanwaltschaft gemeint sein könnte. In der Gefährdungsskala steht Buback ganz weit oben, fast so weit wie Herold. Der Hinweis auf den Ort lautet jedoch nicht Wiesbaden, dem Sitz der BKA-Zentrale, sondern wohl Karlsruhe.

In den »Haag-Papieren« finden sich auch zahlreiche Hinweise auf Günter Sonnenberg. Er soll als Haags Assistent fungiert haben, den Decknamen »Anton« tragen und wegen verschiedener Verstöße gegen die konspirativen Regeln in die Kritik geraten sein. Insgesamt werden der Haag-Gruppe elf Personen zugeordnet, allesamt nur mit Decknamen bekannt. Die Klarnamen von drei Mitgliedern glaubt man sicher entschlüsselt zu haben: »Egon« = Siegfried Haag, »Michael« = Roland Mayer und »Inge« = Waltraud Boock. Neben Sonnenberg, dessen Entschlüsselung mit einem Fragezeichen versehen wird, geht man davon aus, dass auch Knut Folkerts, Christian Klar und Peter Boock mit hoher Wahrscheinlichkeit zur Gruppe gehören.

Mit Haags Festnahme sei – so sagt Boock später aus – die Gruppe »quasi ›geköpft‹« gewesen. Diese Interpretation entspricht genau der von Klaus vorgelegten Einschätzung. Nach Boocks Ansicht ist er der »leader« gewesen, der auch die Legitimation der RAF-Spitze in Stammheim besessen habe.[72] Insofern muss Haags Verlust für die RAF ein besonders schwerer Schlag gewesen sein. Aber nach dessen Ausfall

---

71 Ebenda, S. 25.

72 Haag wird 1979 vom Oberlandesgericht Stuttgart wegen Beihilfe zum Mord und einer Reihe anderer Delikte zu einer Freiheitsstrafe von 15 Jahren verurteilt und wegen einer angeblichen Erkrankung 1987 vorzeitig auf freien Fuß gesetzt.

ist der Druck der Stammheimer Gefangenen, eine Befreiungsaktion durchzuführen, offenbar weiter angewachsen.

Auf die Übernahme des Kommandos wird nun Brigitte Mohnhaupt vorbereitet. Sie sitzt seit dem 3. Juni 1976 – von wenigen Tagen abgesehen – ebenfalls in Stammheim ein und ist für ihre Führungsrolle durch Baader und Ensslin bestimmt worden. Da ihr täglich bis zu vier Stunden lang der sogenannte »Umschluss« mit der RAF-Spitze eingeräumt worden ist, gibt es genügend Gelegenheit, um sie entsprechend einzuweisen.

Und die am 27. Januar freigelassene Mohnhaupt macht Druck, genauer, sie gibt den in der siebten Etage in Stammheim gemachten Druck ungefiltert weiter. Das hat innerhalb der RAF zu mehr als nur atmosphärischen Störungen geführt. In der Frage, wer nun das Sagen hat, soll es vorübergehend zu einer regelrechten Spaltung gekommen sein. Während ein Teil die Ansicht vertritt, dass sie selbst wüssten, wie die einzelnen Aktionen durchzuführen seien, stimmt ein anderer den Stammheimern zu, dass es insgesamt zu langsam gehe. Es kommt zu Akten der Verweigerung. Zwei RAF-Mitglieder setzen sich vorübergehend ab. Sie seien erst dann wieder bereit, lassen sie wissen, wenn es eine gemeinsame Diskussion über den Zustand der Gruppe gebe.

Seit Ende 1976 gehen die Sicherheitsbehörden davon aus, dass sich die meisten der durch die Lorenz-Entführung freigepressten RAF-Mitglieder, darunter Verena Becker, wieder in der Bundesrepublik aufhalten. Beckers Name taucht zu der Zeit in der Liste der 30 mit Haftbefehl am dringendsten gesuchten terroristischen Gewalttäter auf. Ihre Beschreibung lautet:

> »Verena Becker, am 31. Juli 1952 in Berlin geboren, 1,64 Meter groß, schlank, dunkelblondes Haar, zurückweichende Stirn, blaugraue Augen, freihängende runde Ohrläppchen, dünne Lippen, vorspringendes Kinn.«[73]

In einem Lagebericht wird sie als »besonders gefährlich« bezeichnet.

Zu der geforderten Diskussion innerhalb der RAF kommt es tatsächlich. Zum Jahreswechsel 1976/77 findet in einem kleinen niederländischen Küstenort ein »Gesamttreffen« der RAF statt. Durchsetzen kann sich eine von Frauen dominierte Fraktion. Die Einstellung,

---

73 UL, »Verena Becker: Auf Schleichwegen kam sie aus dem Südjemen zurück«, *Die Welt,* 4. Mai 1977.

heißt es, müsse sich ändern, wenn dem Wunsch der Stammheimer nach einer schnelleren Umsetzung der im Jemen verabredeten Pläne nachgekommen werden soll. Doch noch immer muss es gegrummelt haben. Einige, wie Willi-Peter Stoll und Knut Folkerts, verschwinden über Tage hinweg, um ihren Dissens mit der Entscheidung kundzutun.

Wenige Tage später kommt es ganz in der Nähe der deutsch-schweizerischen Grenze zu einem blutigen Zwischenfall, der zeigt, wie gefährlich nun auch die jüngeren RAF-Mitglieder geworden sind. Als sich Christian Klar am frühen Abend zusammen mit einem Begleiter, von dem später vermutet wird, dass es sich bei ihm um Günter Sonnenberg handelt, bei Riehen dem Grenzübergang nähert, schöpft einer der Grenzbeamten Verdacht und fordert die beiden auf, ihre Pässe vorzuzeigen. Als Klar einen dänischen Reisepass vorzeigt, wird der Uniformierte stutzig und versucht ins Dienstgebäude zu gehen, um dort in seinen Fahndungsunterlagen nachzuschauen. Daraufhin zieht Klar seine Waffe und gibt drei gezielte Schüsse auf den Mann ab. Einer trifft ihn im Gesäß, die anderen beiden verfehlen ihn, weil er zu Boden gestürzt ist. Auf den am Boden liegenden Grenzer gibt Klar dann noch zwei weitere Schüsse ab, von denen einer wiederum trifft. Da der Beamte sofort ins Kantonsspital Basel transportiert und operiert werden kann, kommt er ohne bleibende Schäden davon. Auf seiner Flucht nimmt Klar noch einen Pkw-Fahrer als Geisel und schießt aus kurzer Entfernung auf ihn. Dieser lässt sich reflexartig fallen und stellt sich tot, was ihm vermutlich das Leben rettet. Da es Klar nicht schafft, den Wagen zu starten, verschwindet er zusammen mit seinem Begleiter im Dunkel.

Im Januar 1977 taucht Verena Becker in der Schweiz auf. Das Kur-Hotel mit dem unfreiwillig verräterischen Namen »Verenahof« in Baden könnte so etwas wie die Operationsbasis geworden sein. Von dem in der Nähe von Zürich gelegenen Städtchen aus wird – jedenfalls nach Darstellung des Journalisten Egmont R. Koch – die praktische Durchführung des Buback-Attentates vorbereitet. Auch Sonnenberg und Folkerts hätten, so heißt es, häufiger in dem Hotel logiert.[74]

---

74 Koch, »Der Fall Buback – Auf den Spuren der Mörder«, ARD 2009.

Am 16. Januar 1977 späht Becker die Münchner Privatwohnung des führenden konservativen Oppositionspolitikers Franz Josef Strauß aus.[75] Eine entsprechende Notiz findet sich jedenfalls in einem Kalender, der bei ihrer Verhaftung in Singen aufgefunden wird. Becker hat in einem gegenüberliegenden Hochhaus eine konspirative Wohnung angemietet, von dem aus sich die Wohnung der Familie Strauß genau beobachten und ein Bewegungsprofil des Politikers anlegen lässt.[76] In einem der Räume wird sogar eine Waffe gefunden. Ob eine Entführung oder ein Attentat geplant ist, bleibt unklar.

Anfang April – das genaue Datum ist nicht geklärt – fährt Siegfried Buback nach Wiesbaden ins Bundeskriminalamt. Er stattet dort BKA-Präsident Herold einen Besuch ab. Es gibt Kaffee und Kuchen. Im Verlauf des Gesprächs legt Herold dem Generalbundesanwalt mehrere Personenaufnahmen vor. Ebenso knapp wie bedeutungsvoll kommentiert er sie mit den Worten: »Das sind unsere künftigen Mörder, Herr Buback.«[77] Das ist unfreiwillig prophetisch. Und wenn Herold sich dabei selbst ausgeschlossen und gesagt hätte, »Das sind Ihre künftigen Mörder«, dann hätte er den Nagel auf den Kopf getroffen. Es ist das letzte Mal, dass sich beide begegnet sind.

Der BKA-Präsident und der Generalbundesanwalt gelten nicht umsonst als die im Zusammenhang mit dem linken Terrorismus am stärksten gefährdeten Personen. Da sie den beiden wichtigsten Institutionen vorstehen, die sich die Bekämpfung der RAF zum Ziel gesetzt haben, kann es nicht ausbleiben, dass sie unter den Kadern der RAF besonders verhasst sind. In ihrem Fall ist jedoch noch etwas hinzugekommen. Obwohl sie in manchen Dingen anderer Ansicht sind, wer-

---

75 Michael Buback wird im September 2008 vom sogenannten »Zeugen vom Vortag« auf einen Zeitungsartikel aufmerksam gemacht, in dem die Strauß-Tochter Monika Hohlmeyer diese Beobachtung geschildert hat. Buback ruft daraufhin die einstige bayerische Kultusministerin an und erkundigt sich nach weiteren Einzelheiten. Sie spricht eher vage von »Verena-Becker-Papieren« und verweist ihn an ihren Bruder Max, der weitere Einzelheiten nennen könne. Dieser bestätigt ihre Erinnerungen, spricht jedoch im Hinblick auf die Aufzeichnungen nicht von »Papieren«, sondern explizit von einem »Verena-Becker-Tagebuch«. Vgl. Buback, Der zweite Tod meines Vaters, S. 358f.

76 Das beschreibt einer der beiden Söhne des CSU-Politikers: Strauß, Mein Vater, S. 29f.

77 Prantl, »›Das sind unsere Mörder, Herr Buback‹«, *Süddeutsche Zeitung*, 6. April 2002.

den sie als eine symbiotisch agierende Einheit wahrgenommen, gar als »die siamesischen Zwillinge der Anti-RAF« (Heribert Prantl) bezeichnet. Auch wenn es sich dabei vermutlich um eine Überzeichnung handelt, so ist die Affinität zwischen den beiden Beamten doch unübersehbar. Kaum dass Buback sein Amt am 1. Mai 1974 angetreten hatte, war er bereits um 10.00 Uhr morgens zu einem ersten Austausch mit Herold zusammengekommen. Vermutlich ist es eine Generationenerfahrung, die sie trotz aller Unterschiede in ihrer Vorgehensweise eint: Der eine ist 1920 geboren, der andere 1923. Beide sind Wehrmachtssoldaten gewesen und beide sind Juristen geworden. Auch Herold war einst – bevor er vom Nürnberger Polizeipräsidium ins Bundeskriminalamt wechselte – wie Buback Staatsanwalt. In einem Interview mit dem *Spiegel* hatte Buback auf die Frage, wo denn die Zentralkompetenz in der Bekämpfung der RAF liege, so reagiert, als könne kein Blatt Papier zwischen sie passen:

> »Zwischen Herold und mir funktioniert die Zusammenarbeit reibungslos. Da brauchen wir keine Zuständigkeitsregelungen. Staatsschutz lebt davon, daß er von Leuten wahrgenommen wird, die sich dafür engagieren. Und Leute, die sich dafür engagieren, wie Herold und ich, die finden immer einen Weg.«[78]

»Herold und ich … finden immer einen Weg«. Ohne es zu ahnen hatte der Generalbundesanwalt damit seinen Gegnern eine Parole in den Mund gelegt, die deren angebliche Tendenz, sich in der Terrorismusbekämpfung nicht an die Grenzen des Rechtsstaates halten zu wollen, belegte.

Nach der Festnahme Haags glaubt man im BKA zu wissen, wer die im Jemen geplante »Offensive 77« durchführen will. Doch Herold dringt mit seinen Absichten nicht durch. Der Rechtsstaat hat seinem Handeln Grenzen aufgezwungen, die ihn an der Ergreifung von Präventionsmaßnahmen hindern: »Erstmals kannten die Sicherheitsorgane die mutmaßlichen Täter vor der Tat, aber die Chance, die Täter vorher zu ergreifen, ließ sich nicht realisieren […] die vom BKA und dem GBA eingeleitete Öffentlichkeitsfahndung stieß auf ein empörtes

---

78 »›Der Rechtsstaat auf dem Hackklotz‹. Generalbundesanwalt Siegfried Buback über die strafrechtliche Bewältigung des Terrorismus«, *Der Spiegel*, 16. Februar 1976, 30. Jg., Nr. 8, S. 30–38, hier S. 34.

öffentliches Echo und mußte eingestellt werden.«[79] Die im Fernsehen ausgestrahlte Fahndung nach den Mitgliedern der RAF-Kommandos, die gerade dabei waren, die letzten Vorbereitungen für ihre Aktionen zu treffen, die im Herbst darauf in der Entführung des Arbeitgeberpräsidenten Hanns Martin Schleyer kulminieren, musste im Dezember 1976 abgebrochen werden. Das BKA hat nicht begründen können, warum nach Verdächtigen gesucht wurde, die sich – zum Teil jedenfalls – noch nichts hatten zuschulden kommen lassen. Insofern kommt in dem an Buback gerichteten Satz, dass dies ihre Mörder seien, auch eine Spur Resignation zum Ausdruck. Es scheint so, als hätte Herold geahnt, dass er mit seiner kriminalistischen Methode, noch vor der Begehung eines Verbrechens einzuschreiten und seine Verwirklichung zu verhindern, eine Schlacht verloren hat.

79 Prantl, »›Das sind unsere Mörder, Herr Buback‹«, *Süddeutsche Zeitung*, 6. April 2002.

Das Attentat auf Generalbundesanwalt Buback

Die Durchführung des Buback-Attentates wird nach Boocks Darstellung von Mannheim aus vorbereitet. Der ursprüngliche Plan habe darin bestanden, so Boock, Buback bei einem Friseurbesuch in der Karlsruher Innenstadt zu ermorden. Erst wenn sich das als nicht machbar herausgestellt hätte, wäre eine andere Variante favorisiert worden – den Generalbundesanwalt auf seinem Dienstweg von einem Motorrad aus zu erschießen. Zeitweilig sei sogar noch eine dritte Variante in Erwägung gezogen worden. Danach hätte an Bubacks Dienstwagen von einem Motorrad aus eine Haftmine angebracht werden sollen. Diese Möglichkeit sei aber verworfen worden, weil die Befestigung des Magneten an dem Pkw als zu unsicher galt.

Seit Anfang April ist die unmittelbare Vorbereitung in vollem Gang. Am 2. April mietet Sonnenberg in einem Düsseldorfer Fachgeschäft eine Suzuki 750 GS, das schnellste Serienmotorrad, das zu jener Zeit auf dem Markt ist. Der Verkäufer gibt in einer späteren Vernehmung an, dass – wie es in der Gerichtsakte heißt – der Kunde »ersichtlich unerfahren in der Bedienung einer solch schweren und schnellen Maschine« gewesen sei.[80] Am selben Tag kauft ein anderes, nicht identifiziertes RAF-Mitglied in der rheinland-pfälzischen, am linken Rheinufer gelegenen Kleinstadt Germersheim für 4650 DM einen silbergrauen Alfa Romeo. In den Tagen darauf werden im Raum Karlsruhe/Sachsenheim sowohl mit dem Pkw als auch mit dem Motorrad zahlreiche Probefahrten durchgeführt. Am Abend des 4. April findet in einem bei Schützingen im Emskreis gelegenen Wald noch eine Schießübung statt. Aus verschiedenen Waffen werden mehr als 50 Schüsse abgegeben.[81]

---

80 Urteil in der Strafsache gegen Brigitte Margret Ida Mohnhaupt und Christian Georg Alfred Klar, Oberlandesgericht Stuttgart, 2. April 1985, S. 199, HIS-Archiv, Ur/20.

81 In dem Waldstück werden später die Reifenspuren eines Motorrades entdeckt. Als die Polizeibeamten sie mit Gips ausgießen, lässt sich eine Übereinstimmung

Am Morgen des 7. April, einem Gründonnerstag, ist es so weit. Generalbundesanwalt Siegfried Buback befindet sich in Karlsruhe auf der Fahrt von seiner Wohnung zum Bundesgerichtshof.[82] Sein trotz aller Alarmzeichen ungepanzerter Dienstwagen, ein blauer Mercedes, wird von seinem Chauffeur Wolfgang Göbel gefahren. Buback sitzt auf dem Beifahrersitz, auf einem der beiden Rücksitze hat Justizhauptwachtmeister Georg Wurster, der Leiter des Fahrdienstes der Bundesanwaltschaft, Platz genommen. Es ist kurz nach 9.00 Uhr. Als an der nur unweit vom Karlsruher Schloss gelegenen Kreuzung Linkenheimer Landstraße/Moltkestraße die Ampel Rot anzeigt, muss der Wagen anhalten. In dem Moment kommt von hinten ein blaues Motorrad vom Typ Suzuki 750 GS herangefahren, auf dem zwei dunkel gekleidete Personen sitzen, beide tragen olivgrüne Sturzhelme. In dem Moment, als die Ampel auf Gelb springt, zieht die Person auf dem Soziussitz aus einer braunen Reisetasche eine Maschinenpistole hervor, legt sie auf den linken Unterarm und beginnt zu feuern. Die Schüsse werden schräg von oben nach unten abgegeben und treten durch die rechten Seitenfenster ein. Der Mercedes wird von insgesamt 15 Schüssen getroffen. Nachdem sich die beiden Täter durch einen Blick ins Wageninnere vom Resultat ihrer Aktion überzeugt haben, geben sie sich wechselseitig ein Handzeichen und flüchten umgehend. Alle drei Insassen sind getroffen. Zwei von ihnen, Buback und Göbel, sterben kurz darauf. Weil der Fuß des Fahrers vom Bremspedal rutscht, fährt der mit einem Automatikgetriebe ausgerüstete Wagen im Standgas an und rollt einige Meter weit, bis er gegen einen Pfosten knallt. Wurster erliegt sechs Tage später seinen Verletzungen.

Um 9.27 Uhr wird das Innenministerium in Bonn alarmiert und um 9.50 Uhr Bundesinnenminister Werner Maihofer, der sofort seinen Skiurlaub in den Walliser Alpen abbricht und zurückfliegt. Eine umgehend eingeleitete Ringfahndung nach der Suzuki mit dem Kennzeichen »LU – LN 8« führt zu nichts. Die Mörder Bubacks und seiner beiden Begleiter können unerkannt entkommen. Sie haben – wie sich

---

mit dem Profil des Hinterreifens der in Düsseldorf angemieteten Suzuki 750 GS feststellen.

82 Zum chronologischen Ablauf des Geschehens: »Das Attentat«, *Stern,* 14. April 1977, Nr. 17, S. 18–35, insbesondere »Das Protokoll« auf S. 24.

schon am Nachmittag herausstellt – ihr Motorrad in einer unter einem Brückenpfeiler der Autobahn bei Karlsruhe-Wolfartsweier eingebauten Kammer zurückgelassen. Dort sind sie in ein Fluchtfahrzeug umgestiegen, einen Alfa Romeo, in dem ein Komplize auf sie gewartet hat. Gegen 9.51 Uhr müssen sie – wie sich später herausstellt – die Kontrollstelle zwischen Stein und Bauschlott in östlicher Richtung passiert haben. Das Ganze scheint perfekt organisiert gewesen zu sein.

Doch es gibt einige Augenzeugen. Unmittelbar neben Bubacks Wagen hat sich ein anderer Pkw befunden, von dem aus das Attentat genau zu verfolgen war. Der Fahrer ist ein Jugoslawe. Er schätzt das Alter der beiden Terroristen auf 20 bis 30 Jahre. Seine Information wird mit den Worten wiedergegeben: »Die Person auf dem Sozius könnte eine Frau gewesen sein.«[83] Und aus einem Bürofenster der nahe gelegenen Versorgungsanstalt des Bundes und der Länder konnte eine 32-jährige Rechtsanwaltsgehilfin das Geschehen auf der Kreuzung genau verfolgen. Ihrer Beobachtung nach hat das Motorrad mit den Attentätern das Fahrzeug mehrfach umkreist. Die auf dem Soziussitz befindliche Person habe sich bei der Schussabgabe so artistisch bewegt, dass sie unwillkürlich an einen Zirkusauftritt habe denken müssen. Doch für ihre Schilderung interessiert sich keiner der Polizisten, die das Tatgeschehen protokollieren. Drei Jahrzehnte später erklärt sie, der Beifahrer sei ein »Hüpferle« gewesen, von zierlicher Gestalt, nicht größer als 1,65 Meter, wahrscheinlich eine Frau.[84]

Im Hinblick auf die RAF fallen an dem Karlsruher Attentat mehrere Punkte auf: Die Ermordung von Generalbundesanwalt Buback stellt eine Ausnahme in der sogenannten »Offensive 77« der RAF dar. Denn das Karlsruher Attentat ist im Unterschied zu den nachfolgenden Taten eine Hinrichtung und keine Entführung. In der Erklärung des »Kommandos Ulrike Meinhof« heißt es ganz unmissverständlich, es habe Generalbundesanwalt Siegfried Buback »hingerichtet«.[85] Bu-

83 Bienfait, »So wurde Siegfried Buback ermordet«, *Die Welt*, 9. April 1977.

84 Erst im Januar 2009 wird die Augenzeugin von der Bundesanwaltschaft vernommen. Vgl. Knobbe/Krause/Nübel, »›Ein Hüpferle war's‹«, *Stern*, 3. September 2009, Nr. 37, S. 46f.

85 Die Kommandoerklärung beginnt mit einem zynischen Satz, der sich auf das bereits zitierte *Spiegel*-Interview mit Siegfried Buback vom 16. Februar 1976 bezieht: »Für Akteure des Systems selbst wie Buback findet die Geschichte immer einen Weg.« Und fährt dann fort mit: »Am 7. 4. 77 hat das Kommando

back wird für den Tod von Holger Meins, Siegfried Hausner und Ulrike Meinhof unmittelbar verantwortlich gemacht. Das Attentat ist insofern auch als eine Hassreaktion auf den Tod dreier RAF-Gefangener zu verstehen. Das Schlüsselereignis für den Anschlag war der Tod von Holger Meins am 9. November 1974 im längsten Hungerstreik, den die RAF jemals durchgeführt hat, und die Schlüsselfigur der Heidelberger Rechtsanwalt Siegfried Haag, der Meins als Letzter besucht hat, selbst in den Untergrund gegangen ist und in der reorganisierten RAF zunächst die Fäden gezogen hat. Die beiden Haag am nächsten stehenden Mitglieder seiner im Südjemen aufgebauten Gruppe waren Günter Sonnenberg und Verena Becker, sein Assistent und seine mutmaßliche Geliebte. Sollten gerade sie nach der vorzeitigen Verhaftung ihres Chefs dazu auserkoren worden sein, den ersten Schlag der »Offensive 77« auszuführen? Doch für die Auswahl einer solch riskanten Aktion dürften auch in der RAF ganz pragmatische Gesichtspunkte im Vordergrund gestanden haben. Wer hat die Nerven, bei Tageslicht, in einer Stadt und unter der Beobachtung möglicher Zeugen ein Attentat zu verüben? Wer kann in einer derartigen Stresssituation ein Hochleistungsmotorrad beherrschen? Und wer kann mit einer nur schwer zu bedienenden Waffe wie einer Heckler & Koch umgehen, gezielt Schüsse von einer instabilen Sitzhaltung aus abgeben?

Einen Tag nach dem Attentat interessiert sich die Westberliner Kriminalpolizei offenbar auch für eine von Verena Beckers Schwestern. Jedenfalls wird das in einer Meldung des Ministeriums für Staatssicherheit behauptet:

> »Informationsbedarf zum Attentat auf den Generalbundesanwalt der BRD Buback, Siegfried. Auch in der Zeit vom 8. 4. 1977 bis 10. 4. 1977 wurden die Fahndungsmaßnahmen intensiv weitergeführt. Kräfte der Westberliner Kriminalpolizei führten Observationshandlungen im Westberliner Stadtgebiet durch. Die Observanten hielten Objekte in den Räumen Berlin Wedding, Barfußstr. unter konspirativer Kontrolle. Am Objekt Barfußstr. nahmen die eingesetzten gegnerischen Kräfte gegen 17.50 Uhr die ihnen bereits bekannte Person [...] auf. Die genannten Objekte standen bereits im

---

Ulrike Meinhof Generalbundesanwalt Siegfried Buback hingerichtet.« Siehe dazu: »Erschießung des Generalbundesanwalts Buback. Erklärung vom 7. April 1977«, in: ID-Verlag (Hg.), Rote Armee Fraktion, S. 267f., hier S. 267.

Jahre 1976 im Rahmen der Observationshandlungen gegen Angehörige linksextremistischer bzw. anarchistisch-terroristischer Gruppierungen im Blickpunkt des gegnerischen Interesses.«[86]

An dieser Meldung ist zweierlei bemerkenswert. Erstens, wenn man eine von Beckers Schwestern beschattet, dann wohl nur deshalb, weil man sich davon Hinweise auf den Aufenthaltsort der Gesuchten verspricht. Zweitens, wenn damit ein gezieltes Interesse an ihr zum Ausdruck gebracht wird, dann kann das wohl nichts anderes heißen, als dass man sie für eine Tatverdächtige hält.

Nur fünf Tage nach dem Attentat scheint es weiterzugehen. Am 12. April 1977 wird in Köln eine Filiale der Dresdner Bank überfallen. Die Beute beträgt 70000 DM. Das Ganze soll sich so abgespielt haben, dass zwei offenbar verkleidete Gestalten in den Kassenraum eingedrungen sind. Die größere Person sichert den Raum ab, die kleinere, eine zierliche Person, springt über den Tresen. Sie wird von Augenzeugen als »Milchjüngelchen« und von den Ermittlern als »Thekenspringer« bezeichnet. Täter sind aller Wahrscheinlichkeit nach Sonnenberg und Becker. Falls das zutreffen sollte, dann ist das unzweifelhaft ein Zeichen für ihre Kaltblütigkeit und ihr Durchhaltevermögen. Angesichts der intensiven Fahndung nach den Buback-Attentätern kühlen Kopf bewahrt und auch diese Aktion »durchgezogen« zu haben, dazu gehört schon einiges. Die darauffolgenden Ermittlungen ergeben jedenfalls, dass Günter Sonnenberg das Fluchtfahrtzeug angemietet hat. Verena Becker ist bei einer Gegenüberstellung trotz der Verkleidung, die mit Brille und einem aufgeklebten Schnäuzer einen männlichen Bankräuber vorgaukeln sollte, von mehreren Zeugen »mit unterschiedlicher Sicherheit« wiedererkannt worden.[87] In der

---

86 Ministerium für Staatssicherheit, Abteilung III (Funkaufklärung), Information 7/77, zitiert nach: Hufnagl/Schmidt, »Verschlusssache Buback. Eine Rekonstruktion«, Feature am Sonntag, *SWR 2*, 8. Juni 2008, S. 25.

87 In einem Fernschreiben des baden-württembergischen Landeskriminalamtes an alle im Umkreis befindlichen, übergeordneten Dienststellen der Polizei vom 23. Februar 1979 heißt es: »Am 21. 02. 79 wurde Verena Becker fünf Zeugen aus dem Tatkomplex ›gemeinschaftlicher schwerer Raub z.N. der Dresdner Bank in Köln am 12. 04. 77‹ verdeckt gegenübergestellt. Die Beschuldigte wurde von den Zeugen mit unterschiedlicher Sicherheit als eine der Personen, die an dem Überfall beteiligt gewesen sind, wieder erkannt.« Quelle: LKA Düsseldorf fsnr. 1398 v. 22. 02. 79. 403 E – 17/78 z. Nt. Buback, Siegfried, Hauptstaatsarchiv Stuttgart.

Presse sind Schlagzeilen zu lesen wie: »Bubacks Mörder überfielen Bank«.[88] Der ermittelnde Beamte des nordrhein-westfälischen Landeskriminalamtes in Düsseldorf ist noch Jahre später der Überzeugung, dass die »Täter von Karlsruhe« den Banküberfall verübt hätten. Danach sollen sich die beiden wieder in die Schweiz abgesetzt haben.

Und drei Tage darauf scheint es eine weitere Fortsetzung gegeben zu haben. Am 15. April wird erneut, diesmal in Düsseldorf, eine Bank überfallen. Aus einer Filiale der Deutschen Bank werden 120000 DM geraubt. Und wiederum soll Becker daran beteiligt gewesen sein. Das geht jedenfalls aus einer Akte des Stuttgarter Hauptstaatsarchivs hervor.[89]

In den Tagen danach hinterlässt Becker weitere Spuren. Die Ermittler stoßen später darauf, dass sie am 21. April in Zürich einen Ford Taunus gemietet hat, mit dem im Laufe einer Woche knapp 1500 Kilometer zurückgelegt worden sind. Und am 23. April nimmt sie unter ihrem Falschnamen »Telse Pohlmann« in Zürich 4000 DM entgegen, die zuvor von Dortmund aus von einem Absender mit gefälschtem Namen telegrafisch überwiesen worden sind.

---

88 *Bild*-Zeitung, 15. April 1977.
89 403 E – 17/78 z. Nt. Buback, Siegfried, Hauptstaatsarchiv Stuttgart.

Beckers Festnahme in Singen

Bald darauf, seit dem Karlsruher Attentat sind vier Wochen vergangen, kommt es am Morgen des 3. Mai 1977 zu einem regelrechten Showdown. Nach einem heftigen Schusswechsel mit der Polizei werden Verena Becker und Günter Sonnenberg nahe der schweizerischen Grenze in Singen am Hohentwiel verhaftet. Die Stadt ist auffälligerweise der Geburts- und Wohnort von Knut Folkerts, also ebenjenes RAF-Mitglieds, das zur Haag-Gruppe zählt und nach dem wegen seiner angeblichen Beteiligung am Buback-Attentat gefahndet wird. Es ist nicht auszuschließen, dass die Wahl des Ortes etwas mit ihm zu tun hat. Möglicherweise hat der Singener Beamtensohn den beiden zuvor den Tipp gegeben, dort auszusteigen und unter Umgehung der in der Bahn lauernden Gefahr einer Passkontrolle in die Schweiz zu gelangen. Die nötige Ortskenntnis dürfte er ja wohl besessen haben.

Wie die Ermittlungen ergeben, haben sich die beiden RAF-Mitglieder am Abend zuvor um 22.28 Uhr im Essener Hauptbahnhof in einen D-Zug Richtung Süden gesetzt. Sie wollen offensichtlich bis nach Zürich fahren. Das mutmaßliche Ziel ihrer Reise verrät ein Gepäckaufgabeschein für eine in Essen nach Zürich aufgegebene Reisetasche. Sie sind bei ihrer Fahrt jedoch nicht allein, sondern in Begleitung. Es sollen zwei Männer und eine Frau gewesen sein, die sie ein Stück weit begleitet haben. Ein Mann und eine Frau haben den Zug bereits in Bonn verlassen, der zweite Mann ist erst in Karlsruhe ausgestiegen. Bislang ist unklar, um wen es sich bei den dreien gehandelt hat.[90] Ein Journalist will aus Sicherheitskreisen erfahren haben, dass ihnen sogar ein »Be-

---

90 Nach Darstellung des *Spiegels* sollen es »Genossen« gewesen sein, die Sonnenberg und Becker auf ihrer Zugfahrt vorübergehend begleitet haben. Die Polizei, heißt es weiter, rätsele, ob es sich um »Anton« und »Karl« sowie »Paula« oder »Olga« gehandelt habe, deren Namen das BKA in den Papieren gefunden hatte, auf die es bei der Verhaftung Haags gestoßen war. Vgl. »›Eigentlich müßte jeder verdächtig sein.‹ Das Dilemma der Terroristen-Fahndung: Untergrund in Bürgermaske«, *Der Spiegel,* 12. September 1977, 31. Jg., Nr. 38, S. 25.

obachtungskommando des BND« auf den Fersen gewesen ist.[91] Da die Meldung von den drei Begleitern bereits im September 1977 Verbreitung findet, muss es auf jeden Fall Beobachter gegeben haben, mit hoher Wahrscheinlichkeit solche, die im Auftrag einer staatlichen Behörde unterwegs gewesen sind.

Am Morgen darauf treffen Sonnenberg und Becker fahrplanmäßig um 7.55 Uhr in Singen ein. Wegen der von ihnen mitgeführten zahlreichen Waffen haben sie offenbar das Risiko gescheut, sich im Zug kontrollieren zu lassen, und wollen deshalb das Nachbarland wohl über die grüne Grenze erreichen. Diese Absicht lässt sich auch mit verschiedenen Landkarten und Stadtplänen belegen, die in ihrem Gepäck gefunden werden. Bevor sie aufbrechen, nehmen sie in dem neben dem Kaufhaus Karstadt gelegenen Café Hanser ein Frühstück zu sich. Auf eine ältere Dame machen sie einen merkwürdigen Eindruck. Als sie sich die beiden näher anschaut, glaubt sie in der männlichen Person den seit dem Buback-Attentat polizeilich gesuchten RAF-Mann Knut Folkerts zu erkennen. Dessen Foto ist in den Wochen zuvor hunderttausendfach auf Fahndungsplakaten verbreitet worden und er stammt ja aus Singen.

Die Frau geht zur nächsten Polizeiwache und erzählt den Beamten von ihrem Verdacht. Zwei der Polizisten, die beiden Polizeihauptwachtmeister Seliger und Jacobs, machen sich auf den Weg. Sie haben schon oft Fehlalarme erlebt und gehen deshalb wohl von einer reinen Routineangelegenheit aus. Nur mit ihren Dienstpistolen bewaffnet, betreten sie das Café. Als sie von den Verdächtigen die Ausweise verlangen, beginnen beide herumzusuchen – der Mann in seinem Rucksack und die Frau in ihrer Handtasche. Als das zu keinem Ergebnis führt, erklären sie, dass sie ihre Papiere wohl noch in einem Fahrzeug liegen hätten, das angeblich auf einem Parkplatz steht. Die beiden Beamten setzen sich mit ihnen gemeinsam in Bewegung. An der Ecke

---

91 Nach Darstellung des Journalisten Udo Schulze soll ein Beobachtungskommando des Bundesnachrichtendienstes Sonnenberg und Becker auf ihrer Zugreise in Richtung Bodensee unter Kontrolle gehalten haben. Er beruft sich dabei auf den Angehörigen eines Sicherheitsapparates, von dem er die Information erhalten haben will. Vgl. Schulze, »Becker-Prozess«, *KOPP-Online*, 12. August 2010, http://info.kopp-verlag.de/hintergruende/deutschland/udo-schulze/becker-prozess-kommen-geheimdienste-in-schwierigkeiten-.html [10. September 2010].

Freiheitsstraße/Hörigstraße kommt es unvermittelt zum Schusswaffeneinsatz. In der Anklageschrift des Generalbundesanwalts vom 28. Juni 1977 wird die weitere Eskalation mit folgenden Worten beschrieben:

> »Während der Angeschuldigte Sonnenberg neben einem Auto stehend vermeintlich nach dem Kraftfahrzeugschlüssel suchte, drehte sich die Angeschuldigte Verena Becker plötzlich zu dem Polizeibeamten Jacobs um und gab zwei Schüsse aus ihrem Revolver auf ihn ab; der erste Schuß durchschlug den rechten Arm des Beamten. Jacobs ließ sich zu Boden fallen; als er reglos auf dem Boden lag, gab die Angeschuldigte Becker noch mindestens zwei Schüsse auf ihn ab. Ein Schuß streifte Jacobs und durchschlug dessen Notizbuch und Schlüsselbund. Unmittelbar nach den ersten beiden Schüssen durch Verena Becker – fast gleichzeitig mit ihr – eröffnete Günter Sonnenberg aus seiner Pistole das Feuer auf den Polizeihauptwachtmeister Seliger. Von den ersten Schüssen Sonnenbergs wurde Seliger in den linken Oberschenkel getroffen. Er versuchte kriechend hinter einem Auto Deckung zu finden. Dabei ging Sonnenberg hinter ihm her und schoß aus kürzester Entfernung weiter auf ihn. Polizeihauptwachtmeister Seliger wurde von sechs Geschossen getroffen und schwer verletzt. Die Angeschuldigten wollten die Polizeibeamten töten, um andere Straftaten zu verdecken. […] Nach den Schüssen auf die Polizeibeamten flohen die Angeschuldigten. Beide stellten sich dem Pkw Opel Ascona […] des Kaufmanns R.P. so in den Weg, daß dieser zum Anhalten gezwungen war. Sonnenberg setzte P. eine Pistole an die Schläfe und zog ihn mit der anderen Hand aus dem Fahrzeug. Mit dem geraubten Pkw setzten die Angeschuldigten ihre Flucht fort. Auf der Flucht mit dem geraubten Pkw durch Singen gab Verena Becker mehrere gezielte Schüsse in Tötungsabsicht auf die sie verfolgenden Beamten ab.«[92]

In der Hektik der Situation verfehlen sie vermutlich die von der Stadtmitte in Richtung Stuttgart führende Bodenseeautobahn. Auf einer Uferwiese an der Aach endet schließlich die Flucht der beiden. Zuvor wird offenbar noch versucht, eine Maschinenpistole vom Typ Heck-

---

92 Anklageschrift des Generalbundesanwalts beim Bundesgerichtshof gegen Verena Christiane Becker und Günter Wilhelm Gustav Sonnenberg, Karlsruhe, 28. Juni 1977, HIS-Archiv, RA 01/013, 005, S. 3f.

ler & Koch 43 zum Einsatz zu bringen. Um die Waffe unauffälliger transportieren und weniger umständlich handhaben zu können, ist sie verkürzt worden – der Lauf um 10 und der Schaft um 24 Zentimeter. Trotzdem tritt bei der Aktion mit der MP ein Problem auf. In der Anklageschrift heißt es dazu:

»Verena Becker brachte die Maschinenpistole auf die Polizeibeamten in Anschlag. Sonnenberg würgte jedoch den Motor des Fluchtautos ab und Verena Becker konnte nicht sofort mit der Maschinenpistole schießen, weil diese nicht durchgeladen war.«[93]

Aus dem sie verfolgenden Streifenwagen der Polizei ist per Funk Verstärkung herbeigerufen worden. Als einem Beamten die Munition seiner Dienstwaffe ausgeht, bedient er sich kurzerhand bei der Gegenseite. Er holt die Maschinenpistole aus dem Opel Ascona und eröffnet mit ihr das Feuer auf die beiden Flüchtenden. Als Becker von einem der Schüsse in den Unterschenkel getroffen wird, gibt sie mit schmerzverzerrtem Gesicht auf.

Sonnenberg wird von einem anderen Schuss aus der MP in den Kopf getroffen. Die Patrone dringt über dem rechten Ohr ein, reißt eine vier Zentimeter breite Wunde auf und zersplittert. Vier Geschosssplitter dringen tief in das Gehirn ein. Sonnenberg wird ins Stadtkrankenhaus Singen eingeliefert und dort mehrere Stunden lang notoperiert. Erst sechs Tage später kommt er nach einer Verlegung in der Tübinger Universitätsklinik wieder zu sich. Zunächst hatte es geheißen, er zeige keinerlei Reaktion mehr und sei klinisch so gut wie tot. Seine Chancen, sich von der Gehirnverletzung zu erholen, werden zunächst als sehr gering eingeschätzt.

Auch der 20-jährige Polizeihauptwachtmeister Seliger ist in das städtische Krankenhaus in Singen eingeliefert worden. Auf der einzigen Intensivstation liegt er – lediglich durch eine Abschirmung getrennt – unmittelbar neben Sonnenberg und kämpft zur selben Zeit ums Überleben. Von den Schüssen ist er regelrecht durchsiebt worden. Er hat einen Oberschenkeldurchschuss, einen Hodensteckschuss, zwei Brustschüsse, einen Schuss in die rechte Hand, bei dem er einen Teil seines Mittelfingers verliert, und zwei Streifschüsse – einen am Oberschenkel und einen am rechten Oberarm – davongetragen.

93 Ebenda, S. 34.

Wie ein kriminaltechnisches Gutachten ergibt, handelt es sich bei der Maschinenpistole unzweifelhaft um die Tatwaffe des Buback-Attentats, mit der der Generalbundesanwalt und seine beiden Begleiter Göbel und Wurster erschossen worden sind. Die Waffe ist von Sonnenberg in einem Rucksack getragen worden. Becker wiederum hat die dazugehörige Munition, drei Magazine mit 98 Schuss, in einer Umhängetasche mit sich geführt.

Die beiden RAF-Mitglieder haben ein regelrechtes Waffenarsenal bei sich. Sonnenberg hat eine Pistole vom Typ Smith & Wesson, Kaliber 9 mm, und einen Revolver Smith & Wesson, Becker eine Pistole vom Typ FN Braun, Kaliber 9 mm, und einen Revolver Colt 38 spezial. Alle vier Waffen waren in den beiden Vormonaten in der Schweiz unter Vorlage eines Waffenpasses gekauft worden. Der auf den Namen eines Österreichers ausgestellte Waffenpass war am 12. November 1976 bei einem Raubüberfall auf die Bezirkshauptmannschaft in Landeck in Tirol gestohlen worden. Außerdem findet sich im Gepäck noch eine zerlegte Pistole vom Typ Star, Kaliber 45.

Die Zielfahnder des BKA vermuten, dass in der Zwischenzeit in Genf ein anderes Mitglied der Haag-Gruppe auf die beiden Festgenommenen wartet. Denn dort hat sich unter dem Namen »Anton Huber« am 4. und 5. Mai Rolf Heißler im vornehmen, nur unweit der Seepromenade gelegenen Hotel »Hermitage« angemeldet und ist dann wohl unverrichteter Dinge weitergereist.[94]

In Teilen der Presse werden anschließend durchaus Zusammenhänge zwischen der Schießerei in Singen und dem Buback-Attentat hergestellt. So ist beispielsweise ein Bericht des *Stern* mit »Den Buback-Mördern auf der Spur« übertitelt.[95] Und in einer späteren Ausgabe der *Welt am Sonntag* heißt es im Zusammenhang mit einem Hungerstreik Verena Beckers gar: »Und im April 77 war vermutlich sie es, die vom Rücksitz eines Suzuki-Motorrades Generalbundesanwalt Buback und seine beiden Begleiter erschoß.«[96] Im Gegensatz zur Abteilung Terrorismus des BKA scheint sich in einzelnen Presseorganen der

---

94 Barth, »›Ein Schwein nach dem anderen umlegen‹«, *Stern*, 29. Mai 1980, S. 120–124.

95 Bittorf, »Die lange Jagd«, *Stern*, 12. Mai 1977, Nr. 21, S. 18–28, hier S. 18.

96 C. L., »Letzter Terror-Akt: Hungern bis zum Tod«, *Welt am Sonntag*, 26. Juni 1977.

Verdacht, dass Becker die Buback-Attentäterin gewesen sei, noch länger gehalten zu haben.

Der Polizist Wolfgang Seliger, der die auf ihn abgegebenen Schüsse nur knapp überlebt hat, beschreibt in einem Interview des TV-Journalisten Egmont R. Koch im Jahr 2009 die Vehemenz, mit der sich das RAF-Mitglied der Festnahme zu entziehen versucht hat: »Verena Becker hat sich gewehrt bis zur letzten Patrone.«[97] Ganz offensichtlich muss es Gründe für diese fanatisch anmutende Gegenwehr gegeben haben. Ein schwerwiegender könnte darin bestanden haben, durch die Verhaftung für das Buback-Attentat zur Rechenschaft gezogen zu werden. Schließlich hat sie die Tatwaffe in ihren Händen gehalten.

Der ehemalige Bundesanwalt Joachim Lampe schildert Koch den Stellenwert von Beckers Verhaftung für seine Behörde:

> »Nach der Festnahme konnten wir ersehen, dass Verena Becker zu der Struktur gehörte, die für den Buback-Mord verantwortlich war. Vor allen Dingen der Fund der Tatwaffe sprach dafür und begründete auch insofern gegen Verena Becker einen dringenden Tatverdacht. Ich habe daher sehr schnell einen Haftbefehl gegen Verena Becker auch wegen des Mordes an Siegfried Buback und seinen Begleitern erwirkt.«[98]

Doch es gibt Zweifel an der offiziellen Darstellung der dramatischen Ereignisse in und um Singen. Inzwischen sind von dem Geschehen nicht weniger als vier verschiedene Versionen in Umlauf. In einer geht es darum, dass sich die Verfolgung der beiden RAF-Mitglieder unter den Augen eines BND-Kommandos abgespielt habe: »Wie selbstverständlich hielten sich die Agenten während der Schießerei im Hintergrund und sahen zu, wie Polizeibeamte durch die Schüsse der RAF-Terroristen schwer verletzt wurden.«[99] Falls sich diese Darstellung als stichhaltig erweist, würden noch ganz andere Fragen aufgeworfen werden müssen. Vor allem, welches Ziel von den Beobachtern verfolgt worden ist.

---

97 Koch, »Der Fall Buback – Auf den Spuren der Mörder«, ARD 2009.

98 Ebenda.

99 Schulze, »Becker-Prozess«, *KOPP-Online*, 12. August 2010, http://info.kopp-verlag.de/hintergruende/deutschland/udo-schulze/becker-prozess-kommen-geheimdienste-in-schwierigkeiten-.html [10. September 2010].

Am 10. Mai stellt Horst Kuhn, Ermittlungsrichter am Bundesgerichtshof, den Haftbeschluss gegen Sonnenberg und Becker aus. Beide werden darin dringend verdächtigt, den Mordanschlag auf Buback und seine beiden Begleiter verübt zu haben. Ausdrücklich heißt es:

> »Bei der Festnahme der Beschuldigten Verena Becker wurde die Tatwaffe sowie ein Werkzeug sichergestellt, das zu dem Tatfahrzeug Suzuki gehört. Neben der Mitgliedschaft in der Bande, die den Mord am 7. 4. 1977 in Karlsruhe ausgeführt hat, und ihrem Auftreten mit dem der Tat verdächtigen Günter Sonnenberg zeigen die Funde des zum Tatfahrzeug gehörenden Werkzeugs und der Tatwaffe, daß die Beschuldigte Verena Becker in die Ausführung des Attentats als Mittäterin einbezogen war.«[100]

Der 45-jährige Jurist bringt unumwunden und in der nötigen Klarheit zum Ausdruck, wie stark Becker durch Indizien belastet wird. Er dürfte nicht geahnt haben, wie sehr er sich damit in die Nesseln gesetzt hat.[101]

Auf Antrag von Bubacks Nachfolger, Generalbundesanwalt Kurt Rebmann, werden einen Tag später in einem Beschluss von demselben Ermittlungsrichter am Bundesgerichtshof auch die Haftbedingungen Verena Beckers geregelt. Unter dem 19. der insgesamt 21 Punkte umfassenden, restriktiven Anordnung heißt es:

> »Den Beamten des Bundeskriminalamtes – Abt. TE – ist es gestattet, die Beschuldigte jederzeit zu sprechen und zwecks Ermittlungshandlungen auszuführen.«[102]

Wozu und wohin sollte Becker »ausgeführt« werden? Das klingt ganz

---

100 Minkmar, »Schmutzige Geschichten«, *Frankfurter Allgemeine Sonntagszeitung*, 20. Juni 2010.

101 Der Richter am BGH musste in der Folge ohnmächtig vor Wut mit ansehen, wie nichts unternommen wurde, um Becker wegen des Mordanschlags auf Buback und seine beiden Begleiter anzuklagen und vor Gericht zu stellen. Der Pfarrer Johannes Czwalina, dem sich der Jurist in seiner Not offenbar anvertraut hatte, schildert viele Jahre später einem Journalisten, Kuhn sei damals der Ansicht gewesen, dass in der Angelegenheit Becker nichts mit rechten Dingen zugehen würde. Der Mann, der zu den am meisten gefährdeten Richtern der Republik zählte, erkrankte in der Folge, gab sein Richteramt auf und beging schließlich 1989 Selbstmord. Vgl. Minkmar, »Schmutzige Geschichten«, *Frankfurter Allgemeine Sonntagszeitung*, 20. Juni 2010.

102 Beschluß in dem Ermittlungsverfahren gegen Verena Becker, Der Ermittlungsrichter des Bundesgerichtshofes, 11. Mai 1977, HIS-Archiv, RA 02/066, 002, S. 4.

danach, als könne man nach Belieben über eine Untersuchungsgefangene verfügen. Sie kann also eine Woche nach ihrer Festnahme – ob Tag ob Nacht – der Kontrolle durch die Justiz entzogen werden.

Der durch seinen Kopfschuss schwer verletzte Günter Sonnenberg erhält am 18. Mai auf der Intensivstation der Tübinger Universitätsklinik hohen Besuch von der Justiz.[103] Es ist jener Beamte, der den Haftbeschluss ausgestellt hat. Kuhn will den RAF-Mann zu dem Verdacht vernehmen, ob er an dem Buback-Attentat beteiligt war. Um ihn besser zu verstehen, nimmt Kuhn auf der Bettkante Platz. Das Vorgehen ist angesichts des Verletzungsgrades des 23-jährigen RAF-Mitglieds mehr als zweifelhaft. Sonnenberg ist in den Tagen zuvor zweimal über mehrere Stunden hinweg am Gehirn operiert worden. Nun ist er mit einem dicken Kopfverband an mehrere Infusionsflaschen und Monitore angeschlossen. Auf Kuhns Frage »Haben Sie das Motorrad Suzuki angemietet?« antwortet er offensichtlich verwirrt mit »Ach so. Mh, mh, mh«. Und auf die Zusatzfrage »Haben Sie auf Generalbundesanwalt Buback und seine Begleiter geschossen?« kaum weniger erhellend mit der Gegenfrage »Wie kommt das?«. Im amtlichen Protokoll der Aussage heißt es dazu, dass Sonnenbergs Reaktionen nicht zu entnehmen sei, ob sie als Bejahung oder als Verneinung zu verstehen seien.

103 Vgl. »Sicher gestört«, *Der Spiegel,* 27. Februar 1978, 32. Jg., Nr. 9, S. 99–108.

Beckers Stammheim-Prozess

Bereits einen Tag nach der blutigen Schießerei in Singen ist Becker in die Haftanstalt Stuttgart-Stammheim transportiert worden. Sie ist nun als Untersuchungsgefangene in demselben Gebäude untergebracht, in dem sich die Spitze der RAF aufhält. Möglicherweise in derselben Etage, dem berüchtigten siebten Stock, vermutlich aber in einem anderen Flügel des Mehrzweckgebäudes. Wie der damalige Justizwachtmeister Horst Bubeck 2008 erklärt, soll sie keinen direkten Kontakt zu Andreas Baader, Gudrun Ensslin, Irmgard Möller und Jan-Carl Raspe gehabt haben. Diese Auskunft kann aber zumindest in Bezug auf eine der Genannten, wie im Folgenden aufgezeigt werden kann, nicht zutreffend gewesen sein.

Um Beckers Aufenthalt in Stammheim wird lange Zeit eine merkwürdige Geheimniskrämerei betrieben. Als der Autor Thomas Moser drei Jahrzehnte später das baden-württembergische Justizministerium um eine Auskunft bittet, erhält er die Antwort:

> »Der Stammheimer Untersuchungsausschussbericht erwähnt Verena Becker nicht als Gefangene im Oktober 1977 in der JVA Stuttgart. Davon haben wir auch noch nie etwas gehört. Wo sie inhaftiert war, wissen wir nicht.«[104]

Doch genau in dieser dramatischen Zeit, als sich die Situation während der Schleyer-Entführung durch die zusätzliche Entführung einer Passagiermaschine der Lufthansa nach Mogadischu weiter zuspitzt, hält sich Becker – wie noch zu sehen ist – nach wie vor in Stammheim auf. Dies wird Moser auch von dem wohl bekanntesten RAF-Sonderermittler, dem BKA-Beamten Alfred Klaus, bestätigt. Warum also das ganze Rätselraten um ihren Unterbringungsort?

Schließlich ist dieser alles andere als ein Geheimnis. Bereits kurze Zeit nach ihrer Ankunft in Stammheim ist Becker zusammen mit Sabine Schmitz in einen Hungerstreik getreten, um ihre Zusammenlegung mit der im siebten Stock untergebrachten RAF-Spitze um Baader

---

104 Moser, »RAF und kein Ende«, S. 318.

und Ensslin zu erreichen. Am 22. Juni wenden sich die beiden – »für die Gefangenen der RAF«, wie es am Ende heißt – mit einer gemeinsamen Erklärung an die Öffentlichkeit. Darin treten sie einer Strafanzeige der Bundesanwaltschaft entgegen, in der festgestellt worden war, dass ihre Anwälte für die Verhinderung von Hafterleichterungen verantwortlich seien. Weil sie nicht wollten, heißt es in dramatischem Ton, »dass unser Tod, der offenbar beschlossene Sache ist«, zum Anlass genommen werde, die wenigen Verteidiger, die in der Bundesrepublik noch den Mut aufbringen würden, RAF-Gefangene zu verteidigen, zu kriminalisieren, hätten sie den Anwälten Newerla und Müller das Mandat entzogen.[105] Dann ist von totaler Isolierung in einem angeblichen »Foltertrakt« die Rede. Konkret fordern sie »die Zusammenfassung in interaktionsfähigen Gruppen von mindestens 15 Gefangenen« und eine Behandlung, die der Menschenrechtskonvention und der Genfer Konvention entspreche. Danach müssen die Haftbedingungen – ob wegen des Hungerstreiks oder aus anderen Gründen – tatsächlich verändert worden sein. Denn am 27. Juni teilt das *Internationale Komitee zur Verteidigung politischer Gefangener in West-Europa*, deren bundesdeutsche Sektion von dem Stuttgarter RAF-Verteidiger Klaus Croissant vertreten wird, der Presse mit, dass Becker und Schmitz ihren Hungerstreik abgebrochen hätten. Ihre Forderungen seien im Wesentlichen erfüllt worden. Sie würden nun in den siebten Stock verlegt und könnten seitdem »mit anderen Gefangenen aus der RAF zusammen sein«.[106] Dass diese Meldung zutreffend ist, lässt sich an einer Entscheidung des Vorsitzenden Richters des Stuttgarter Oberlandesgerichts erkennen. Denn am 28. Juni 1977 wird von ihm verfügt, dass es Gudrun Ensslin gestattet sei, täglich zwischen 8.00 und 16.00 Uhr mit Verena Becker, Sabine Schmitz und Ingrid Schubert »Umschluss« zu haben. Danach sei es ihr sogar erlaubt, bis zum morgendlichen Aufschluss mit zwei der drei Gefangenen in einer Gemeinschaftszelle zu verbringen.[107] Dem-

105 Die beiden Anwälte Armin Newerla und Arndt Müller gehören der Kanzlei von Croissant in Stuttgart an.

106 Internationales Komitee zur Verteidigung politischer Gefangener in West-Europa, Pressemitteilung, Stuttgart, den 27. Juni 1977, HIS-Archiv, RA 01/013, 005.

107 Verfügung des Vorsitzenden Richters, 28. Juni 1977, Bundesarchiv Koblenz, B 362/3161, Bd. VII, Bl. 3/107. Vgl. Diewald-Kerkmann, Frauen, Terrorismus und Justiz, S. 194.

nach dürfte es für Becker also genügend Gelegenheit gegeben haben, mit der Führungsspitze der RAF in Kontakt zu treten. Das alles steht in Widerspruch zu jenen Regelungen, die Ermittlungsrichter Kuhn am 11. Mai so dezidiert angeordnet hat.

Am 25. August eröffnet der Fünfte Strafsenat des Oberlandesgerichts Stuttgart das Hauptverfahren gegen Verena Becker. Obwohl sie immer noch verdächtigt wird, an dem Attentat auf den Generalbundesanwalt und seine beiden Begleiter beteiligt gewesen zu sein, wird in diesem Punkt keine Anklage gegen sie erhoben. Die Anklage beschränkt sich auf versuchten Mord an sechs Polizeibeamten, schweren Raub und Mitgliedschaft in einer kriminellen Vereinigung. Es ist geplant, 35 Zeugen und acht Sachverständige vorzuladen. Da immer noch nicht geklärt ist, ob der bei ihrer gemeinsamen Festnahme durch einen Kopfschuss schwer verletzte Günter Sonnenberg überhaupt verhandlungsfähig ist, hat der Senat entschieden, das gegen ihn geplante Verfahren abzutrennen.

Als am 5. September die dritte Aktion der »Offensive 77« erfolgt und Arbeitgeberpräsident Hanns Martin Schleyer entführt wird, steht auch Verena Becker auf der Liste derjenigen RAF-Mitglieder, die freigepresst werden sollen. In einer einen Tag später vom »Kommando Siegfried Hausner« verbreiteten Erklärung heißt es:

> »Sobald die Fahndung gestoppt ist, läuft Schleyers Freilassung unter folgenden Bedingungen: 1. Die Gefangenen aus der RAF: Andreas Baader, Gudrun Ensslin, Jan-Carl Raspe, Verena Becker, Werner Hoppe, Karl-Heinz Dellwo, Hanna Krabbe, Bernd Rößner, Ingrid Schubert, Irmgard Möller werden im Austausch gegen Schleyer freigelassen und reisen aus in ein Land ihrer Wahl. Günter Sonnenberg, der seit seiner Festnahme wegen einer Schußverletzung haftunfähig ist, wird sofort freigelassen. Sein Haftbefehl wird aufgehoben. Günter wird zusammen mit den 10 Gefangenen, mit denen er sofort zusammengebracht wird und sprechen kann, ausreisen.«[108]

Es folgen fünf Punkte, in denen weitere Einzelheiten der von den Entführern geforderten Modalitäten genannt werden.

---

108 Entführung von Hanns Martin Schleyer, 6. 9. 77, RAF – Kommando Siegfried Hausner, ID-Verlag (Hg.), Rote Armee Fraktion, S. 270.

Am 13. September trifft Sonderermittler Klaus in Stammheim ein, um die dort einsitzenden RAF-Gefangenen im Auftrag von BKA-Präsident Herold nach ihren Ausreiseländern zu befragen. Die dabei verfolgte Absicht besteht offenbar darin, weiter Zeit zu gewinnen. Baader nennt zunächst Vietnam und Algerien und fügt dann noch Libyen, die Volksrepublik Jemen und den Irak hinzu. Becker bejaht die Frage, ob sie bereit sei, sich ausfliegen zu lassen, verneint jedoch die Folgefrage, ob sie ein entsprechendes Flugziel nennen könne. Möglicherweise will sie sich damit nicht in eine Baaders Autorität vorbehaltene Entscheidung einmischen. Einen Monat später hat sich die Situation durch die Entführung der Lufthansa-Maschine »Landshut« mit 82 Passagieren und fünf Besatzungsmitgliedern an Bord weiter verschärft. Am 14. Oktober erhalten die im sogenannten langen Flügel des siebten Stocks untergebrachten RAF-Gefangenen Becker, Ensslin, Möller und Raspe Besuch von zwei Anstaltsgeistlichen. Als Becker ebenso wie den anderen ein Gesprächsangebot unterbreitet wird, soll sie zögernd mit »Ja« geantwortet haben. Pfarrer Erwin Kurmann fällt auf, wie gehemmt und verunsichert sie wirkt.

Wie Becker auf den Tod von Baader, Ensslin und Raspe reagiert hat, ist nicht bekannt. Mitte November tritt Becker in einen Hunger- und Durststreik, um gegen ihre ständige Beobachtung durch Vollzugsbeamte zu protestieren. Diese Kontrolle ist nach dem Selbstmord der RAF-Gefangenen Ingrid Schubert eingeführt worden.

Am 28. November 1977 beginnt vor dem Fünften Strafsenat des Stuttgarter Oberlandesgerichts in dem für den Baader-Meinhof-Prozess errichteten Mehrzweckgebäude in Stammheim der Prozess gegen Verena Becker. Die Anklage wird von den beiden Bundesanwälten, Oberstaatsanwalt Joachim Lampe und Staatsanwalt Dirk Fernholz, vertreten. Verteidiger sind die beiden Rechtsanwälte Heinz Funke (Frankfurt) und Hans-Christian Wolff (Stuttgart), Letzterer tritt als Pflichtverteidiger auf. Beckers ursprünglicher Wunsch, sich durch Rechtsanwalt Dr. Hans-Heinz Heldmann (Darmstadt) verteidigen zu lassen, war am 12. September vom Stuttgarter OLG wegen des Verbots der Mehrfachverteidigung für unzulässig erklärt worden. Die Angeklagte, die in einer hellblauen Jeans und einer dunkelblauen Jeansjacke erscheint, nimmt nur wenige Minuten an der Verhandlung teil. Sie tritt mit äußerster Aggressivität auf und unternimmt alles, um ihren Unwillen gegenüber dem Verfahren zum Ausdruck zu bringen. Als sie am Nachmittag auf Anordnung des Gerichtsvorsitzenden Wolfgang Fischer zwangsvorgeführt wird, zieht sie einen ihrer Schuhe aus, hält ihn mit gestrecktem Arm in die Höhe und erklärt ultimativ:

> »Entweder ich gehe oder ich fange an, Theater zu machen. Ich will ausgeschlossen werden, bis ich selbst etwas sagen will, und das werde ich vorher ankündigen. Hier wird keine Verhandlung geführt, solange ich hier bin.«[109]

Doch der Gerichtsvorsitzende legt von Anfang an Wert darauf, sich das Heft nicht aus der Hand nehmen zu lassen. Er erklärt ihr, dass sie nicht gehen könne, wenn sie es wolle, sondern nur dann, wenn es das Gericht beschließe. Beckers Reaktion lautet, er brauche gar nicht erst weiterzureden; sie würde entweder ausgeschlossen oder aber sie werde stören. Nach einigem Hin und Her fällt Becker in tiefsten Berliner Dialekt: »Jetzt ha ick jestört, jetzt kann ick jehen.«[110] Die beiden Anklagevertreter der Bundesanwaltschaft beantragen kurz darauf tatsächlich ihren Ausschluss. Nach einer kurzen Beratung des Strafsenats wird sie bis nach Verlesung der Anklageschrift von der Verhandlung ausgeschlossen. Der Stammheimer Gefängnisarzt Helmut Henck hat vor Beckers Zwangsvorführung erklärt, dass bei der Angeklagten weder körperliche noch seelische Schäden vorliegen würden. Sie sei auch nach ihrem Hungerstreik voll verhandlungsfähig. Beckers Persönlichkeitsbild hat der Arzt mit den Worten beschrieben: »Verschlossen, zurückhaltend, sehr wortkarg.«[111]

Trotz des Konfliktes mit der Angeklagten erscheint der Prozessbeginn Pressebeobachtern als ein Beispiel dafür, wie im Gegensatz zu dem Stammheimer Verfahren gegen die RAF-Spitze um Andreas Baader Terroristenprozesse auch straff durchgeführt werden könnten.[112] In Beckers Verfahren scheine die Beweislage eindeutig zu sein. Doch stehe der Angeklagten, so der Prozessberichterstatter Walter Pfuhl,

---

109 Faerber, »Verena Becker wurde für wenige Minuten zwangsvorgeführt«, *Frankfurter Rundschau*, 29. November 1977.

110 Klose, »Weniger Tricks beim Kleinkrieg«, *Süddeutsche Zeitung*, 29. November 1977.

111 Pfuhl, »Verena Becker nach Zwangsvorführung von der Verhandlung ausgeschlossen«, *Die Welt*, 29. November 1977.

112 Klose, »Weniger Tricks beim Kleinkrieg«, *Süddeutsche Zeitung*, 29. November 1977.

noch ein weiteres Verfahren bevor – das wegen der Beteiligung am Buback-Mord. Oberstaatsanwalt Lampe habe in einer Verhandlungspause erklärt, dass der Haftbefehl gegen Becker auch wegen des »dringenden Verdachts« der Beteiligung an der Ermordung des Generalbundesanwalts ausgestellt worden sei. Vor einiger Zeit habe ihre Beteiligung an dem Anschlag noch als wenig wahrscheinlich, zumindest als schwer beweisbar gegolten. In letzter Zeit scheine sich das aber geändert zu haben. Worauf sich diese veränderte Erwartung gründet, wird jedoch nicht ausgeführt.

Einen Tag später kommt es zu einem weiteren Zwischenfall. Als der Gerichtsvorsitzende das Wort ergreifen will, wird er von Becker rabiat unterbrochen und mit den Worten beschimpft:

> »Hör auf zu quatschen, du altes Schwein. Ich bin nicht bereit, an der Verhandlung teilzunehmen.«[113]

Becker wird erneut von der Verhandlung ausgeschlossen, diesmal für vier Tage. Am 8. Dezember steigert sie ihr aggressives Auftreten ein weiteres Mal. Nach einer erneuten Zwangsvorführung wirft sie ihrem Pflichtverteidiger Wolff ein Aktenbündel in den Nacken. Wegen dieser neuerlichen Störung erhält sie eine einwöchige Ordnungsstrafe und wird für die gesamte Beweisaufnahme vom Verfahren ausgeschlossen.

Als der Fünfte Strafsenat des Oberlandesgerichts Stuttgart am 28. Dezember das Urteil verkünden will, muss die Angeklagte wieder zwangsvorgeführt werden. Verena Becker schlägt daraufhin wild um sich und ruft voller Wut aus: »Ich bin nicht bereit, mir dieses Urteil anzuhören!« Als das Gericht sie wegen versuchten sechsfachen Mordes und Mitgliedschaft in einer kriminellen Vereinigung zu einer lebenslänglichen Haftstrafe verurteilt, legt sie sich demonstrativ rücklings auf die Anklagebank. Das Urteil entspricht dem Strafantrag der Bundesanwaltschaft. Anschließend wird sie von der restlichen Verhandlung ausgeschlossen und von sechs Vollzugsbeamten überwältigt und abgeführt. Ihr Verteidiger Heinz Funke, der für seine Mandantin eine befristete Freiheitsstrafe beantragt hatte, kündigt an, beim Bundesgerichtshof Revision einlegen zu wollen.

---

113 »Vorsitzender Richter als ›altes Schwein‹ beschimpft«, *Frankfurter Rundschau*, 30. November 1977.

Als Bundesanwalt Lampe 30 Jahre später befragt wird, ob Becker nicht auch als Todesschützin auf der Suzuki in Karlsruhe denkbar wäre, schiebt er das unter Verweis auf deren Weiblichkeit weit von sich:

> »Verena Becker können sie diese Dinge, die man einem Klar, die man einem Sonnenberg, einem Folkerts zutraut, nicht in gleicher Weise eins zu eins zutrauen. Das ist eine andere Person, sehr viel einfacher, auch nicht so tough, nicht so cool wie diese Jungs, das kann man nicht vergleichen. Ich halte das für ausgeschlossen, dass sie auf dem Motorrad hinten gesessen hat und mit der Heckler und Koch diese Aufgabe da übernommen hat. Dafür hatte die Gruppe um diese Zeit andere Personen, die dafür geeignet waren. Verena Becker sicherlich mit zuletzt.«[114]

Das steht in einem eklatanten Widerspruch zu dem, was er 1977 in der Verhandlungspause in Stammheim dem Journalisten der *Welt* erklärt hat. Beckers Verteidiger Heinz Funke – ebenfalls drei Jahrzehnte danach befragt – zeigt sich daraufhin verwundert, dass er ihr so etwas nicht zutrauen würde. Denn der Bundesanwalt habe Verena Becker im Prozess ebenso wie er als einen »sehr entschlossenen Menschen« kennengelernt.

---

114 Zitiert nach: Hufnagl/Schmidt, »Verschlusssache Buback. Eine Rekonstruktion«, Feature am Sonntag, *SWR 2*, 8. Juni 2008, S. 22.

Beckers Odyssee durch diverse Haftanstalten

Zwei Tage vor der Urteilsverkündung haben sich verschiedene Familienmitglieder Beckers mit einem Brief an das baden-württembergische Justizministerium in Stuttgart gewandt. Darin bitten die Mutter und auch Geschwister darum, sie in eine Berliner Vollzugsanstalt zu verlegen. Zur Begründung heißt es, dass sie sich aus finanziellen Gründen Besuchsfahrten ins weit entfernte Stammheim nicht leisten könnten.

Am 16. Januar 1978 trifft der Vorsitzende des Fünften Strafsenats am Oberlandesgericht Stuttgart in Sachen 5–1 StE 1/77 eine überraschende Entscheidung. Er ordnet an: »In der Strafsache gegen Verena Christiane Becker werden sämtliche, die Haftbedingungen der Angeklagten regelnden Verfügungen und Beschlüsse aufgehoben.«[115] Damit sind die strengen, von Ermittlungsrichter Kuhn im Mai 1977 angeordneten Regeln außer Kraft gesetzt – mit möglicherweise unabsehbaren Folgen. Es ist unklar, wer dazu den Anstoß gegeben hat.

Beckers Verbüßung der Haftstrafe scheint einer Gefängnis-Odyssee zu gleichen. Immer wieder kommt es dabei zu Konflikten mit Vollzugsbeamten. Erste Station ist laut Pressemeldungen die Frauenhaftanstalt Frankfurt-Preungesheim. Am 28. März 1978 tritt Verena Becker trotz der inzwischen vermutlich gelockerten Haftbedingungen in einen unbefristeten Hungerstreik. Sie fordert ein Ende ihrer »isolation« und die »konzentration politischer gefangener, d.h. gefangener nach § 129 und § 129a«, also eine Zusammenlegung. Sie beruft sich dabei auf eine entsprechende Erklärung des baden-württembergischen Justizministeriums vom 30. April 1977, die zuvor von der Landesregierung beschlossen und anschließend vom Stammheimer Gefängnisleiter den Gefangenen übermittelt worden sei. Zum Schluss heißt es, ganz in der dramatisierenden Diktion von Baader und Ensslin:

---

115 403 E – 17/78 z. Nt. Buback, Siegfried, Hauptstaatsarchiv Stuttgart.

»entweder –
wir bekommen haftbedingungen, in denen es möglich ist zu überleben
oder –
sie lösen das problem
– das unsere politik für diesen staat ist –
indem sie uns umbringen.«[116]

Ihrer eigenen Hungerstreikerklärung nach befindet sie sich jedoch nicht im hessischen Preungesheim, sondern in Stammheim.

Ein halbes Jahr später, am 23. September 1978, kommt es zu einer Auseinandersetzung wegen der vom hessischen Justizminister gegen sie angeordneten Sonderbewachung. Verena Becker ist es untersagt worden, an einer Diskussion über den Costa-Gavras-Film »Z« teilzunehmen, einem Politthriller, in dem es Mitte der sechziger Jahre um den politischen Widerstand in Griechenland geht. Als sie nach dem Film von einer Aufseherin in ihre Zelle zurückgebracht werden soll, solidarisieren sich die anderen Häftlinge mit ihr. In der Folge kommt es zu einer körperlichen Auseinandersetzung mit der Aufsicht. Eine Strafgefangene, die eine Gefängnisbeamtin gepackt und an den Haaren gerissen haben soll, um einen Zugang freizubekommen, wird deshalb ein Dreivierteljahr später von einem Frankfurter Schöffengericht wegen Widerstands gegen Vollstreckungsbeamte und Körperverletzung zu einer Geldstrafe in Höhe von 50 DM verurteilt.

Am 31. März 1980 stellt die Bundesanwaltschaft das Ermittlungsverfahren gegen Verena Becker wegen des Verdachts einer Beteiligung am Attentat auf Generalbundesanwalt Buback und seine beiden Begleiter ein. Es heißt allerdings, dass auch weiterhin Verdachtsmomente fortbestehen würden.

Im Januar 1981 wird Becker wegen der Nachbehandlung einer Tuberkulose-Erkrankung angeblich in die Justizvollzugsanstalt Kassel verlegt. Wegen ihrer Proteste gegen die »Isolation in dem Männergefängnis« soll sie am 8. September in das bayerische Gefängnis Aichach verlegt worden sein. Dort sei sie in einen Hungerstreik getreten, um ihre Rückverlegung nach Preungesheim zu erreichen. Da dort mit Ingrid Barabaß und Sieglinde Hofmann zwei andere RAF-Frauen einsit-

116 Becker, Verena, ich trete heute [...] in einen unbefristeten hungerstreik, stammheim, den 28. 3. 78, HIS-Archiv, RA 03/002, 001.

zen, erhofft sie sich durch diesen Schritt offenbar einen besseren Anschluss an die Kommunikation innerhalb der RAF.

Bei den Pressemeldungen über Beckers Verlegungen handelt es sich vermutlich um eine bewusste Irreführung der Öffentlichkeit. Denn später stellt sich zweierlei heraus: erstens, Becker ist keineswegs an Tuberkulose erkrankt und – zweitens – auch nicht von Stammheim nach Kassel verlegt worden, jedenfalls nicht im Jahr 1981. Sie war tatsächlich schon einmal in der Kasseler Justizvollzugsanstalt untergebracht, allerdings drei Jahre früher, zu Beginn des Jahres 1978. Und als sie sich 1981 angeblich in Kassel und Aichach aufhält, sitzt sie in Wirklichkeit in Köln in einer konspirativen Wohnung und packt über ihre Vergangenheit wie die ihrer Mitkämpfer aus. Insofern spricht alles für eine Inszenierung, mit der das BfV nichts anderes als eine Täuschung der Öffentlichkeit beabsichtigt hat, um seine Kontakte zur RAF-Gefangenen kaschieren zu können.

Die Aktivitäten des Verfassungsschutzes

Versuche, die RAF mit Informanten zu durchsetzen, gestalteten sich über längere Zeit schwierig bis beinahe aussichtslos. Dort einen V-Mann zu platzieren, erschien Verfassungsschützern zeitweilig so unwahrscheinlich wie »ein echter Lottotreffer«.[117] Nachdem es mit Karl-Heinz Ruhland in der Anfangszeit einen Mann gegeben hatte, der nach seiner Verhaftung auch bereit war, vor Gericht als Kronzeuge aufzutreten, wurden Quellen dieser Art immer seltener. Ruhland hatte als Kfz-Mechaniker bei dem Gebrauchswagenhändler Eric Grusdat gearbeitet und ihn dabei unterstützt, Autos für die RAF bereitzustellen. Bereits im Dezember 1970 war er bei einer Fahrzeugkontrolle in Oberhausen zusammen mit zwei anderen RAF-Mitgliedern verhaftet worden. Danach wurde er als erster »Baader-Meinhof-Mann« bekannt, der den Ermittlungsbehörden gegenüber umfangreiche Aussagen machte. Allerdings hatte er seiner subalternen Rolle wegen nur eingeschränkt Einblick in die Entscheidungs- und Kommandostrukturen der Gruppe. Dennoch verriet er eine Reihe von RAF-Stützpunkten und trat in einem der Prozesse gegen Horst Mahler als Kronzeuge auf. Sein Beispiel war in einer Hinsicht besonders lehrreich.

Hoffnungen konnten den Verfassungsschützern vor allem Hinweise auf eine mangelnde ideologische Überzeugung machen, die als Anzeichen für eine tendenzielle soziale Desintegration ins vielbeschworene Kollektiv zu bewerten waren. Der harte Kern der Gruppe war am ehesten zu knacken, wenn es gelang bei jenen anzusetzen, die unter Statusdefiziten litten. Das war insbesondere bei jenen der Fall, die aus sozial unterprivilegierten Schichten stammten und lediglich wegen ihrer logistischen Funktion, besonderer technischer Fähigkeiten etwa, benötigt worden waren – etwa Automechanikern mit kriminellem Hintergrund.

---

117 So stellte es jedenfalls ein Kieler Verfassungsschützer 1975 dar. Vgl. »Die Lorenz-Entführung: Nur die Generalprobe?«, *Der Spiegel*, 10. März 1975, 29. Jg., Nr. 11, S. 26.

Die führenden RAF-Leute, die aus einem bürgerlichen Elternhaus stammten, in der Regel Abitur gemacht, ihr Studium jedoch abgebrochen und ihre zu erwartende berufliche Karriere an den Nagel gehängt hatten, benötigten diese Mitglieder zweiten Ranges also aus logistischen Gründen, um Autos aufzubrechen, Waffen zu montieren und Papiere zu fälschen. Das gesamte Ensemble an kleinkriminellen Praktiken musste – wenn man einmal von der Ausnahmefigur Andreas Baaders absieht, der sich ja bereits zuvor als Autoknacker erprobt hatte – von den anderen erst einmal eingeübt werden, bevor sie auf jene untergeordneten Mitglieder nicht mehr angewiesen waren.

Bei der Konkurrenzorganisation der RAF, den beiden bereits ein halbes Jahr zuvor gegründeten *Tupamaro*-Gruppen in Berlin und München, war es den Staatsschützern gelungen, noch einen anderen Typus von Mitgliedern herauszubrechen: junge Frauen, die einerseits für Botendienste zuständig waren, andererseits aber für den gefährlichsten Job überhaupt herhalten mussten – die Deponierung von Bomben und Sprengsätzen. Diese litten auf besondere Weise an einem Statusdefizit. Einerseits waren sie als Sexualpartnerinnen auf führende Mitglieder fixiert, andererseits wurden sie häufig durch Drogenkonsum zusätzlich abhängig gemacht. Letzteres führte zu Suchterkrankungen, die hin und wieder auch Klinikaufenthalte erforderlich machten. Diese Situation der Schwächung und der Entfernung von der Gruppe wurde von den Verfolgern rasch als eine besondere Gelegenheit erkannt, solche Mitglieder zu kontaktieren. Der Leiter der Berliner Sonderkommission, die seit 1969 mit der Verfolgung der Bombenleger beschäftigt war, Hauptkommissar Wolfgang Kotsch, etwa machte sich diese Gelegenheit zunutze. Als er erfahren hatte, dass die Gefährtin des führenden Mannes der *Tupamaros West-Berlin* in einer niedersächsischen Klinik lag, suchte er sie dort auf und begann sie in einer Mischung aus Umgarnung und Druckausübung zur Aussage zu bewegen. In einem ersten Anlauf gelang dies nur zum Teil, in einem zweiten aber entsprach das Ergebnis durchaus den Erwartungen der Kriminalpolizei. Die junge Frau, die sich anfänglich durch einen Loyalitätskonflikt hin und her gerissen fühlte, stieg einige Zeit später aus, wurde vor Gericht gestellt und kam dort mit einer milden Strafe davon.

Kommissar Kotsch war in dieser Zeit für die *Tupamaros West-Berlin* zu einer der größten Hassfiguren geworden. Nach der Erschießung Georg von Rauchs im Dezember 1971 wurde zeitweilig der Plan verfolgt, eine Racheaktion zu verüben und ihn ebenfalls zu erschießen. Seine Privatwohnung in Alt-Tempelhof wurde beobachtet, seine Alltagsroutinen wurden ausgekundschaftet und anderes mehr. Die Umsetzung des Mordvorhabens scheiterte jedoch daran, dass man dafür keine geeignete, mit einem Schalldämpfer ausgerüstete Waffe in die Hände bekam.

Von Rauch hatte Baumann berichtet, dass Kotsch ihn zwei Wochen nach seiner Inhaftierung im Februar 1970 im Moabiter Untersuchungsgefängnis aufgesucht und ihm vorgeschlagen habe, künftig mit der Politischen Polizei zusammenzuarbeiten. Dasselbe hatte Kotsch auch bei Baumanns Freund Knoll versucht. Vorentscheidend für die Frage, bei welchem Mitglied ein Anwerbeversuch aussichtsreich sein könnte, waren Informationen von Baumanns zeitweilig drogenabhängiger Freundin. Kotsch hatte sie in einer Klinik ausgefragt, wer aus den *Tupamaros West-Berlin* ausscheiden wolle.

Die Praxis, potenzielle Informanten in Situationen zu kontaktieren, in denen sie von ihrer Gruppe isoliert und insofern in ihrer Widerstandsfähigkeit geschwächt waren, gehört seit Langem zum Standardrepertoire von Polizeibehörden und Geheimdiensten. Derjenige, der sie im Bereich der Terrorismusbekämpfung bedenkenlos und besonders erfolgreich einsetzte, ist zu Beginn der siebziger Jahre ein V-Mann-Führer des Berliner Landesamtes für Verfassungsschutz. Ein Mann mit vielen Alias-Namen, der in Wirklichkeit aber Michael Grünhagen heißt. Nach verschiedenen Misserfolgen in der Verfolgung und Bekämpfung terroristischer Gruppen hat er sich zunehmend darauf kapriziert, in Untersuchungshaft befindliche Mitglieder zu kontaktieren, sie dort ungestört zu bearbeiten und in der Folge nach Möglichkeit auch anzuwerben. Sein Credo lautet: »Wenn sie draußen sind, haben wir keine Chance, wenn sie drinnen sind, müssen wir ran.«[118] Das ist für ihn offenbar aussichtsreicher, als es auf anderem Weg zu versuchen.

Im Laufe des Jahres 1971 verstärkten sich die Anzeichen, dass Mitglieder beider durch Verhaftungen stark geschwächten *Tupamaro*-Gruppen zur aussichtsreicher agierenden RAF überwechselten. Aus einer Situation der Konkurrenz wurde zunehmend eine der Kon-

---

118 Friedmann/Hinrichs/Sontheimer/Holm, »Das Geheimnis des dritten Mannes«, *Der Spiegel,* 23. April 2007, S. 29.

Im Einsatz: Der Verfassungsschutz-beamte Michael Grünhagen
Pressebildagentur Rondholz

version. Für den Verfassungsschutz bot sich dadurch die Möglichkeit, über diesen Umweg in die immer undurchdringlicher werdende RAF vorstoßen zu können; denn die subkulturell ausgerichteten *Tupamaros West-Berlin* waren leichter zu infiltrieren.

Der Verfassungsschutzbeamte Michael Grünhagen hält sich bereits seit Jahren in der linksradikalen Szene auf und hat dabei einschlägige Erfahrungen gesammelt. 1938 in Berlin geboren, hat er nach der mittleren Reife eine kaufmännische Lehre absolviert. Bereits 1956 ist er zur Polizei gegangen und wechselte 1963 als Oberinspektor zum Landesamt für Verfassungsschutz. Von Anfang an ist ihm nicht sonderlich an Schreibtischarbeit gelegen, sein vornehmliches Interesse liegt darin, was etwas verschleiernd als Außendienst bezeichnet wird. Mit wechselnden Erfolgen spähte er zunächst Gruppierungen am linken Rand der Sozialdemokratie sowie den Assistenten eines Bundestagsabgeordneten aus. Am folgenreichsten war für seine Arbeit die Studentenrevolte an der Freien Universität, die Ausbreitung ihrer Aktivitäten von Dahlem aus in alle möglichen Stadtteile und die im Gefolge des Dutschke-Attentates zunehmende Eskalation der Gewalt. Grünhagen hatte keine Scheu, immer stärker in die damalige APO einzutauchen und Informationen zu sammeln. Er war aktiv in der *Basisgruppe Wilmersdorf*, zu der mit Rechtsanwalt Klaus Eschen auch einer der Mitbegründer des *Sozialistischen Anwaltskollektivs* in der Meierottostraße gehörte. In der *Arbeitsgemeinschaft der Jungsozialisten* hatte er es sogar fertiggebracht, sich zum stellvertretenden Vorsitzenden wählen zu lassen. Damals führte er den Decknamen »Michael Hagen«.

Als eines Tages jemand gesucht wurde, die Adresskartei der *Basisgruppe Wilmersdorf* zu ordnen, sah Grünhagen eine Gelegenheit für sein Amt und bot sich in vermeintlicher Selbstlosigkeit für diese Aufgabe an. Die Tatsache, dass er diesen normalerweise ungeliebten Job mit besonderer Sorgfalt erledigte und ein fein säuberlich abgetipptes Namensverzeichnis präsentierte, weckte bei seinen Genossen jedoch Misstrauen. Nun wurde Grünhagen alias Hagen der Boden zu heiß. Von einem Tag auf den anderen verschwand er aus der Basisgruppe. Seine misstrauischen Ex-Gefährten vergaßen den Zwischenfall jedoch nicht. Die Antwort folgte später. Im April 1969 erschien in einer Ausgabe der *Agit 883* der Appell: »Entlarvt die Agenten der Konterrevolution!« Darin wurde Grünhagen als Spitzel enttarnt. Es hieß, dass er entweder für den Verfassungsschutz oder die Politische Polizei arbeiten würde.[119] Da seine Privatadresse gleich mit veröffentlicht wurde, konnte es niemanden – ihn vermutlich am wenigsten – überraschen, dass dies als Aufforderung zu einer Racheaktion wahrgenommen wurde. Die »Antwort« bestand in einem Buttersäureanschlag auf seine Wohnung.

Das alles konnte seiner Karriere jedoch nicht schaden. Er wechselte vom Außen- in den Innendienst. Als 1970 Andreas Baader freigeschossen und mit diesem Gewaltakt die Gründung einer »Roten Armee« – der Namenszusatz »Fraktion« wurde erst später angehängt – ausgerufen wurde, stieß der Fachmann für Linksextremismus in seinem Amt in die Unterabteilung »Politischer Extremismus – Auswertung und Beschaffung« vor. Wie kein anderer war er dafür prädestiniert, die Anfänge der linksterroristischen Szene auszukundschaften. Die Führungsfiguren in der gewaltbereiten Szene und den sich herauskristallisierenden Untergrundgruppen hatte er ja bereits kennengelernt. Nun aber bestand seine Aufgabe nicht darin, selbst als »Kundschafter« unterwegs zu sein, sondern V-Männer genau zu platzieren und möglichst effektiv zu führen.

Einer seiner wichtigsten Leute war ein Mann, der im Jargon nur »S-Bahn-Peter« genannt wurde – der später als Skandalfigur bekannt gewordene Peter Urbach. Um kaum jemand anders ranken sich derartig viele Gerüchte. Urbach agierte als Undercoveragent bereits in der *Kommune I* und befand sich insofern näher als irgendjemand sonst

---

119 »Michael Grünhagen. 1 B 31, Landhausstr. 2, von Mai bis Juli 1968 Spitzel in der Basisgruppe Wilmersdorf. Gibt sich als Beamter des Gewerbeaußendienstes zu erkennen, während er in Wahrheit Verfassungsschutz und PolPo dient!!!«, *Agit 883,* 17. April 1969, 1. Jg., Nr. 10, S. 2.

von staatlicher Seite im Zentrum jener Strömungen, die sich auf ihrem Weg in den Untergrund mehr und mehr abgeschottet hatten. Dem ausgebildeten Klempner war es schon im Frühjahr 1967 gelungen, das Vertrauen der Kommunarden zu gewinnen. Er diente sich dort als Techniker an und spionierte sie nicht nur aus, sondern instruierte einige von ihnen auch für gewaltsame Aktionen und versorgte sie mit Waffen und Sprengstoff. Hermann von Rohde, dem Mitbegründer der *Roten Presse Korrespondenz*, bot er etwa eines Tages mit den Worten, dass man im Falle eines Aufstands doch bewaffnet sein müsse, eine Kiste mit nicht weniger als 50 Polizeipistolen an. Das hätte stutzig machen müssen, doch alle gingen ihm auf den Leim, darunter auch der eigentliche RAF-Begründer Horst Mahler. Trotz nachhaltiger Warnungen, dass es sich bei Urbach um einen Spitzel handeln könnte, vertraute Mahler ihm auch weiterhin. Diesem Umstand war es schließlich zu verdanken, dass Andreas Baader im April 1970 verhaftet werden konnte. Urbach hatte ihm eine Falle gestellt und Baader war, durch Mahler dazu verleitet, hineingetappt. Der von Grünhagen instruierte Verfassungsschutzagent hatte also erheblichen Einfluss auf die Entstehung des linken Terrorismus.[120]

Verwickelt war Grünhagen auch in einen Zwischenfall aus der frühen Zeit der RAF. Nachdem sich die bewaffnete Gruppe entschieden hatte, ihren Schwerpunkt nach Westdeutschland zu verlegen, waren auch Berliner Verfassungsschützer bei der Observierung und Verfolgung ihrer Mitglieder gefragt. So konnte es nicht ausbleiben, dass Grünhagen 1971 in bundesdeutschen Städten zum Einsatz kam. In einem Fall ging es darum, Manfred Grashof und Astrid Proll, zwei aus West-Berlin stammende Mitglieder, in Frankfurt am Main zu beschatten. Dabei kam es zu einem Zwischenfall.

Als sich die beiden am Abend des 10. Februar 1971 im Westend in der Nähe einer Wohnung aufhielten, die von der RAF zu ihrem Hauptquartier gemacht worden war, wurden sie von Grünhagen und

---

120 Vgl. das Kapitel »Peter Urbach, der agent provocateur des Verfassungsschutzes«, in: Kraushaar, Die Bombe im Jüdischen Gemeindehaus, S. 173–181. Außerdem: »Neubauers Bomben-Politik. Die V-Mann-Affäre wird immer dubioser«, *Berliner Extra-Dienst* vom 8. Mai 1971, V. Jg., Nr. 36, S. 2; Serke/Seufert/Unger, »Der Spitzel des Senators«, *Stern*, 30. Mai 1971, 24. Jg., Nr. 23, S. 32–36; Dalldorf, Bomben vom Verfassungsschutz, *Konkret*, 3. Juni 1971, 17. Jg., Nr. 12, S. 17.

Simons, einem anderen Beamten, beobachtet und schließlich aufgefordert, sich auszuweisen. Beide zeigten Ausweise, es war jedoch leicht zu erkennen, dass sie gefälscht waren. Kurz darauf fielen Schüsse. Wer auf wen geschossen hatte, blieb zunächst umstritten. Nach Grünhagens Darstellung schossen sowohl Grashof als auch Proll. Als sie am 6. Mai 1971 in Hamburg verhaftet wurde, bezichtigte sie Grünhagen deshalb des Mordversuchs.

Doch schon im Laufe des ersten, 1973/74 durchgeführten Prozesses gegen Proll traten erhebliche Zweifel an Grünhagens Darstellung auf. Im zweiten Verfahren 1979/80 brach die Aussage des Berliner Verfassungsschützers endgültig in sich zusammen.[121] Da man Grünhagen keine Aussagegenehmigung erteilt hatte und auch Zweifel an der Glaubwürdigkeit seines Kollegen Simons aufgetreten waren, wurde nach weiteren Zeugen Ausschau gehalten, die Auskunft über den Schusswechsel im Frankfurter Westend geben konnten. Dabei stellte sich überraschenderweise heraus, dass noch weitere Verfassungsschützer am Schauplatz des Geschehens waren. Bundesinnenminister Gerhard Baum setzte schließlich gegen den Widerstand des Präsidenten des Bundesamtes für Verfassungsschutz, Richard Maier, durch, dass in diesem zentralen Anklagepunkt einem anderen Beamten eine Aussagegenehmigung erteilt wurde. Der Zeuge Jacobus sagte aus, dass lediglich Grashof und Simons geschossen hätten. Die Angeklagte sei davongelaufen, ohne dabei einen Schuss abgegeben zu haben. Das wiederum passte zu dem Faktum, dass am Tatort nur Patronenhülsen gefunden worden waren, die zu den Waffen von Grashof und Simons gehörten. Damit musste der gegen Proll erhobene Vorwurf, sie habe in zwei Fällen gezielt versucht, einen Menschen zu töten, um eine Straftat zu verdecken, fallengelassen werden. Regierungsoberinspektor Grünhagen war damit ebenso wie Kriminalobermeister Simons der Lüge überführt worden. Trotzdem ist gegen keinen von beiden wegen Falschaussage Anklage erhoben worden. Das war ein weiterer dunkler Fleck auf Grünhagens Weste. Doch auch das konnte ihm innerhalb des Berliner Landesamtes für Verfassungsschutz nicht schaden. Im Zusammenhang mit der Auskundschaftung des linken Terrorismus war er offenbar unverzichtbar. Kaum ein anderer dürfte in dieser Hinsicht

---

121 Vgl. dazu den Abschnitt »Noch ein Terroristenprozeß, in dem gelogen wurde«, in: Hannover, Reden vor Gericht, S. 124–130.

über so intime Kenntnisse verfügt haben wie der dubiose V-Mann-Führer.

Grünhagen war kein anderer als »Peter Rühl«. Im Grunde war es ganz logisch, dass er unter einem Alias-Namen zu den in Bad Neuenahr Festgenommenen und in einer Koblenzer Haftanstalt untergebrachten Untersuchungshäftlingen Kontakt aufzunehmen versuchte.[122] Eine bessere Gelegenheit, den einen oder anderen der zum Teil noch sehr jungen Mitglieder der *Bewegung 2. Juni* – Schmücker war zu dem Zeitpunkt erst 20 und Sommerfeld sogar erst 19 Jahre alt – in die Finger zu bekommen, um sie zu bearbeiten und ausquetschen zu können, dürfte es kaum gegeben haben.

Am 7. Februar 1973 kommt es vor dem Landgericht in Moabit zum Prozess gegen den vom Terroristen zum V-Mann »umgedrehten« Schmücker. Der Zeitpunkt ist gut ausgewählt, um kein besonderes Interesse an dem Fall aufkommen zu lassen. Denn in einem anderen Saal findet zur selben Zeit ein Verfahren gegen einen der prominentesten RAF-Männer statt, den sich schon als »APO-Anwalt« jahrelang im Rampenlicht der Öffentlichkeit bewegenden Horst Mahler. Kein Wunder, dass sich die Aufmerksamkeit der Medien auf ihn konzentriert. Schmückers Prozess, der in der Literatur als »eine reine Farce«[123] bezeichnet wird, ist überdies schnell abgewickelt. Das Urteil steht bereits vorher fest. Der Verfassungsschutz hat es, wie spätere Dokumente belegen, mit einer dafür nötigen Stelle der Justiz ausgehandelt.[124] Sogar Schmückers Mutter, die extra angereist ist, um das Geschehen im Gerichtssaal direkt verfolgen zu können, erklärt kurze Zeit später, dass sie und ihr Sohn das Strafmaß bereits vorher gekannt hätten. Beide Seiten scheinen sich einig zu sein. Der Angeklagte macht keine Probleme und ist in allen ihm zum Vorwurf gemachten Punkten geständig. Noch vor der Mittagspause kann der Gerichtsvorsitzende Friedrich Geus das

---

122 Grünhagen steht eine ganze Palette an Alias-Namen zur Verfügung. Neben »Peter Rühl« nennt er sich mal »Steinecker«, »Jablonka«, »Peter Petersen«, »Buchholz«, »Zacher« oder »Manfred Fabian«. Durch die Vielzahl der Namen kann er zugleich kaschieren, in wie viele Unternehmungen er verwickelt ist.

123 Häusler, Der unendliche Kronzeuge, S. 30.

124 Anfangs stellt sich der Anklagevertreter Staatsanwalt Wolfgang Thiele quer. Er will sich offenbar von keinem Verfassungsschützer reinreden lassen. Erst als auch der Senator für Justiz in das Tauziehen um das Schmücker vom LfV zugesagte niedrige Strafmaß einbezogen wird, zeichnet sich eine Lösung ab. Vgl. Bortfeldt, Deckname »Kette«, S. 47–49.

Urteil verkünden. Schmücker wird für schuldig befunden, in zwei Fällen den Versuch unternommen zu haben, mit anderen zusammen eine Explosion herbeizuführen, der Vorbereitung eines Sprengstoffverbrechens sowie einer Begünstigung, allesamt »tateinheitlich mit der Mitgliedschaft und Unterstützung einer kriminellen Vereinigung«. Die 14. Große Strafkammer des Landgerichts Berlin verurteilt den 21-Jährigen deshalb zu einer Freiheitsstrafe von zweieinhalb Jahren. Zum milden Urteil heißt es in der Urteilsbegründung, fast so, als müsse sich das Gericht dafür besonders rechtfertigen:

> »Bei der Strafzumessung konnte das umfassende Geständnis des Angeklagten, das er ohne Rücksicht auf dadurch entstehende Gefahren für sein Leben abgelegt hatte, mildernd berücksichtigt werden. Das Geständnis des Angeklagten ist zudem Ausdruck seines auf Überzeugungen beruhenden Willens, künftig politische Veränderungen nicht mehr mit Mitteln der Gewalt erzwingen zu wollen. Die Spezialprävention erfordert hier daher keine schwere Strafe.«[125]

Ganz so, als habe er geahnt, was auf Schmücker zukommen könnte, fügt der Gerichtsvorsitzende Geus in seiner Begründung noch mündlich hinzu:

> »Diese Geständnisfreudigkeit läßt befürchten, daß er nun keine ruhige Minute mehr haben wird. In den Kreisen, in denen er verkehrte, schreckt man vor Bluttaten nicht zurück.«[126]

Schmückers Haftbefehl wird »aus gesundheitlichen Gründen mit sofortiger Wirkung« ausgesetzt. Als er das Gerichtsgebäude verlässt, befindet er sich bereits wieder auf freiem Fuß. Damit hat Grünhagen das ihm gegebene Versprechen erfüllt. Ein noch länger in Haft befindlicher Schmücker hätte dem LfV ohnehin wohl nicht mehr sonderlich nützen können. Nun soll er als Lockvogel gegen Inge Viett und Ralf Reinders eingesetzt werden, die sich in der Zwischenzeit als die beiden Zentralfiguren der *Bewegung 2. Juni* herauskristallisiert haben.

Die Bedenken wegen seiner gefährdeten Sicherheit sind jedoch beträchtlich. Staatsanwalt Thiele empfiehlt Schmückers Mutter, ihren Sohn am besten gleich mit nach Hause zu nehmen. Und zwei Tage spä-

---

125 Urteil in der Strafsache gegen den Studenten Ulrich Sepp Schmücker, 14. Große Strafkammer des Landgerichts Berlin, 7. Februar 1973, S. 23f., HIS-Archiv, Ur/10.

126 Zitiert nach: Bortfeldt, Deckname »Kette«, S. 50.

ter meldet sich ein Kriminalhauptmeister von der Staatsschutzabteilung bei ihm und fordert ihn auf, Berlin umgehend zu verlassen. Die Situation sei einfach zu gefährlich. Er müsse davon ausgehen, dass sich die von ihm belasteten Genossen an ihm rächen wollten. Schmücker lässt sich davon jedoch nicht beeindrucken. Er will auf jeden Fall in West-Berlin bleiben. Schließlich glaubt er ja daran, dass er sich in seiner Gruppe noch einmal rehabilitieren kann.

Derjenige, der sich danach als Erster bei ihm meldet, ist kein ehemaliger Genosse, sondern ein Bekannter. Michael Grünhagen alias »Peter Rühl« kontaktiert ihn telefonisch. Er will ihn wiedersehen, selbstverständlich inkognito, an der Tiergartenbrücke. Schmücker ist nicht gerade begeistert und setzt zwei seiner Freunde davon in Kenntnis. Die besorgen sich eine mit einem Teleobjektiv ausgerüstete Kamera und wollen das Treffen mit dem Verfassungsschützer aus einem Versteck heraus fotografieren. Der geplante Vorstoß geht jedoch nach hinten los. Nicht »Rühl« wird aufgenommen. Es sind die beiden Schmücker-Vertrauten, deren Konterfei auf Zelluloid gebannt ist. Der Beamte war seinem V-Mann gegenüber so misstrauisch, dass er erst einmal ein paar Kollegen darum gebeten hat, die Situation zu »checken«. Das Treffen platzt, dafür kommt aber ein anderes zustande. Und nicht nur das.

Am 15. März wird Schmücker unter dem Tarnnamen »Kette« vom Berliner Landesamt für Verfassungsschutz als V-Mann verpflichtet. Unter der Nummer 086-P-80 117 ist eine Woche später über den »Informanten Ulrich Schmücker« eine eigene Akte angelegt worden, handschriftlich unterzeichnet von Grünhagen, seinem V-Mann-Führer. Sie unterliegt einer besonderen Geheimhaltung und ist mit dem Stempel »VS-Vertraulich« versehen. Damit sind die Unterlagen für andere Behörden – wie etwa der Polizei – gesperrt.

Der Schmücker-Mord

Schmücker unterschätzt das Risiko, das er durch seine Rückkehr in die linksradikale Szene eingeht, offenbar gewaltig.[127] Nach seiner Freilassung setzt er alles daran, sich in den Kreisen seiner Ex-Genossen zu rehabilitieren. Unbedingt will er Inge Viett wiedertreffen, von der er gehört hat, dass ihr in der Zwischenzeit die Flucht aus der Frauenhaftanstalt Lehrter Straße gelungen ist. Er hängt der fixen Idee an, dass er ihr nur in Ruhe erzählen müsse, was sich in seiner Knastzeit alles abgespielt hat, um über sie auch das Vertrauen der anderen wieder zurückgewinnen zu können. Doch Viett ist untergetaucht, und es ist alles andere als einfach, an sie heranzukommen.

Im Juli 1973 lässt sich Schmücker aus den gleichen Motiven auf ein ganz besonderes Abenteuer ein. Ohne irgendeine Rückendeckung reist er vom Ostberliner Flughafen Schönefeld aus mit seinem Originalpass in den Nahen Osten. In Beirut oder Damaskus will er Kontakte zur PLO anknüpfen, um über sie mit der PFLP in Verbindung treten zu können. Im Grunde glaubt er, an jenem Punkt fortfahren zu können, wo die Aktivitäten seiner Gruppe im Mai des Vorjahres so jählings unterbrochen worden sind. In einem in der libanesischen Hauptstadt gelegenen Park trifft er mit einem Ägypter zusammen. Doch es ist wohl nichts anderes als eine Zufallsbekanntschaft. Nach zwei Tagen tauschen sie ihre Adressen aus. Am Ende des Monats kehrt er unverrichteter Dinge wieder zurück nach West-Berlin.

Inzwischen hat er Götz »Billy« Tilgner kennengelernt. Der wegen Fahnenflucht verurteilte junge Mann war ebenfalls in der *Schwarzen Hilfe*. Bei einem RAF-Prozess, dem beide im Moabiter Land-

---

127 Die Literatur über den Mordfall Schmücker und die wiederholten, letzten Endes aber vergeblichen Versuche, ihn juristisch zu klären, ist beträchtlich: Aust, Kennwort Hundert Blumen; ders., Der Lockvogel; Bortfeldt, Deckname »Kette«; Brückner/Sichtermann, Gewalt und Solidarität; Initiative für einen neuen Schmücker-Prozeß (Hg.), Ein Toter von Amts wegen?; Rote Hilfe Westberlin (Hg.), Einblicke in den Schmücker-Prozess; Häusler, Der unendliche Kronzeuge; Künast, Der Mordfall Schmücker und der Verfassungs»schutz«; Vereinigung Berliner Strafverteidiger e.V. (Hg.), Das Urteil.

gericht als Zuschauer beiwohnten, sind sie miteinander ins Gespräch gekommen. Über ihn, dem er von Anfang an vertraut, kommt er in Kontakt mit der Wolfsburger Kommune um Ilse Bongartz. Die »Rote Ilse« ist bereits 37 Jahre alt und Mutter von vier Kindern. In der Bäckergasse schart sie eine Gruppe Jugendlicher um sich, die aus bürgerlichen Elternhäusern stammen, in der Regel aber das Gymnasium vor ihrem Abitur abgebrochen haben. Wegen eines zusammen mit anderen verübten Brandanschlags auf einen mit VW-Fahrzeugen beladenen Güterzug ist sie zu einer Freiheitsstrafe von drei Jahren verurteilt worden. Seitdem gilt sie als »politische Angeklagte«. Insbesondere auf junge Militante der linken Szene scheint sie eine besondere Faszination auszuüben, denn Tilgner wie auch Schmücker gehen bei ihren Wolfsburg-Besuchen mit ihr eine Beziehung ein.

Zum Bekanntenkreis der »Roten Ilse« gehören auch die beiden führenden Mitglieder der *Bewegung 2. Juni*, Inge Viett und Ralf Reinders, nach denen die Polizei fahndet. Bei einem gemeinsamen Treffen warnen sie Bongartz, die nach einer weiteren Heirat Jandt heißt, vor weiteren Kontakten zu Schmücker. Der habe im Gefängnis Genossen verpfiffen und arbeite möglicherweise für den Verfassungsschutz – wenn nicht als Agent, so doch zumindest als Lockvogel. Die Wolfsburger Kommune will nun wissen, was an dem Verdacht dran ist.

Dafür wird Tilgner eingeschaltet. Ihm gelingt es, über einen Anwalt Schmückers Aussageprotokolle in die Finger zu bekommen. Über das Ausmaß der Schilderungen ist er ebenso entsetzt wie die »Rote Ilse«. Schlagartig verlieren sie das Vertrauen zu ihrem Freund. Dennoch wollen sie ihm noch eine Chance zur Rechtfertigung geben und verabreden sich am Gründonnerstag, den 11. April 1974, mit ihm in der Kreuzberger Studentenkneipe »Tarantel«. Der Mann, der nur »Hartmut« genannt wird und hinter der Theke nicht nur das Bier zapft, ist – ohne dass es einer ahnen würde – V-Mann des Verfassungsschutzes. Er heißt mit vollständigem Namen Volker Weingraber Edler von Grodek und ist vom LfV mit dem Decknamen »Wien« ausgestattet worden. Er scheint dort alles unter Kontrolle zu haben. Das von zwei anderen Mitgliedern der Wolfsburger Kommune »observierte« Gespräch verläuft voller Spannungen. Schmücker verteidigt sich so gut er kann. Am Ende bittet er darum, nicht von seinen politischen Aktivitäten abgeschnitten zu werden. Wenn er weitermachen wolle, wird ihm entgegnet, dann müsse er sich bei der IRA bewähren und zuvor noch einen Fragebogen ausfüllen. Dem zur Rede Gestellten bleibt nichts anderes übrig, als einzuwilligen.

Alles Weitere spielt sich über die Ostertage ab. Zunächst entwerfen Tilgner und Jandt einen Fragenkatalog, mit dem sich ihr Delinquent rechtfertigen soll. Die Schreibmaschine wird freundlicherweise von »Hartmut« zur Verfügung gestellt. Auf vier Blatt Papier werden »Fragen der nationalen und internationalen revolutionären Bewegung zur Person des Ulrich Schmücker« getippt, sechs an der Zahl. Tilgner bringt sie ihm vorbei.[128] Schmücker fällt es offenbar nicht leicht, akzeptable Erläuterungen für sein Verhalten abzugeben. Mehrere Stunden brütet er über dem Papier und fügt handschriftlich seine Antworten ein. Bei der vierten Frage, die sich auf seine Gesprächspartner im Gefängnis bezieht, schreibt er:

> »Peter Rühl (wahrscheinlich Deckname), Agentenobmann des Westberliner Verfassungsschutzes, verantwortlich für die Abwehr revolutionärer Organisationen in Berlin + BRD, Tel 870591-4218, Hausanschluß 60.«[129]

Am Ende wird er demonstrativ gefragt, welche Möglichkeiten er für sich sehe, sich nachhaltig vor Konterrevolutionären und Verrätern zu schützen. Als Antwort gibt er ein Bekenntnis ab:

> »Ich fühle mich weder als Konterrevolutionär – da ich, wenn mein Verhalten der Konterrevolution diente, mich ihrer Verfügung entzogen habe – noch als Verräter, weil ich niemanden verraten habe, durch mein falsches Verhalten Verrat eindämmen wollte.«[130]

Er räumt ein, Fehler gemacht zu haben. Diese hätten ihn schwer belastet. Sie müssten aufgearbeitet werden, die Aufarbeitung sei aber »nur im revolutionären Kontext möglich«.

Tilgner nimmt den lückenlos ausgefüllten, nur schwer leserlichen Fragenkatalog an sich und bringt ihn in eine in der Cuvrystraße gelegene Wohnung, in der andere bereits auf die Antworten warten. Nun

---

128 Laut Aust spielt sich die Szene in Schmückers neuer Wohnung in der Lahnstraße ab. Bortfeldt verortet sie hingegen in der »Tarantel«, in der V-Mann »Wien« die Gäste bedient. Vgl. Aust, Der Lockvogel, S. 168; Bortfeldt, Deckname »Kette«, S. 87.

129 Zitiert nach: Aust, Der Lockvogel, S. 170f.

130 Ebenda, S. 172.

tritt das »Volksgericht« der *Bewegung 2. Juni* über Schmücker zusammen. Es ist gnadenlos und entscheidet sich für die drakonischste Strafe. Der »Verräter« soll umgebracht werden. Die einzige Frage, die dabei offenbleibt, ist die nach dem Wie. Ein Vorschlag lautet, ihn zu erdrosseln, ein anderer, ihn zu erstechen. Der bizarrste besteht darin, ihn vollständig in Gips einzubetten und seine Leiche so am zweiten Jahrestag der Festnahme auf dem Parkplatz in Bad Neuenahr in ein typgleiches Auto, einen Fiat 124, zu setzen. Doch auch diese Variante wird bald fallengelassen.[131]

Schmücker ahnt, in welcher Gefahr er schwebt. Am 31. Mai 1974 ist er so besorgt, dass er zum Telefonhörer greift und unter seinem zuvor vereinbarten Decknamen »Peter Mink« beim Verfassungsschutz anruft. Er verlangt »Herrn Rühl«.[132] Als sich dieser tatsächlich meldet, erklärt er ihm, dass er sich bedroht fühle. Als Grünhagen nachfragt, wer das sein könnte, antwortet er, dass es »Anarchotypen« sein könnten, ehemalige Leute der *Schwarzen Hilfe*, vielleicht aber auch welche von der RAF.[133] Am Ende wird ein Treffen vereinbart. Noch am Nachmittag desselben Tages kommt V-Mann »Kette« mit seinem V-Mann-Führer zusammen. Da Grünhagen befürchtet, dass Schmücker ihn in eine Falle locken könnte, die seinen Ex-Genossen eine Möglichkeit böte, ihn für immer aus dem Weg zu räumen, geht er äußerst vorsichtig vor. Am vereinbarten Ort wartet ein Taxi auf den V-Mann, das ihn zum eigentlichen Treffpunkt, einem in einem Einkaufszentrum gelegenen Lokal, bringt. Zur Absicherung werden sie von drei Observanten beschattet. Als Schmücker ihn zur Selbstverteidigung um eine Schusswaffe bittet, lehnt Grünhagen ab.

Schmückers Situation spitzt sich an den Feiertagen, es ist mittlerweile Pfingsten, weiter zu. In der Nacht vom Pfingstsonntag auf Pfingstmontag kommt Ilse Jandt zusammen mit ihrem neuesten Begleiter, dem aus Kölns linker Szene stammenden Jürgen Bodeux, nach

---

131 Ebenda, S. 173.

132 Da das LfV das Gespräch mitgeschnitten und die Abschrift nicht vernichtet hat, lässt es sich nachlesen. Auszüge daraus sind abgedruckt in: Bortfeldt, Deckname »Kette«, S. 124–126.

133 Der *Spiegel* glaubt zwei Jahre später die Namen derjenigen zu kennen, von denen sich Schmücker bedroht fühlt, und nennt Manfred Adomeit und Waltraud Siepert. Vgl. »Der Treff vor dem Tod«, *Der Spiegel*, 21. Juni 1976, 30. Jg., Nr. 26, S. 43.

West-Berlin. Der 20-jährige Bodeux ist alles andere als ein unbeschriebenes Blatt. Schon als Jugendlicher war er in der Drogenszene unterwegs, wurde vorübergehend Mitglied der *Sozialistischen Deutschen Arbeiterjugend* (SDAJ), einer sich proletarisch gebenden Jugendorganisation der DKP, dann ging er in den *Republikanischen Club*, gründete mit anderen zusammen im Stadtteil Porz die *Schwarze Hilfe*, um schließlich zur *Roten Hilfe* in Bonn überzuwechseln. Auch er scheint wie zuvor bereits Schmücker, Tilgner und andere der sexuellen Anziehung der Kommune-Chefin erlegen zu sein. Das war auch V-Mann »Wien« aufgefallen. Er hatte seinem V-Mann-Führer bereits zu einem früheren Zeitpunkt gemeldet, dass die Wolfsburger Kommune hauptsächlich durch Jandts sexuelle Ausstrahlung zusammengehalten werde. Am Abend darauf folgen noch zwei weitere Kommunarden aus der VW-Stadt.

Am Morgen des 4. Juni versucht Schmücker ein weiteres Mal, »Peter Rühl« zu erreichen. Es heißt, er solle es in zwei Stunden noch einmal probieren. Doch vergeblich. Er wird abgewimmelt und auf den 7. Juni vertröstet – ein Tag, an dem er bereits tot sein wird. In der Zwischenzeit ist aber auch V-Mann »Wien«, Volker Weingraber, nervös geworden. Er lässt Grünhagen mitteilen, dass er seinen gelben VW-Bus an Bongartz bzw. Jandt und »Harry«, d.i. Bodeux, ausgeliehen habe. Sie wollten ihn in der Mittagszeit am Bahnhof Zoo zurückgeben, brauchten ihn, was sehr wichtig sei, am Abend noch einmal. Der Verfassungsschutz macht sich nun Sorgen um »Wien« und lässt ihn von einem Observationskommando bewachen.

An seinem letzten Tag arbeitet Schmücker wie häufiger in den Monaten davor in einem Apartment-Hotel, das in der Clayallee liegt – direkt neben dem Gebäude des Berliner Landesamtes für Verfassungsschutz. Ob das so gewollt oder Zufall ist, kann nie geklärt werden. Zeugen melden der Polizei später, dass sie ihn noch am späteren Abend, es soll gegen 22.15 Uhr gewesen sein, in Begleitung zweier unbekannter Männer auf dem Grundstück des leer stehenden Hotels »Rheingold« gesehen hätten. Der Ort ist nur einen Kilometer von der Krummen Lanke entfernt, wo Schmücker um 0.20 Uhr von zwei US-amerikanischen Soldaten, die sich nach einer Nachtübung gerade auf dem Rückweg befinden, röchelnd aufgefunden wird. Im Jagen 144, wie die Adresse exakt lautet und wo ein Trimm-dich-Pfad mit dem Namen »Läuferweg« herführt, liegt er ausgestreckt auf dem Rücken.

Augen und Mund sind weit geöffnet, an seiner Stirn klafft eine Wunde. Die beiden GIs holen Hilfe. Nach zehn Minuten ist ein Streifenwagen mit zwei Polizisten da, nach zwanzig Minuten ein Rettungswagen der Feuerwehr. Doch zu spät. Sie können nur noch den Tod feststellen.

In seiner Gesäßtasche finden sie einen Personalausweis, der ihnen die Identität des jungen Mannes verrät. Von den anderen Dingen, die die Ermittler in seinen Taschen sowie am Tatort finden und sorgfältig registrieren, verschwindet etwas besonders Auffälliges. Es ist ein frankierter Briefumschlag, in dem ein handgeschriebener Brief steckt. Die beiden Soldaten können sich später genau daran erinnern, auch einer der beiden Polizisten, der erklärt, dass er ihn an seinen Vorgesetzten weitergegeben habe. Der Brief, der wichtige Mitteilungen enthalten haben könnte, bleibt für immer verschwunden. Nicht anders verhält es sich mit der Patronenhülse, die von der einzig abgegebenen, tödlichen Kugel zurückgeblieben sein müsste. Trotz wiederholter Anstrengungen der Bereitschaftspolizei, die das Erdreich rings um den Tatort abträgt und durch ein Sieb schüttet, kann das wichtige Indiz nicht aufgefunden werden. Es bleibt ebenfalls für immer verschwunden. Tatwaffe ist eine Parabellum, Kaliber 9 mm.

Um Mitternacht ist auch Grünhagen – ganz so, als würde er auf etwas warten – noch im Dienst. Um 23.50 Uhr erhält »Steinecker« – wie der V-Mann-Führer inzwischen heißt – in seinem Büro einen Anruf von seinem V-Mann »Wien«. Sie verabreden sich umgehend in dem am Kurfürstendamm gelegenen Lokal »Drugstore«. Als der Verfassungsschützer dort eintrifft, wird er bereits am Eingang von Weingraber alias »Wien« abgefangen. Er macht einen nervösen Eindruck, behauptet aber, es habe sich »nichts besonderes ereignet«. »Wölli« habe ihm, erklärt er Grünhagen, nicht wie verabredet ein Paket, sondern eine Plastiktüte gegeben. Gemeinsam steigen sie in Weingrabers VW-Bus und fahren los. Kurz darauf halten sie am Kurfürstendamm an. Dort zieht Weingraber eine Pistole aus der Plastiktüte und meint, dass er sie sich selbst noch nicht richtig angesehen habe. Es ist eine Parabellum 08. Wie sich später herausstellt, die mutmaßliche Tatwaffe.

»Wölli« ist der Rufname für Wolfgang W., eines der jüngsten Mitglieder der Wolfsburger Kommune. Ihm will Weingraber um 21.00 Uhr am Parkplatz neben dem Bahnhof Zoo den VW-Bus ausgeliehen haben. Zweieinhalb Stunden später – in der Zwischenzeit will er im Kino gewesen sein – sei sein Bus wieder am selben Ort abgestellt worden. Dort habe er sich die Parabellum aushändigen lassen. Als Weingraber den jungen Mann fragt, wie er es »gemacht« habe, soll dieser noch im VW-Bus sitzend geweint und dann geantwortet haben: »Mit einem Kombatschuß.«[134] Zunächst wundert er sich über den Gebrauch eines solchen Fachbegriffs durch den jungen Kommunarden. Dann aber fällt ihm ein, so stellt er es jedenfalls viele Jahre später dar, dass er in seinem eigenen Bücherregal über ein Werk verfügt, das den bezeichnenden Titel »Der erste Treffer zählt« trägt und eine Anleitung zum Kombatschießen enthält.[135] Da W. während seines Berlin-Besuches bei ihm gewohnt hat, müsse er es, schlussfolgert Weingraber, wohl entdeckt und sich den Begriff eingeprägt haben.

Fast genau 24 Stunden nach ihrem letzten Treffen kommen Grünhagen und Weingraber erneut zusammen. »Wien« übergibt ihm nun die Parabellum, die er bei sich zu Hause noch einmal genauer angesehen haben will. Am Abend darauf entbrennt zwischen den beiden ein heftiger Streit. Weingraber, der nun offenbar befürchtet, dass die Waffe gegen ihn verwendet werden könnte, will sie unbedingt zurückhaben. Er droht sogar damit, als V-Mann aussteigen zu wollen. Doch Grünhagen weiß mindestens ebenso gut um die Bedeutung der Parabellum und weigert sich beharrlich. Die mutmaßliche Tatwaffe liegt mittlerweile in einem Tresor des Berliner LfV und wird erst 15 Jahre später zum Vorschein kommen.

Die *Frankfurter Rundschau* hat am selben Tag, es ist der 6. Juni 1974, ein Bekennerschreiben erhalten. Es trägt die Überschrift »Kommuniqué über Verrat«, ist mit »Kommando Schwarzer Juni« unterzeichnet und wird am Tag darauf veröffentlicht. Darin heißt es:

> »In den frühen morgenstunden des heutigen tages wurde der konterrevolutionär und verräter ulrich schmücker von einem unserer kommandos hingerichtet. Schmücker war von einem tribunal der

---

134 Holm, »Der Sieg des Spitzels«, *Der Spiegel,* 6. Mai 2002, 56. Jg., Nr. 19, S. 52. Da Weingraber diese Aussage erst elf Jahre nach dem letzten der vier Schmücker-Prozesse macht, kann sie nicht mehr vor Gericht verwendet werden.

135 Hübner, Der erste Treffer zählt.

bewegung 2. Juni wegen seiner aussagen vor staatsschutzbehörden der BRD und westberlin zum tode verurteilt worden.«[136]

In einem dazugehörigen Nachwort heißt es in einer sich möglichst martialisch gebenden Diktion weiter, dass ein Verräter »in den Reihen der Revolution« nichts anderes zu suchen habe als »den sicheren Tod«. Das Bekennerschreiben ist von Ilse Jandt verfasst und von Götz Tilgner überarbeitet und korrigiert worden.

Die Ermordung des V-Manns »Kette« zieht rasch Kreise, in die mit Franz Natusch nicht nur der Leiter des Verfassungsschutzamtes, sondern auch Kurt Neubauer, der Innensenator, einbezogen werden. Der Fall Schmücker droht zum Politikum zu werden. Um das zu verhindern, wird einiges unternommen. Grünhagen läßt in der Folge nichts unversucht, um den Verdacht gezielt auf die Mitglieder der Wolfsburger Kommune zu lenken. Gleichzeitig sorgt er dafür, dass seine eigene Rolle, die seiner V-Männer und seines Amtes möglichst im Verborgenen bleiben. Mit Staatsanwalt Hans-Jürgen Przytarski, der später zum stellvertretenden Chef des LfV aufsteigt, und Staatsanwalt Wolfgang Müllenbrock hat er zudem zwei kooperationswillige Partner in der Justiz gefunden.

Die ganze Angelegenheit scheint dennoch so verfahren zu sein, dass das Kölner Bundesamt für Verfassungsschutz eingeschaltet werden muss. Am 30. Juli 1974 fliegt dessen Präsident Günther Nollau nach West-Berlin, um sich mit dem Chef des LfV, Eberhard Zachmann, darüber zu beraten. Dabei geht es nicht zuletzt um die prekäre Situation, dass sich die mutmaßliche Tatwaffe in einem Tresor des Landesamtes befindet. Was soll mit ihr geschehen? Das Risiko, dass die Nachricht an die Öffentlichkeit dringen könnte, ist angesichts der Sperrigkeit, mit der V-Mann »Wien« auftritt, jedenfalls nicht von der Hand zu weisen. Über das Gespräch heißt es später, dass Nollau »dringend vor einer Herausgabe der versteckten Waffe durch Quelle« gewarnt habe.[137] Auf jeden Fall, soll Nollau gedrängt haben, müsse ein Weg gefunden werden, um eine Enttarnung der Quelle zu vermeiden. Diese Linie müsse selbst dann noch verfolgt werden, wenn es bedeute, dass Schmückers Mörder deshalb nicht überführt werden könne. Ein namentlich nicht genannter Unterabteilungsleiter erhält daraufhin die

136 »Kommuniqué über Verrat«, *Frankfurter Rundschau,* 7. Juni 1974.
137 Vgl. Bortfeldt, Deckname »Kette«, S. 174f.

Anweisung, sicherzustellen, dass es »auf keinen Fall« zur Herausgabe komme.

Andererseits ist klar, dass in dem spektakulären Mordfall möglichst rasch Erfolge präsentiert werden müssen. Im Herbst wird eine ganze Reihe von Haftbefehlen erlassen. Im Oktober gegen mehrere Mitglieder der Wolfsburger Kommune, neben Ilse Jandt gegen Sönke L., Wolfgang S., Annette von W. und Wolfgang W. sowie gegen Götz Tilgner und Jürgen Bodeux. Im November folgt sogar – nicht ohne zuvor für diesen Schritt das Einverständnis des Verfassungsschutzes eingeholt zu haben – einer gegen den V-Mann »Wien«, also Volker Weingraber. Er ist jedoch nicht wegen Mordverdachts angeklagt. In seinem Haftbefehl geht es um zwei andere Anklagepunkte. Er wird verdächtigt, dem Täter wissentlich Beistand geleistet zu haben, um ihn der Bestrafung zu entziehen, und vor Gericht eine uneidliche Falschaussage gemacht zu haben. Weingraber hatte im August noch den Ahnungslosen gespielt und dem Amtsgericht Tiergarten versichert, dass er von der Ermordung Schmückers erst aus der Zeitung erfahren habe. Weingraber gilt jedoch im Gegensatz zu den anderen als unauffindbar. Am 20. Dezember macht Jürgen Bodeux seine entscheidende Aussage. Die sogenannte Weihnachtsaussage spielt in der Folge vor Gericht eine zentrale Rolle.

Einen tiefen Einblick in die verwirrend anmutenden Zusammenhänge wird nach wiederholtem Drängen führenden Verfassungsschützern bei einem ihrer regelmäßigen Treffen in West-Berlin geboten. Denn Ende Januar 1975 trägt Eberhard Zachmann, der Leiter des Berliner LfV, dem Präsidenten des Bundesamtes und den Leitern der anderen Landesämter den Ermittlungsstand im Mordfall Schmücker vor. Das Manuskript hat sein designierter Nachfolger Franz Natusch verfasst, eine von Grünhagen verfasste Vorlage ist zuvor abgelehnt worden. Zachmann bezeichnet die Ermordung des V-Mannes als den »ersten politischen Fememord in unserer Nachkriegsgeschichte«.

Unter den Überlegungen, die sie nach der Entdeckung von Schmückers Leichnam am frühen Morgen des 5. Juni angestellt hätten, führt er aus, habe die Befürchtung eine erhebliche Rolle gespielt, dass die Täter der Öffentlichkeit sogar ein Motiv des Verfassungsschutzes für Schmückers Ermordung hätten liefern können. Schließlich seien sie im Besitz von dessen Gedächtnisprotokoll gewesen. »Wer also hätte ein stärkeres Interesse am Tode SCHMÜCKERs haben können als der

Verfassungsschutz?«[138] Eine überaus erstaunliche Frage seitens des zuständigen Amtsleiters. Dann fährt er fort – als sei er nun in die Rolle eines unabhängigen Dritten geschlüpft – und meint, dass bei eingehenderen Überlegungen »allerdings sehr viel gegen diese Möglichkeit« sprechen würde. Oder aber haben Zachmann bzw. Natusch an dieser Stelle die Möglichkeit andeuten wollen, dass ihnen die Kontrolle über ihr Amt entglitten sein könnte? Auch das scheint nicht ganz undenkbar.

Der scheidende Leiter des LfV erwähnt auch, dass sich die vermutliche Tatwaffe im Besitz des Landesamtes befindet und räumt außerdem ein, dass sie Fingerabdrücke des VM (V-Mannes) und des VMF (V-Mann-Führers) tragen würde. Die Klarnamen werden nicht genannt. Es ist jedoch evident, dass es sich bei ihnen nur um Weingraber und Grünhagen handeln kann. Noch dramatischer wird es, als er einräumt, dass der betreffende VM für die entscheidende Zeit zwischen 20.50 Uhr und 23.50 Uhr kein Alibi habe. Die Frage, die sich deshalb stelle, laute, ob der VM etwas von der Mordabsicht gewusst habe oder an der Ausführung des Mordes sogar beteiligt gewesen sei. An dessen Behauptung, er sei während dieser Zeit allein im Kino gewesen, bleibe ein »nagender Zweifel«. Dieser Zweifel sei in der Biografie des VM begründet. Deshalb müsse er einige Worte dazu sagen:

> »Als wir den VM im November 1972 warben, war er als Zuhälter tätig. Er war zwar noch nicht straffällig geworden oder besser gesagt, man hatte ihm noch keine Straftat nachweisen können, er lebte aber in einem eindeutig kriminellen Milieu. Er war in seiner Umgebung als nicht zimperlich bekannt. Er wurde allgemein, selbst von den Terroristen, respektiert, die Wolfsburger fürchteten ihn bis zu einem gewissen Grade, fühlten sich jedoch in seiner Gegenwart andererseits sicher und geborgen. Er war für sie der Fachmann! Er stammte aus gutbürgerlichem Haus – Professorensohn. Er hatte in der Schule Schiffbruch erlitten und nie einen normalen Beruf ausgeübt. Politisch hatte er allerdings mit den Terroristen nichts im Sinn. Und so hatte er sich bei der Polizei gemeldet, als er von einer Terroristin auf Waffenbeschaffung angesprochen worden war. Er galt in kriminellen Kreisen als Waffenspezialist. Die Polizei hatte ihn seinerzeit uns übergeben, und wir haben ihn dann in zäher und ge-

---

138 Geheime Rede des scheidenden Verfassungsschutz-Chefs Zachmann, in: Bortfeldt, Deckname »Kette«, S. 250–270, hier S. 260.

duldiger Arbeit aufgebaut und in die terroristische Szene hineingespielt. Ihm selbst machte diese Arbeit Spaß. Wahrscheinlich war es Abenteuerlust. Zuweilen waren allerdings auch versteckte Anzeichen dafür erkennbar, daß er hier eine Gelegenheit sah, sich vor sich selbst zu rehabilitieren.«[139]

Das hörte sich fast schon nach dem Psychogramm eines V-Mannes an, der nicht nur wegen eines als soziale Deklassierung erfahrenen Lebens auf der Kippe stand, sondern auch im Hinblick auf seine Doppelexistenz. Das LfV räumt damit ein, dass einer der im eigenen Auftrag agierenden Männer, der aus adligem Hause stammende Volker Weingraber Edler von Grodek, selbst zu den Tatverdächtigen gehört.

Am Ende löst sich Zachmann von den zahlreichen Details und Figuren und kommt noch auf die großen, übergreifenden Zusammenhänge zu sprechen. Der Mordfall Schmücker, führt er aus, sei »ein hervorragendes Beispiel erfolgreicher Zusammenarbeit von Verfassungsschutz, Polizei und Staatsanwaltschaft unter einer mutigen und verantwortungsbewussten, nicht auf politische Effekthascherei bedachten politischen Führung«. Ohne dieses »gegenseitige Verständnis des einen für die Möglichkeiten, aber auch die Notwendigkeiten des anderen« hätte der Fall »niemals so erfolgreich gelöst« werden können. Dieser positive Tenor jedoch wird sich noch als reichlich unangemessen herausstellen.

Im Frühjahr erfolgt ein Paukenschlag, der für ein starkes Echo sorgt und die Öffentlichkeit eine Zeit lang beschäftigt. Denn am 14. April 1975 tritt Götz Tilgner im Fernsehen auf. Gegen ihn war am 1. Oktober 1974 wegen des Verdachts der Beteiligung an der Ermordung Schmückers Haftbefehl erlassen worden. In seinen Vernehmungen hatte er umfangreiche Aussagen gemacht, war aber im Dezember trotz der zunächst als Haftgrund angeführten Flucht- und Verdunkelungsgefahr wieder freigelassen worden.[140] Dem Politmagazin *Panorama* schildert er nun seine Sicht der Dinge. Er sei Schmückers Freund gewesen, aber noch rechtzeitig ausgestiegen. Im Anschluss daran wird auch ihm gedroht. Bei seiner Anwältin taucht auch ein alter Bekannter

139 Ebenda, S. 261.

140 Was Tilgner seinen Vernehmungsbeamten im Einzelnen erzählt hat, lässt sich nicht mehr rekonstruieren. Die entsprechenden Haftbände sollen schon im August 1976 vernichtet worden sein. Vgl. Aust, Der Lockvogel, S. 321.

auf. Der Kneipier aus der »Tarantel«, V-Mann »Wien«. Er spioniert die Rechtsanwältin, die den Mann nicht kennt, aus. Am 6. Mai macht Weingraber seinem Amt eine entsprechende Meldung. Am 2. Juni ruft Tilgner beim LfV an und wünscht dringend »Herrn Petersen« zu sprechen. Er soll von der Illustrierten *Neue Revue* interviewt werden und möchte wissen, wie er darauf zu reagieren habe. Doch Grünhagen alias Petersen ist nicht zu erreichen. Ein anderer Beamter springt zwei Tage später für ihn ein. Es ist ein Referatsleiter, der im Gespräch mit Tilgner als »Herr Kirsch« auftritt. In dessen anschließendem Bericht heißt es,[141] dass sich Tilgner gefährdet fühle. Im Anschluss an die Fernsehsendung habe er zwei Drohbriefe erhalten, die von ihm an die Abteilung Staatsschutz der Polizei weitergeleitet worden seien. Tilgner mache einen physisch stark mitgenommenen Eindruck. Er habe um zusätzlichen Schutz gebeten. Da er jedoch, stellt Jachmann fest, keinen Zugang mehr zu terroristischen Kreisen habe, müsse seinen Angaben ein »originärer Wert abgesprochen« werden. Sechs Wochen danach lebt der vergeblich um Schutz Suchende nicht mehr. Der zunächst als Hauptzeuge vorgesehene Götz »Billy« Tilgner wird am 19. Juli 1975 überraschend tot aufgefunden. Die Obduktion ergibt – wie es bald darauf heißt – »keine Anhaltspunkte für ein Fremdverschulden«. Angeblich ist er an einem akuten Zusammenbruch seines Stoffwechsels infolge fortgesetzten Nikotin-, Alkohol- und Medikamentenmissbrauchs gestorben.

An seine Stelle tritt Jürgen Bodeux. Er wird zielstrebig zum neuen Kronzeugen aufgebaut. Dieser Schachzug wird sich jedoch als Achillesferse erweisen. Denn mit »Harry« hat es seine besondere Bewandtnis. Auch er hat eine dubiose Vergangenheit aufzuweisen, die, wie sich noch herausstellen wird, wiederum in einen Sumpf führt – erneut in den des Verfassungsschutzes. Denn der aus der linken Szene in Köln stammende Bodeux hat eine Vorgeschichte, die er in den Jahren darauf nicht mehr loswird.[142] Von den mutmaßlich kriminellen Hintergründen des Zeugen Bodeux ist dem Gericht im ersten Schmücker-Prozess

141 Auszüge aus dem Gespräch mit Götz Tilgner sind zu lesen in: Bortfeldt, Deckname »Kette«, S. 205.

142 Um die Demontage des unglaubwürdigen Kronzeugen Jürgen Bodeux verdient gemacht hat sich mit Bernd Häusler einer der Verteidiger aus dem Schmücker-Prozess. Im Folgenden halte ich mich an seine Darstellung. Vgl. Häusler, Der unendliche Kronzeuge.

jedoch noch nichts bekannt. Erst im zweiten Verfahren erhält es davon Kunde. Zunächst reicht seine Aussage der Staatsanwaltschaft aus, um auf dieser Grundlage Anklage gegen die Mitglieder der Wolfsburger Kommune zu erheben. Das Verfahren soll 15 Verhandlungstage dauern. Es werden mehr als doppelt so viele. Und es wird keineswegs bei dem einen Verfahren bleiben. Zuerst ist ein zweites nötig, dann ein drittes und schließlich ein viertes.

Die Schmücker-Prozesse

Der erste Prozess gegen die mutmaßlichen Mörder von Ulrich Schmücker beginnt am 6. Februar 1976 vor der 7. Großen Strafkammer des Berliner Landgerichts. Auf der Anklagebank sitzen die sechs Mitglieder der Wolfsburger Kommune. Das Gericht beschuldigt sie, den Mord an Schmücker gemeinschaftlich verübt zu haben. Jürgen Bodeux behauptet, die Tatwaffe besorgt und zusammen mit der Hauptangeklagten, die inzwischen Ilse Schwipper heißt, den Tatort an der Krummen Lanke ausgesucht zu haben. Nach 37 Verhandlungstagen werden die sechs Ex-Kommunarden am 22. Juni für schuldig befunden. Sönke L. und Annette von W. werden zu je vier, Jürgen Bodeux und Wolfgang S. zu je fünf, Wolfgang W. wird zu acht Jahren Jugendstrafe und die Hauptangeklagte Ilse Schwipper zu einer lebenslangen Freiheitsstrafe verurteilt. Bis auf Bodeux legen alle Revision ein. Der Bundesgerichtshof hebt das Urteil im Juli 1977 auf.

Bereits der zweite, am 10. April 1978 eröffnete Prozess dauert mit 109 Verhandlungstagen wesentlich länger. Das Urteil wird am 27. Juli 1979 gefällt und ist beinahe identisch mit dem aus dem ersten Verfahren. Doch auch dieses Urteil hat keinen Bestand und wird aufgehoben. Am 14. Oktober 1980 verweist es der Bundesgerichtshof an eine andere Jugendstrafkammer. Die Begründung lautet, dass das Fragerecht der Verteidigung vom Gericht in unzulässiger Weise beschnitten worden sei. Die Ursache dieser Einschränkung lag wieder einmal in einem Sachverhalt, der mit dem Verfassungsschutz zusammenhängt. Es konnte nicht geklärt werden, ob dem Kronzeugen Jürgen Bodeux – wie ihm von Grünhagen angeboten – das Studium finanziert worden war. Bodeux, der zunächst wahrheitswidrig erklärt hatte, er sei »Fernstudent«, studierte in Wirklichkeit an der Ruhr-Universität Bochum Medizin. Als sehr viel brisanter erwies sich jedoch, dass Hinweise auf Verwicklungen in einen Raubmord auftauchten.

Mit hoher Wahrscheinlichkeit war Bodeux am 17. Dezember 1973 in Köln-Porz an einem bewaffneten Überfall auf zwei Geldboten beteiligt, von denen einer so schwer verletzt wird, dass er drei Tage später stirbt. Auffällig ist, dass es im selben Jahr, am 26. Januar, schon einmal einen Überfall auf dieselbe Firma gegeben hat, der überaus zahlreiche Parallelen aufwies. Im Unterschied zum zweiten Fall konnte im Fluchtfahrzeug des ersten aber brauchbare Fingerabdrücke sichergestellt werden. Von den für den Raubmord infrage kommenden zehn Tatverdächtigen schieden als Spurenleger bis auf Bodeux und seine damalige Freundin alle weiteren aus. Die Identität des Schützen ließ sich jedoch nicht klären, weil sich im Prozess herausstellte, dass die Ermittlungsakten des ersten Falles inklusive der Fingerabdrücke vernichtet worden waren.[143] Die Kölner Staatsanwaltschaft erklärte dazu, dass es sich dabei um ein bedauerliches Versehen gehandelt haben müsse. Als das Gericht in dem Zusammenhang auch einen Kölner Kriminalkommissar vorlud, erklärte dieser, dass ihm ein Verfassungsschützer namens Koppermann berichtet habe, dass Bodeux der Porzer Kontaktmann des Bundesamtes für Verfassungsschutz gewesen sei.

Dieser Verdacht ist durch einen von Stefan Aust verfassten und am 19. Juni 1979 ausgestrahlten Beitrag für das Politmagazin *Panorama* maßgeblich verstärkt worden. Er trägt den Titel: »Merkwürdige Verbindungen zwischen Zeugen und Verfassungsschutz«. Darin wird behauptet, dass der Redaktion beim NDR zuverlässige Informationen vorlägen, wonach sechs Mitarbeiter des Verfassungsschutzes in der Tatnacht vom 4. auf den 5. Juni ganz in der Nähe des Tatortes an der Krummen Lanke eine Observation durchgeführt hätten. Die Nummer des Observationseinsatzes laute 437/4; danach folgen die Namen der einzelnen Beamten. Außerdem wird ein Vermerk des Bundeskriminalamtes gezeigt, in dem es heißt:

> »BfV Abt. III führt Personenüberprüfung durch. Führung der V-Person 4537 bei BfV. Jürgen Bodeux bei hiesiger Dienststelle unter V34/72 registriert. Einsatz/Obs-Gruppe/V-Mann-Führung koordiniert mit BfV. Telf. Vereinbarung v. Sh getroffen, Führung über Köln. III/A 47086-S-161 276 2/73. Reisekostenrechnung über Köln.«[144]

---

143 Ein Verteidiger stellt eine Vermutung darüber an, wie sich Bodeux' Rolle als Kronzeuge im Zusammenhang mit dem Raubmord erklären lassen könnte: »Die Frage ist entscheidend: wenn Bodeux als Verdächtiger in der Porzer Sache gegolten hat, dann können seine Aussagen in Sachen Schmücker der Preis dafür gewesen sein, daß man ihm eine Verurteilung in der Porzer Sache ersparte.« Elfferding, »Zum Schmücker-Prozeß«, S. 17.

144 Zitiert nach: Häusler, Der unendliche Kronzeuge, S. 126.

Aust fragt sich nun, ob der Verfassungsschutz sogar die Reisekosten übernommen haben könnte, die Jürgen Bodeux durch seine Fahrt zum Tatort entstanden waren. Er spricht den Verdacht aus, dass es sich bei Bodeux um einen V-Mann handle, der vom Kölner Bundesamt für Verfassungsschutz geführt wurde:

> »Denn wenn die *Panorama*-Informationen stimmen, dann müßte man vermuten, daß ein Mitarbeiter des Verfassungsschutzes an einem Mord beteiligt war. Dann könnte das bedeuten, daß die Vorbereitungen zu dem Mord an Ulrich Schmücker bis ins Detail vorher bekannt waren, daß man sogar ein Observationskommando in die Nähe des Tatortes schickte, – ein Observationskommando, das den Mord an Ulrich Schmücker nicht verhinderte.«[145]

Noch vor Ausstrahlung der Sendung ist das Bundesinnenministerium über den Inhalt informiert worden. Seine Reaktion lautet kurz und bündig, dass es bei den bisher vom BfV und vom BKA zur Sache abgegebenen Erklärungen bleibe – Jürgen Bodeux sei zu keiner Zeit geheimer Mitarbeiter eines der beiden Ämter gewesen. Der Verdacht, dass er als V-Mann tätig gewesen und in der Folge gedeckt worden ist, bleibt dessen ungeachtet jedoch weiterhin bestehen.

Der am 7. Mai 1981 eröffnete dritte Prozess findet vor der 13. Jugendstrafkammer des Berliner Landgerichts statt. Er zieht sich immer mehr in die Länge und benötigt 391 Verhandlungstage, bis nach mehr als fünf Jahren schließlich am 3. Juli 1986 das Urteil gefällt werden kann. Hauptgrund der Verzögerungen sind die Verstrickungen des Verfassungsschutzes in den Mordfall und die mangelnde Glaubwürdigkeit des Hauptzeugen Bodeux. Immer stärker sind Verdachtsmomente hervorgetreten, dass Bodeux selbst für den Verfassungsschutz gearbeitet und mit ihm das Verfahren manipuliert worden sein könnte. Als am 5. Oktober 1982 tatsächlich Regierungsamtsrat Koppermann den Gerichtssaal betrat, um Auskunft über die geheimdienstlichen Verbindungen des Kronzeugen zu geben, fiel den Anwesenden als Erstes auf, dass der Beamte offenbar verkleidet war. Er trug eine Perücke und eine überdimensionierte Hornbrille, aus der er »wie ein Frosch durch bewegtes Wasser« in die Runde blickte. Als ihn der Gerichtsvorsitzende konkret nach Bodeux' Rolle für das BfV fragte, stockte er

---

145 Ebenda.

und erklärte vielsagend, dass er zu der Frage in der Form, in der sie gestellt worden sei, nichts sagen könne, da er nicht wisse, ob Bodeux Kontaktmann gewesen sei oder nicht.[146] Er selbst habe jedenfalls keinen unmittelbaren Kontakt zu Herrn Bodeux gehabt. Damit dürfte er einerseits zwar nicht die Unwahrheit gesagt, andererseits aber im Gericht den Eindruck verstärkt haben, dass es doch wohl so gewesen sei, es nur keine entsprechende Aussagegenehmigung gegeben hat, um das zu bestätigen. Noch einmal werden die ehemaligen Mitglieder der Wolfsburger Kommune um Ilse Schwipper wegen gemeinschaftlichen Mordes verurteilt. Doch auch diesmal wird Revision eingelegt. Im März 1989 hebt der Bundesgerichtshof das Urteil erneut auf.

Danach geht es Schlag auf Schlag. Ein ums andere Mal gelangen Informationen ans Tageslicht, die geeignet sind, das ohnehin ramponierte Ansehen des Berliner Landesamtes endgültig zu ruinieren. Drei Monate nach der Beendigung des dritten Schmücker-Prozesses erscheint im *Spiegel* unter der Überschrift »Spitzel aus der Tarantel« ein aufsehenerregender Artikel, in dem behauptet wird, dass der Geschäftsführer des Szenelokals, in dem sich die Terroristen einen Teil ihrer Waffen beschafft hätten, ein Mann namens Volker Weingraber Edler von Grodek, über Jahre hinweg Informant des Verfassungsschutzes gewesen sei.[147] Und sein V-Mann-Führer sei Michael Grünhagen – die »Schlüsselfigur im Mordfall Schmücker«. Insgesamt sind es drei konkrete Vorwürfe, die gegen das Berliner Landesamt erhoben werden: Es habe unmittelbar nach der Ermordung seines Informanten das wichtigste Beweisstück, »die eben abgekühlte Tatwaffe«, von einem Zuträger übernommen, beiseitegeschafft und den Gerichten unterschlagen; eine eingeleitete Observation abgebrochen, durch die der Mord vielleicht hätte verhindert werden können; und seine Kenntnisse vom Schützen und seiner Gehilfen verschwiegen und die Ermittlungen aus dem Hintergrund gesteuert. Am Ende des Jahres 1974 hätten sogar Insider den Eindruck gehabt, dass der Mordfall Schmücker geklärt gewesen sei. Nun aber sei durch die Vertuschungen des Verfassungsschutzes daraus eine »politische Affäre« geworden. Für die zum Teil »strafwürdigen Machenschaften« seien die jeweiligen Berliner In-

146 Ebenda, S. 100.

147 »Spitzel aus der Tarantel«, *Der Spiegel*, 29. September 1986, 40. Jg., Nr. 40, S. 63–73.

nensenatoren, insgesamt fünf an der Zahl, verantwortlich: die Sozialdemokraten Kurt Neubauer, Peter Ulrich und Frank Dahrendorf sowie die Christdemokraten Heinrich Lummer und Wilhelm Kewenig.[148]

Insbesondere die Nachricht, dass die Waffe, eine Parabellum, mit der man Schmücker erschossen hatte, von Weingraber an Grünhagen übergeben wurde und anschließend in der Clayallee in einem Tresor gelandet war, lässt das Berliner Landesamt nervös werden. Und gegen Grünhagen hat das Magazin gar den Verdacht geäußert, dass er meineidig geworden sein könnte. Denn am 28. Oktober 1982 hatte er als Zeuge unter Eid zu Protokoll gegeben: »Ich habe ... keine Gegenstände oder Beweismittel irgendwelcher Art, die die Sonderkommission im Rahmen ihrer Ermittlungen im Todesfall Schmücker sichergestellt hat, an mich genommen.«[149] Es heißt, dass beim LfV nun eine Krisensitzung die andere gejagt habe. Die brisante Meldung über den Verwahrort der Tatwaffe, so glaubt man sicher zu sein, könne nur aus dem Amt selbst stammen. Die undichte Stelle kann jedoch nie ermittelt werden.

Und 1987 ist es ein Vertreter der Justiz, der ins Zwielicht gerät. Bekannt wird, dass Staatsanwalt Hans-Jürgen Przytarski, der inzwischen zum stellvertretenden Leiter des Berliner Landesamtes für Verfassungsschutz aufgestiegen ist, mit dem sowjetischen Geheimdienst KGB zusammengearbeitet hat. Wegen dieser und anderer Verstrickungen bleibt Przytarski nichts anderes übrig, als seinen Hut zu nehmen.

Und im Jahr darauf wird ruchbar, dass der Verfassungsschutz mit Rechtsanwalt Philipp Heinisch den Verteidiger Ilse Schwippers durch einen Mann namens »Christian Hain« drei Monate lang hatte ausspio-

---

148 Der *Spiegel*-Artikel sorgt für eine wochenlange Debatte im Berliner Abgeordnetenhaus. Während die *Alternative Liste* zur Klärung der Hintergründe, die zum gewaltsamen Tod des Studenten Ulrich Schmücker führten, die Einsetzung eines Untersuchungsausschusses fordert, lehnt es der für den Verfassungsschutz zuständige Innensenator Wilhelm Kewenig (CDU) ab, sich zu den erhobenen Vorwürfen überhaupt zu äußern. Vor dem nicht öffentlich tagenden Innenausschuss des Abgeordnetenhauses erklärt er, dass schon eine Gegendarstellung Dinge enthalten müsse, die er auf keinen Fall sagen wolle. Als auch die Staatsanwalt von ihm Auskünfte verlangt, lehnt er das mit dem Argument ab, das »andernfalls dem Wohl des Landes Berlin Nachteile entstehen« würden.

149 »Spitzel aus der Tarantel«, *Der Spiegel,* 29. September 1986, 40. Jg., Nr. 40, S. 63–73.

nieren lassen. Niemand anders als Grünhagen war es, der ihn im Sommer 1974 angeworben, in Heinischs Anwaltskanzlei als Praktikant eingeschleust und die auf diesem illegalen Weg gewonnenen Informationen an die Staatsanwälte Przytarski und Müllenbrock weitergereicht hatte. In einem zum Skandal um das sogenannte »Celler Loch« eingerichteten Untersuchungsausschuss des niedersächsischen Landtags wird überdies vermutet, dass »Christian Hain« in den vom Verfassungsschutz im Juli 1978 organisierten Sprengstoffanschlag auf die Justizvollzugsanstalt Celle verwickelt gewesen ist.[150]

Der vierte und letzte Schmücker-Prozess beginnt am 4. April 1990 und endet nach 54 Verhandlungstagen am 28. Januar 1991. Ergebnis: Das Verfahren wird ohne eine Aufklärung des Mordfalles Schmücker endgültig eingestellt. Was die Vorsitzende Richterin der 18. Strafkammer des Landgerichts Berlin, Dr. Ingeborg Tepperwien, zu erklären hat, ist nichts anderes als eine schallende Ohrfeige für die Justiz:

> »Das Verfahren ist ohne Entscheidung in der Sache einzustellen. Die Angeklagten sind in ihrem Recht auf ein faires rechtsstaatliches Verfahren so schwerwiegend verletzt worden, daß das unmittelbar im Grundgesetz verankerte Rechtsstaatsprinzip einer Fortsetzung des Strafverfahrens entgegensteht.«[151]

Im Mordfall des Terroristen, der vom Verfassungsschutz verpflichtet worden war, liege ein »Extremfall rechtsstaatswidrigen Verhaltens staatlicher Behörden« vor. Als Begründung für diese Feststellung führt die mutige Richterin an:

> »Nach den in der erneuten Hauptverhandlung gewonnenen Erkenntnissen hat das Landesamt für Verfassungsschutz Berlin unter Verlassen des ihm gesetzlich zugewiesenen Aufgabenbereichs so eng mit den Ermittlungsbehörden zusammengearbeitet und diese in ihren Entschließungen beeinflußt, daß von einer weitreichenden

---

150 Am 25. Juli 1978 war im Rahmen der sogenannten »Aktion Feuerzauber« von zwei vom Verfassungsschutz angeworbenen Kriminellen ein Loch in die Außenmauer der niedersächsischen Justizvollzugsanstalt Celle gesprengt worden. Das niedersächsische LfV hatte damit beabsichtigt, den Anschein zu erwecken, den als RAF-Terroristen verdächtigten Sigurd Debus zu befreien, in Wirklichkeit aber sollte so ein Informant in die RAF eingeschleust werden. Da die Bombe jedoch nur einen geringfügigen Sachschaden anrichtete, verfehlte die Tarnaktion ihr Ziel. Vgl. Ellersiek/Becker, Das Celler Loch.

151 Zitiert nach: Aust, Der Lockvogel, S. 373.

Steuerung des Strafverfahrens durch eine hierzu nicht berufene Behörde auszugehen ist. Dadurch erscheinen eine Reihe von Beeinträchtigungen der Angeklagten, die dem Bundesgerichtshof bereits bekannt waren, in neuem Licht, weitere sind erst jetzt zutage getreten. Zumindest aus ihrer Gesamtheit ergibt sich, daß fundamentale Garantien des Rechtsstaats nicht gewährt wurden, so daß trotz der Schwere des Tatvorwurfs ein Festhalten an dem Erfordernis einer Sachentscheidung nicht gerechtfertigt erscheint.«[152]

Die Gerichtsvorsitzende beklagt also die Nichtbeachtung eines Grundprinzips des Rechtsstaats, die Verletzung der Gewaltenteilung. Insbesondere aber macht sie dem Berliner Landesamt für Verfassungsschutz zum Vorwurf, dass er am Tod Ulrich Schmückers mitschuldig gewesen sei. Durch seine Verpflichtung habe man das Ziel verfolgt, an Informationen aus der *Bewegung 2. Juni* zu gelangen. Um ihn als »Lockvogel« benutzen zu können, habe man alle Gefahren ignoriert und bewusst mit seinem Leben gespielt. Da Grünhagen seinen V-Mann nicht zu schützen bereit gewesen sei, trage er eine Mitschuld an dessen Ermordung. Das Gericht bestätigt überdies, dass die Pistole, mit der Schmücker an der Krummen Lanke erschossen wurde, »in einem Panzerschrank des LfV« aufbewahrt worden war. Und die Einschleusung von »Christian Hain« als Spitzel in die Kanzlei von Rechtsanwalt Heinisch bewertet die Richterin als eine »verbotene Täuschung«. Am Ende kommt sie zu dem Ergebnis, dass in den vorhergegangenen Verfahren »eine Reihe schwerwiegender Verstöße gegen das Gebot eines fairen Verfahrens« vorgekommen seien.

Der Bundesgerichtshof überprüft auch dieses Urteil und gelangt zu dem Schluss, dass die Einstellung des Verfahrens rechtmäßig gewesen ist. Die zuvor Verurteilten erhalten für ihre teilweise jahrelangen Haftzeiten Entschädigungen.

In nicht weniger als vier Strafverfahren ist also über 15 Jahre hinweg (1976 bis 1991) vergeblich der Versuch unternommen worden, den Mord an Ulrich Schmücker aufzuklären. Nach 591 Verhandlungstagen musste schließlich der längste Strafprozess in der Geschichte der Bun-

---

152 Ebenda. Aust kommentiert das Urteil mit den Worten, dass es »zu einer Abrechnung mit dem Verfassungsschutz und seinen Methoden« sowie der Staatsanwaltschaft geworden sei, die sich »zum Handlanger eines Geheimdienstes« habe machen lassen. Aust, Der Lockvogel, S. 366.

desrepublik Deutschland eingestellt werden. Ein Ergebnis in der Sache – der Aufklärung des Schmücker-Mordes – konnte nicht vorgewiesen werden. Wer den 22-jährigen Studenten erschossen hat, bleibt weiter ungeklärt.

Im letzten Verfahren hat es den Anschein, als habe sich das Erkenntnisproblem gedreht. Im Vordergrund steht weniger die Frage, wer den tödlichen Schuss abgegeben hat, sondern eher die, welche Rolle Agenten des Verfassungsschutzes dabei gespielt haben. Zu Recht gilt der Schmücker-Prozess deshalb bis heute als ein Skandal – der Justiz, des Verfassungsschutzes und mit dem Berliner Senat der politischen Führung, die das Verhalten des LfV – wenn nicht angeordnet – so doch zumindest gedeckt hat.

Zur Schmücker-Affäre schreibt der Journalist Wolfram Bortfeldt:

> »Das Berliner Landesamt für Verfassungsschutz hat in diesem Mordfall von Anfang an Regie geführt, hat ohne rechtsstaatliche Bedenken Polizei, Gerichte und Verteidiger an der Nase herumgeführt. Einziges Ziel: Die Wahrheit darf nie ans Tageslicht kommen, weil der Geheimdienst zu sehr in diesen Mordfall verstrickt ist. Um das zu verhindern, ließen die sogenannten Verfassungsschützer kaum einen schmutzigen Trick aus und manipulierten nach Herzenslust […] Beweismittel verschwanden, andere tauchten auf wundersame Weise auf. Briefe wurden gefälscht, Unfälle inszeniert, Zeugen präpariert, Anwälte bespitzelt. Der Verfassungsschutz agierte quasi im rechtsfreien Raum, weil ihn niemand kontrollierte.«[153]

Könnte es im Fall Verena Becker ähnlich gewesen sein? Es spricht vieles dafür, dass die Affäre um den Mordfall Schmücker eine Art Blaupause für die Affäre Becker gewesen ist. So wie in dem einen Fall, so scheint es auch im anderen nahezu aussichtslos zu sein, Licht in die dubiose Angelegenheit zu bringen.

---

153 Bortfeldt, Deckname »Kette«, S. 7.

Das plötzliche Verschwinden des Verfassungsschützers Grünhagen

Erst im Zusammenhang mit dem Prozess, in dem mehrere Mitglieder der *Bewegung 2. Juni* wegen der Ermordung des Berliner Kammergerichtspräsidenten Günter von Drenkmann und der Entführung des Berliner CDU-Vorsitzenden Peter Lorenz vor Gericht stehen, ist Michael Grünhagens zentrale Rolle seinerzeit ruchbar geworden. Da die Illustrierte *Stern* im April 1980 ein Porträt von ihm veröffentlicht, wird er im Prozess durch den Mitangeklagten Andreas Vogel identifiziert. Dieser war ihm schon einmal Jahre zuvor im Hamburger Polizeipräsidium begegnet. Damit ist der Damm gebrochen. Die Verteidigung stellt den Antrag, den Verfassungsschützer im Zusammenhang mit der Rolle des dubiosen Kronzeugen Reiner Hochstein als Zeugen zu laden und zu vernehmen.[154] Zugleich macht sie auch seine Privatadresse im Stadtteil Britz und andere Informationen wie seine Funktion als Elternvertreter an einer Gesamtschule öffentlich bekannt. Offensichtlich soll die von Amts wegen betriebene Geheimnistuerei um den V-Mann-Führer durchbrochen werden.

---

154 Zur Rolle des Kronzeugen Reiner Hochstein, der Ralf Reinders und Andreas Vogel, zwei Mitglieder der *Bewegung 2. Juni,* beschuldigt hatte, im November 1974 den Kammergerichtspräsidenten von Drenkmann erschossen zu haben, schreibt der *Spiegel*: »Verteidigung wie Gericht kamen Bedenken an Hochsteins Glaubwürdigkeit. Sie verdichteten sich, als bekannt wurde, daß Hochstein – entgegen seiner Aussage in der Verhandlung – lange vor seiner Vernehmung durch die Staatsanwaltschaft beim Verfassungsschutz geplaudert hatte. Die dringende Bitte des Vorsitzenden Friedrich Geus, den darüber gefertigten 87 Seiten langen Verfassungsschutzvermerk komplett herauszugeben, beschied der Innensenator abschlägig. Die dem Konfidenten vom Geheimdienst zugesicherte Vertraulichkeit stehe dagegen. Nur acht von Hochstein freigegebene Seiten durften ins Verfahren eingeführt werden. Der Senator verweigerte auch sein Einverständnis zur Vernehmung des Verfassungsschutzbeamten Michael Grünhagen, der Hochsteins Berichte seinerzeit protokolliert hatte. Begründung: Die Enttarnung des in der Terrorismusszene tätigen Beamten dürfe nicht riskiert werden. Der Strafsenat sah sich nach allem nicht in der Lage, Hochsteins Aussage im Prozeß zu verwerten.« »Verfassungsschutz contra Justiz«, *Der Spiegel,* 20. Oktober 1980, 34. Jg., Nr. 43, S. 53.

Doch nicht Grünhagen erscheint in der Hauptverhandlung, sondern sein Chef Franz Natusch, der Leiter des Berliner Landesamtes für Verfassungsschutz. Innensenator Peter Ulrich hatte sich geweigert, Grünhagen eine Aussagegenehmigung zu erteilen. Der Gerichtsvorsitzende Geus gibt dazu die Auskunft, der als Zeuge vorgeladene Verfassungsschützer lebe unter einem anderen Namen außerhalb Berlins und sei deshalb unerreichbar. Für seine Behörde ist Grünhagen damit »verbrannt« und er muss nun selbst untertauchen.[155]

Der Agentenführer wird aus dem Verkehr gezogen, nach Österreich verfrachtet und nimmt eine neue Identität an – er heißt nun »Brenner«. Mit der Absicht seines Behördenchefs Franz Natusch, ihn im Anschluss daran nach Westdeutschland zu schicken, kann er sich nicht anfreunden. Er will auf jeden Fall in West-Berlin bleiben. Im Bereich Linksextremismus, in dem er sich wie kein Zweiter auskennt, ist er allerdings nicht mehr zu gebrauchen. Daher kommt er im Referat Ausländerextremismus unter. Sein offizieller Name lautet seit dem Mai 1983 »Michael Wegner«. Die dafür nötigen Papiere werden vom Hamburger Landesamt für Verfassungsschutz bereitgestellt, womit sein Identitätswechsel amtlich und damit auch legal ist. Alle verräterischen Hinweise auf seinen alten Namen werden gelöscht. Seine Aliasnamen für den Dienstgebrauch lauten »Jablonka«, »Buchholz« und »Zacher«. Sein Aussehen hat er ebenfalls geändert. Den Vollbart hat er zugunsten eines Oberlippenbartes aufgegeben, außerdem ist er zum Brillenträger mutiert.

Wie sich bald herausstellt, ist Grünhagen trotz allem weich gefallen, jedenfalls vorübergehend. Ihm und seiner Familie wird aus Sicherheitsgründen im Stadtteil Gatow für eine halbe Million DM eine zuvor modernisierte Villa eingerichtet. In sozialer Hinsicht ist er sogar aufgestiegen. Denn von nun an wohnt er direkt neben dem britischen Stadtkommandanten.

Trotzdem kommt der einstige Agentenführer nicht zur Ruhe. Im Oktober 1987 zitiert das ARD-Politmagazin *Panorama* einen Brief, in dem es heißt: »Ehe Grünhagen erneut, diesmal vielleicht für immer, untertaucht, muss gehandelt werden.« Das ist unverkennbar eine Drohung. Nun gibt es seitens seines Amtes offenbar erneut Bedarf zu han-

---

155 Vgl. Bortfeldt, Deckname »Kette«, S. 234.

deln. Und genau das geschieht. Drei Monate später ist es so weit. Im Januar gibt der Pressereferent des Innensenats, Hans F. Birkenbeul, der Öffentlichkeit bekannt, dass Grünhagen »am 19. Januar 1988 gestorben« und »am 26. Januar 1988 beerdigt« worden sei. Todesursache sei eine Hautkrebserkrankung. Der Schritt, sich an die Presse zu wenden, ist außergewöhnlich. Normalerweise geben die vorgesetzten Innenbehörden über die Personalia von Geheimdienstagenten überhaupt nichts bekannt. Doch offenbar hat man ein Interesse daran, dass die Nachricht Verbreitung findet.

Allerdings tauchen bald Zweifel an den offiziellen Angaben auf. Es wird vermutet, dass es sich um nichts anderes als ein durchsichtiges Täuschungsmanöver des Berliner Senats und des ihm unterstehenden Landesamts für Verfassungsschutz handelt. Und die Skeptiker bzw. Zweifler scheinen wieder einmal recht zu behalten. Denn Recherchen ergeben, dass im Gatower Friedhofsbuch unter Grünhagens neuem Namen keine Beerdigung eingetragen ist. Und Bernd Häusler, einer der Verteidiger im Schmücker-Prozess, findet heraus, dass sein Name auch im Westberliner Sterberegister nicht verzeichnet ist. In der Presse wird seitdem vermutet, dass Grünhagen mit einer neuen Identität ausgestattet worden ist und vielleicht heute noch – mehr als zwanzig Jahre später – unter den Lebenden weilt.

Beckers Aussagen gegenüber dem Bundesamt für Verfassungsschutz in Köln

In der Zwischenzeit ist Verena Becker zur Kooperationspartnerin des Verfassungsschutzes geworden, allerdings nicht des Berliner Landes-, sondern des Kölner Bundesamtes. In einer Geheimoperation mit dem Decknamen »Zauber« macht sie mehr als zwei Jahre lang – vom Herbst 1981 bis Ende 1983 – umfangreiche Aussagen gegenüber dem Bundesamt für Verfassungsschutz.[156] Angeblich hat sie dazu selbst die Initiative ergriffen und sich der Behörde angeboten. Es heißt, dass sie wegen ihrer harten Haftbedingungen in Köln-Ossendorf am Ende gewesen sei und vor einem psychischen Zusammenbruch gestanden habe. Beamte des BfV wollen sie dort abgeholt haben. Offiziell hatte es damals geheißen, sie müsse aus medizinischen Gründen in eine andere Haftanstalt verlegt werden. In Wirklichkeit jedoch wurde sie in einer konspirativen Wohnung untergebracht, wo sie den Verfassungsschützern Rede und Antwort stand. Allein die erste Befragung soll zwei Wochen gedauert haben. Ein erster, vom 4. März 1982 stammender Vermerk umfasst 82 Seiten. Er wird ebenso wie ein insgesamt 227 Seiten umfassendes Dossier mit dem Stempel »Geheim« versehen.

Doch vieles deutet darauf hin, dass Becker mit ihrer Aussagebereitschaft in einen Zwiespalt geraten ist. Einer anderen in Köln-Ossendorf einsitzenden RAF-Gefangenen, der im Mai 1980 in Paris verhafteten Sieglinde Hofmann, soll sie sich jedenfalls bald darauf offenbart haben.[157] Es heißt, sie sei deshalb über ihren Schritt verzweifelt gewesen, weil ihrem Wunsch nach einer vorzeitigen Freilassung nicht stattgegeben wurde. Stattdessen hätten die Verfassungsschützer von ihr ver-

---

156 Sontheimer, »Operation Zauber«, *Der Spiegel,* 7. September 2009, 63. Jg., Nr. 37, S. 63–66.

157 Über den angeblichen Verrat an ihren Mittätern berichtet erstmals: Vornbäumen, »Die verlorene Ehre der Verena Becker«, *Tagesspiegel,* 28. April 2007. Dem Journalisten war es offenbar gelungen, ein anderes ehemaliges RAF-Mitglied zu einer Darstellung des Sachverhalts zu bewegen.

langt, andere Gefangene auszuhorchen. Da die Kooperation mit dem BfV innerhalb der RAF einem völligen Gesichtsverlust gleichkommt, soll sie »der Gruppe« angeboten haben, Selbstmord zu begehen. Damit wäre die RAF jedoch, so heißt es weiter, nicht einverstanden gewesen. Man habe ihr sogar damit gedroht, nach einem Suizid die Zusammenarbeit mit dem Verfassungsschutz bekannt zu machen. Dennoch soll Becker 1983 aus der RAF ausgeschlossen worden sein. Von nun ab gilt sie offenbar als »Verräterin«.

In der Öffentlichkeit bekannt werden Beckers Aussagen erst 2007 durch einen ehemaligen Beamten des BfV. Das Protokoll dieser 227 Seiten umfassenden Aussage soll der Bundesanwaltschaft in Karlsruhe bereits im März 1982 zur Verfügung gestellt worden sein. Anfangs behauptet die Karlsruher Behörde, dass derartige Unterlagen nicht mehr auffindbar seien. Dabei wird zunächst sogar offengelassen, ob die Unterlagen überhaupt eingetroffen sind. Im Dezember 2008 erklärt Bundesanwältin Monika Harms plötzlich, ein Vermerk über den Eingang des Dokuments sei gefunden worden. Allerdings wäre die Akte selbst weiterhin unauffindbar. Zuvor will sie bereits die Neuvorlage der Akte beim BfV in Köln beantragt haben. Dieses soll sich geweigert haben, sie der Karlsruher Behörde erneut zur Verfügung zu stellen.

Da die Angelegenheit immer höhere Wellen schlägt, entscheidet schließlich der Bundesinnenminister. Wolfgang Schäuble erklärt am 18. Januar 2008 die Becker-Akte für gesperrt und beruft sich dabei auf § 96 der Strafprozessordnung.[158] Durch diese Entscheidung werden die Spekulationen darüber, was es mit den ominösen Aussagen der ehemaligen Terroristin auf sich habe, ein weiteres Mal angeheizt. Was muss in einem alten Dokument stehen, um der Bundesrepublik nach über einem Vierteljahrhundert schaden zu können?

---

158 In § 96 der Strafprozessordnung heißt es: »Die Vorlegung oder Auslieferung von Akten oder anderen in amtlicher Verwahrung befindlichen Schriftstücken durch Behörden und öffentliche Beamte darf nicht gefordert werden, wenn deren oberste Dienstbehörde erklärt, dass das Bekanntwerden des Inhalts dieser Akten oder Schriftstücke dem Wohl des Bundes oder eines deutschen Landes Nachteile bereiten würde. Satz 1 gilt entsprechend für Akten und sonstige Schriftstücke, die sich im Gewahrsam eines Mitglieds des Bundestages oder eines Landtages beziehungsweise eines Angestellten einer Fraktion des Bundestages oder eines Landtages befinden, wenn die für die Erteilung einer Aussagegenehmigung zuständige Stelle eine solche Erklärung abgegeben hat.«

Doch auch diese Frage hat inzwischen etwas an Dringlichkeit verloren, denn 2010 hat Schäubles Amtsnachfolger Thomas de Maizière entschieden, den restriktiven Umgang mit den ominösen Dokumenten zu lockern. Er hat sich nicht nur durchgerungen, die Becker-Akte der Bundesanwaltschaft zur Verfügung zu stellen. Er hat es nun sogar Michael Buback gestattet, sich ein Bild von den Aussagen Verena Beckers zu machen. Offenbar scheint es darin keinerlei Anhaltspunkte zu geben, die eine Mittäterschaft Beckers bei der Ermordung des Generalbundesanwaltes im April 1977 stützen könnten. Als mutmaßlichen Schützen soll sie dem BfV gegenüber Stefan Wisniewski genannt haben. Das ehemalige RAF-Mitglied wird zwar verdächtigt, den entführten Hanns Martin Schleyer erschossen zu haben, seine Figur ist jedoch so stattlich, dass sie zu keiner der Beschreibungen passt, die von dem auf der Suzuki befindlichen Todesschützen in Umlauf sind.

Außerdem ist bekannt geworden, dass sich Becker ihre Aussage hat honorieren lassen. Die Höhe des Betrages schwankt. Zunächst wird in der *Bild*-Zeitung von einer Belohnung von 100000 DM geschrieben. Dann heißt es, es wären höchstens 5000 DM gewesen, die sie für ihre Hinweise erhalten hätte. Der *Spiegel*-Redakteur Michael Sontheimer vermutet, dass es mit Hilfe von Beckers Informationen gelungen sei, die bei Heusenstamm und im Sachsenwald bei Hamburg gelegenen Erddepots der RAF ausfindig zu machen. Nach den Aussagen eines ehemaligen Polizisten sollen diese Hinweise im November 1982 kurz nacheinander zur Verhaftung von Brigitte Mohnhaupt und Christian Klar geführt haben.[159] Demnach müsste es eine vom BKA absichtlich verbreitete Legende gewesen sein, dass österreichische Pilzsammler in einem Wald bei Heusenstamm auf eines der beiden Waffendepots der RAF gestoßen seien. Vermutlich ging es dabei vor allem darum, die Quelle der überaus relevanten Aussage zu schützen. Es ist also sehr wahrscheinlich, dass die Spitze der zweiten RAF-Generation erst durch die Aussagen Verena Beckers beim Kölner BfV hat inhaftiert werden können.

---

159 Sontheimer, »Natürlich kann geschossen werden«, S. 149. Mohnhaupt war am 11. November 1982 zusammen mit Adelheid Schulz im südhessischen Heusenstamm in einer Gemarkung festgenommen worden und Klar am 16. November in dem bei Aumühle/Friedrichsruh gelegenen Sachsenwald im Unterholz einer Tannenschonung.

Sehr viel früher als die bundesdeutsche Öffentlichkeit war ganz offenbar das Ministerium für Staatssicherheit von der Becker-Aussage informiert. In einer Aktennotiz der für Terrorabwehr zuständigen Abteilung XXII/8 heißt es am 14. Januar 1986:

»Die Becker, Verena hat zur Erlangung von Hafterleichterungen zeitweilig mit dem Verfassungsschutz der BRD zusammengearbeitet. Dies hat sie selbst dem ebenfalls inhaftierten RAF-Mitglied Hoffmann, Sieglinde offenbart, nachdem die erwarteten Hafterleichterungen nicht eingetreten sind. Über Umfang und Zeitdauer der Zusammenarbeit mit dem Verfassungsschutz wurde nichts bekannt.«[160]

Das Bundesamt für Verfassungsschutz teilt am 11. März 1982 Generalbundesanwalt Rebmann mit, dass nun Stefan Wisniewski verdächtigt werde, die tödlichen Schüsse auf seinen Amtsvorgänger und dessen Begleiter abgegeben zu haben. Trotz dieser Mitteilung wird von der Bundesanwaltschaft kein Ermittlungsverfahren eingeleitet. Schlimmer noch. Als ein Jahr später, am 14. März 1983, der zweite Prozess gegen die vermeintlichen Attentäter Brigitte Mohnhaupt und Christian Klar eröffnet wird, findet die Information des BfV keinerlei Berücksichtigung.

Der ehemalige Terrorismus-Experte beim Kölner Bundesamt für Verfassungsschutz, Winfried Ridder, bestätigt 2009 in Kochs ARD-Dokumentation einerseits die Beteiligung Beckers an der Ermordung des Generalbundesanwalts und seiner Begleiter:

»Daran kann es ja keinen Zweifel geben. Es ist ja schon auffallend, dass gerade im Zusammenhang mit Verena Becker eine Fülle von Spuren, von Zeugenaussagen, von kriminaltechnischen Ergebnissen vorliegt, die den Verdacht begründen, dass Verena Becker in sehr enger Weise an der Vorbereitung dieser Hinrichtung – wie die RAF das ja selbst genannt hat – beteiligt war.«[161]

Andererseits weist Ridder die Vermutung, dass Becker bereits vor ihrer Verhaftung eine Quelle des Geheimdienstes gewesen sein könnte, mit Vehemenz zurück:

---

160 Ministerium für Staatssicherheit, Abteilung XXII/8, Terrorabwehr, Berlin, den 14. 1. 1986, zitiert nach: Moser, RAF und kein Ende, S. 317.

161 Koch, »Der Fall Buback – Auf den Spuren der Mörder«, ARD 2009.

> »Eine solche Vermutung ist abwegig. Man wird auch heute sagen dürfen, dass es leider den Nachrichtendiensten nicht gelungen ist, in der Offensive 77 einen nachrichtendienstlichen Zugang, also eine menschliche Quelle, zu platzieren. Wäre dies der Fall gewesen, wäre verständlicherweise dem Land vieles erspart geblieben.«[162]

Die Reaktion klingt ganz so, als habe sie unter dem insgeheimen Motto gestanden, dass nicht sein könne, was nicht sein dürfe.

---

162 Ebenda.

Beckers Begnadigung im Jahr 1989

Nach neun Jahren und 53 Tagen Haft kommt Verena Becker wieder auf freien Fuß. Sie hat die Jahre zuvor angeblich in der niederrheinischen Justizvollzugsanstalt Willich-Anrath verbracht und am 10. Januar 1989 ein Gnadengesuch an den damaligen Bundespräsidenten Richard von Weizsäcker gerichtet, dem am 25. September 1989 stattgegeben wurde. Mehrere Monate vor der Entscheidung bittet der Bundespräsident Generalbundesanwalt Kurt Rebmann um eine Stellungnahme. Bevor Rebmann diese abgibt, kommt es am 14. Juli 1989 in Köln zu einem Zusammentreffen zwischen Vertretern der Bundesanwaltschaft, dem Bundesamt für Verfassungsschutz und dem Bundesnachrichtendienst. Das Bundeskriminalamt wird nicht berücksichtigt. Die Einbindung der beiden anderen Geheimdienste wirft allerdings die Frage auf, welche Rolle sie mit ihren Voten für oder gegen eine Begnadigung gespielt haben könnten. Rechtlich zuständig ist allein der Generalbundesanwalt und damit als Behörde die Bundesanwaltschaft. Besonders rätselhaft ist die Beteiligung des BND. Dass der Auslandsgeheimdienst ebenfalls in diese Angelegenheit eingebunden worden ist, könnte auf eine Kompetenzüberschreitung hindeuten. Aber offensichtlich stört sich niemand daran – weder Rebmann noch von Weizsäcker. Am 22. Juli spricht sich der Generalbundesanwalt in einem vertraulichen Schreiben an den Bundespräsidenten »höchst positiv« – wie der SWR später zu berichten weiß – für eine Begnadigung aus.

Dass die Haftentlassung Verena Beckers genau an einem Tag erfolgt, der wie kaum ein anderer von der mörderischen Praxis der RAF überschattet ist, hat niemand vorhersehen können. Während ein Kommando der RAF am 30. November 1989 in Bad Homburg den Mercedes von Deutsche-Bank-Chef Alfred Herrhausen in die Luft jagt, kommt die Frau, die so tief in das Buback-Attentat verwickelt ist, auf freien Fuß. Da die Koinzidenz dieser beiden Ereignisse eine öffentliche Debatte über die Begnadigungspraxis auslöst, sieht sich der Bundespräsident veranlasst, seine Entscheidung zu verteidigen. Ein Sprecher des Bundespräsidialamts zitiert ihn eine Woche später mit den

Worten: »Verena Becker war und ist gnadenwürdig.«[163] Die Gründe für ihre Begnadigung, heißt es weiter, seien »vielfältiger Natur«. Die ehemalige RAF-Frau habe eine andere Lebenseinstellung gewonnen, sich an den letzten Hungerstreiks der RAF nicht mehr beteiligt und sei vom Terrorismus völlig abgerückt. Man habe ihr deshalb eine positive »Zukunftsprognose« ausgestellt.

Die Begnadigung war auf ihre Bitte hin zunächst geheim gehalten worden. Sie hatte bereits in ihrem Gesuch darum gebeten, im Falle einer positiven Entscheidung diese nicht bekannt zu geben. Sie habe keine Lust, hatte es zur Begründung geheißen, »erneut Person des öffentlichen Interesses« zu werden. Sie wolle nun ein normales bürgerliches Leben führen und in Zukunft Heilpädagogik studieren. Das macht sie tatsächlich und legt im Rahmen ihrer Ausbildung zur Heilpraktikerin eine Prüfung ab.

Bald darauf erkrankt Becker an einer Schwächung des Autoimmunsystems, dem so genannten Sjögren-Syndrom, dass zu Problemen mit den Nieren und Gefäßen führt. Des Öfteren muss sie sich einer klinischen Behandlung unterziehen.

Ein halbes Jahr nach Beckers Begnadigung erfolgt die Pensionierung Kurt Rebmanns. Kay Nehm, sein Nachfolger als Generalbundesanwalt, weist am 12. Oktober 1994 das Bundeskriminalamt an, »die Spurenakten zum Mordfall Buback zu vernichten«. Bekannt wird dieser Vorgang erst im Mai 2010. Der Sprecher der Bundesanwaltschaft, Frank Wallenta, bestätigt die Meldung und erklärt dazu, dass die vernichteten Akten nach damaliger Einschätzung der Ermittler »für das Ermittlungsverfahren ohne jede Relevanz« gewesen seien. Als Grund gibt er an, dass es »nicht zuletzt Platzprobleme bei der weiteren Lagerung« gegeben habe. Bemerkenswert, dass in einem ungelösten Kriminalfall, in dem es um die Klärung eines Attentates geht, dem der höchste Staatsanwalt der Republik zusammen mit seinen beiden Begleitern zum Opfer gefallen ist, aus angeblichen Platzgründen meterweise Aktenordner entsorgt werden konnten. Und zwar auf Anweisung der Behörde, deren Chef der Ermordete einst war.

---

163 Prantl, »Verena Becker war und ist gnadenwürdig«, *Süddeutsche Zeitung*, 9. Dezember 1989.

Beckers erneute Verhaftung im August 2009

Man kann nur ahnen, was sich in einigen Behörden im Laufe der letzten drei Jahre hinter den Kulissen abgespielt haben mag. Die Kommunikationsnetze zwischen Bundesanwaltschaft und Bundesgerichtshof, zwischen dem Bundesamt für Verfassungsschutz und dem Bundesinnenministerium, zwischen Bundeskriminalamt und Bundesnachrichtendienst dürften extrem strapaziert worden sein. Und für lange Zeit ist nicht auszumachen gewesen, wohin das Pendel ausschlagen würde. Anfangs ist Michael Buback noch von einem ehemaligen Untergebenen seines Vaters öffentlich diskreditiert worden. In einem Leserbrief an den *Spiegel* putzte Bundesanwalt a.D. Peter Zeis den Sohn seines ermordeten früheren Chefs mit den Worten herunter:

> »Mir wäre es neu, dass Professor Buback irgendetwas Sachdienliches zur weiteren Aufklärung an der Ermordung seines Vaters bisher hätte beitragen können oder beigetragen hat. [...] Konfuzius hat recht: ›Wer sich zu wichtig nimmt, wird nicht mehr wichtig genommen.‹«[164]

Das war versuchter Rufmord. Und auch der Umgang der Bundesanwaltschaft mit Michael Buback war alles andere als ermunternd. Er und seine Frau hatten den Eindruck, anstatt nach Karlsruhe eingeladen, in Wirklichkeit vorgeladen zu werden. Mehrfach wurde ihnen dort abgeraten, die Kontakte zur Presse und zu den Medien weiter aufrechtzuerhalten.

Eines scheint auf jeden Fall klar zu sein: Der Staat will sich partout nicht in die Karten blicken lassen. Weder die Bundesanwaltschaft noch das Bundesinnenministerium, weder das Bundeskriminalamt noch die anderen Nachrichtendienste. Allem Anschein nach findet man sich damit ab, dass sich in der Öffentlichkeit der Eindruck durchgesetzt hat, dass die strafrechtliche Verfolgung der für das Buback-Attentat dringend Tatverdächtigen sekundär ist.

---

164 *Der Spiegel*, 6. August 2007, 61. Jg., Nr. 32, S. 10 (Leserbrief).

Im September 2007 beantragt jedoch die Bundesanwaltschaft auf einmal beim Bundesgerichtshof, gegen Brigitte Mohnhaupt, Christian Klar und Knut Folkerts Beugehaft zu verhängen, um dadurch Aussagen zur Aufklärung des Mordfalles Buback von ihnen zu erzwingen. Sie sollten endlich damit herausrücken, wer 1977 am Attentat auf den damaligen Generalbundesanwalt beteiligt war. Viele fragen sich von Anfang an, was mit einem solchen Schritt überhaupt erreicht werden soll. Auffällig ist, dass es bei den drei Genannten lediglich um diejenigen RAF-Mitglieder geht, die wegen ihrer Beteiligung am Buback-Attentat verurteilt worden sind. Sowohl Becker als auch Sonnenberg fehlen. Dabei hat sich die Diskussion in der Öffentlichkeit immer mehr auf deren Namen konzentriert. Ulrich Hebenstreit, Ermittlungsrichter am BGH, ordnet die Zwangsmaßnahme an. Die Anwälte der Betreffenden erklären, dass es ein absurder Vorgang sei, auf diese Weise nach 30 Jahren die Richtigkeit der einmal gefällten Urteile überprüfen zu wollen, und legen Beschwerde ein. Der 3. Strafsenat des Bundesgerichtshofs gibt dem im August 2008 statt. In seinem Beschluss stellt er fest, dass die Verhängung der Beugehaft rechtswidrig sei. Er billigt den drei ehemaligen RAF-Mitgliedern explizit die Inanspruchnahme eines Aussageverweigerungsrechts zu.

Die Androhung der Beugehaft ist vermutlich nichts anderes als eine Verschleierungstaktik, weil der Druck auf die Behörden offenbar so groß geworden ist, dass ein weiteres Abwarten als nicht mehr hinnehmbar erschienen sein dürfte. Mit dem Schritt sollte vermutlich in der Öffentlichkeit Aktivität demonstriert werden. Einerseits wollte man wohl zeigen, dass man nun mit Entschiedenheit etwas zu tun beabsichtigte, dies aber andererseits nur auf einem Feld, auf dem man sicher sein konnte, dass die Maßnahme wie das sprichwörtliche Hornberger Schießen ausgehen würde. Niemand konnte ernsthaft damit rechnen, dass sich einer der Betroffenen tatsächlich beugen lassen und als Zeuge aussagen würde. Die Wahrscheinlichkeit, sich damit indirekt selbst zu belasten, wäre viel zu hoch gewesen.

Parallel läuft das im April 2007 von der Bundesanwaltschaft gegen Stefan Wisniewski eröffnete Ermittlungsverfahren weiter. In Bezug auf Wisniewski als möglichen Buback-Attentäter hatte es Schützenhilfe von der Spitze des Bundesamtes für Verfassungsschutz gegeben. Dessen Präsident Heinz Fromm hatte der Generalbundesanwältin Monika Harms mitgeteilt, dass es nach Informationen seines Amtes drei Personen gewesen seien, die für die Verübung der Karlsruher Mordtat infrage kämen: »Siegfried [sic!] Wisniewski als Schütze auf dem Soziussitz des Motorrades, Günter Sonnenberg als Fahrer des Motorrades und Christian Klar als Fahrer des Fluchtfahrzeuges Alfa Romeo.«[165]

Für Wisniewski als Täter spricht jedoch keine einzige Zeugenaussage. Diejenigen, die die Person auf dem Soziussitz der Suzuki gesehen haben, können zwar nicht mit Sicherheit sagen, welchen Geschlechts diese Person war, sie stimmen aber darin überein, dass es sich um eine kleine und zierliche Person gehandelt habe. Und die Anzahl der Zeugen ist mittlerweile auf 21 gestiegen. Wisniewski ist von stattlicher Figur und scheidet deshalb als Schütze aus. Die beiden Einzigen, die dem widersprechen, sind mit Boock und Becker zwei als befangen geltende Zeugen. Weder er noch sie beansprucht Augenzeugenschaft. Sie können oder wollen sich nur auf Hörensagen berufen. Und da Becker selbst die am dringendsten Tatverdächtige ist, dürfte es naheliegend sein, in ihrer tatsächlichen oder angeblichen Aussage gegenüber dem BfV eine Schutzbehauptung zu vermuten, mit der sie den Verdacht nur von sich selbst ablenken wollte.[166]

Mittlerweile verdichtet sich der Eindruck, dass Wisniewski ebenso wie zuvor Knut Folkerts auch für diejenigen, die es am ehesten wissen müssten, als Todesschütze ausscheidet. Mehrere ehemalige RAF-Mitglieder haben jedenfalls geäußert, dass Wisniewski zum Zeitpunkt des Attentates überhaupt nicht in Karlsruhe gewesen sei.[167] Und selbst Boock scheint inzwischen unsicher geworden zu sein, obwohl doch er es war, der durch seine Anrufe bei Michael Buback und sein *Spiegel*-Interview vom April 2007 maßgeblichen Anteil an dem plötzlich auf Wisniewski gefallenen Verdacht hat.

---

165 Minkmar, »Schmutzige Geschichten«, *Frankfurter Allgemeine Sonntagszeitung*, 20. Juni 2010.

166 »Wenn sich das im Prozess bewahrheitet, wird es in der Tat schwarz: Denn nur durch die Gutachten des Verfassungsschutzes kommt Stefan Wisniewski auf das Motorrad. Sonst weist nichts, kein Indiz und keine Zeugenaussage, auf Wisniewski hin. Eine Verurteilung Wisniewskis wegen Karlsruhe ist unmöglich, äußern wird er sich auch nicht. Sein Name lenkt aber von Verena Becker ab. Und die Akte musste gesperrt werden, um zu verbergen, dass gar nichts über ihn drinstand.« Minkmar, »Schmutzige Geschichten«, *Frankfurter Allgemeine Sonntagszeitung*, 20. Juni 2010.

167 Vgl. Gast, »Die aufgerollte RAF«, *die tageszeitung*, 29. Juli 2010.

Am 22. Juli 2008 tritt die Bundesanwaltschaft mit der Nachricht an die Öffentlichkeit, dass DNA-Spuren, die nach dem Buback-Attentat gefunden worden waren, definitiv nicht von Verena Becker stammen könnten. Es ging um sogenannte Mischspuren, die in einem Motorradhandschuh, einem Motorradhelm sowie einer Motorradjacke aufgefunden worden waren. Nach einem neuerlichen Gutachten des Bundeskriminalamtes, hieß es nun, könne Becker als Mitverursacherin der Spuren ausgeschlossen werden. Angesichts des Ansehens, das heutzutage ein DNA-Nachweis in der Öffentlichkeit genießt, scheint Becker nun für viele Kommentatoren als Mittäterin auszuscheiden.[168] Die Tatsache, dass es sich dabei nur um einen kleinen Ausschnitt aus dem Gesamtspektrum an Indizien handelte, scheint kaum noch jemanden zu interessieren. Lediglich Michael Buback kontert, dass die DNA-Analyse des BKA keineswegs ausreiche, um Becker als Mittäterin auszuschließen. Der DNA-Test habe sich lediglich auf drei Spurenfunde bezogen und könne insofern kein Gesamturteil beanspruchen.[169]

Im Sommer 2009 tritt im Fall Becker eine überraschende Wende ein. Zunächst meldet die *Bild*-Zeitung am 26. August, dass es ihr gelungen sei, mit Becker in Kontakt zu treten. Ein Reporter habe in Berlin ihre Adresse ausfindig gemacht, an dem namenlosen Türschild eines Gartenhauses geklingelt und ohne viel Federlesen gefragt: »Haben Sie Siegfried Buback erschossen?« Sie antwortet, als wolle sie den Eindruck des Abgeklärtseins wahren: »Nein, das wissen Sie doch. Die Sache ist für mich erledigt.«[170] Erstmals erscheint in dem Artikel auch ein aktuelles Foto von der Verdächtigen. Das alles wirkt merkwürdig, beinahe wie bestellt. Es scheint, als habe jemand der Zeitung einen Tipp gegeben.

Denn nur wenige Stunden später, es ist 11.00 Uhr vormittags, tauchen dort auch Beamte des Bundeskriminalamtes auf. Sie waren bereits eine Woche zuvor da, haben Beckers Wohnung durchsucht und drei Computer, ein Notebook, eine externe Festplatte und einen USB-Stick beschlagnahmt. Nun nehmen sie Verena Becker, die seit zehn

---

168 So schrieb beispielsweise Rath in der *tageszeitung* vom 23. Juli 2008: »Buback: Verena Becker war es nicht. Eine DNA-Untersuchung zeigt, dass die Ex-RAFlerin nicht am Buback-Mord beteiligt war«.

169 Hollstein, »Mordfall Buback«, *Die Welt,* 24. Juli 2008.

170 Harbusch/Koch/Kürthy/Ley, »BILD fand RAF-Terroristin Verena Becker und fragte: Haben Sie Buback erschossen?«, *Bild*, 26. August 2009.

Jahren zusammen mit einer ihrer Schwestern in Berlin-Zehlendorf lebt, fest. Grundlage ist ein vom Ermittlungsrichter des Bundesgerichtshofes ausgestellter Haftbefehl. Seit Monaten ist gegen sie verdeckt ermittelt worden. Ihr Telefon wurde abgehört, vermutlich ist auch ihr E-Mail-Verkehr kontrolliert worden. Dabei sollen die Sicherheitsbeamten mitbekommen haben, dass sie sich jemandem am Telefon anvertraut hat. Sie habe geschildert, heißt es, wie sehr sie das Geschehen der siebziger Jahre immer noch beschäftige. Sie denke oft daran und sie wolle das, was sie immer noch bewege, nun an ihrem Computer aufschreiben.

Die Verdächtige wird ins Frauengefängnis Berlin-Pankow eingeliefert. Beim Haftprüfungstermin wird sie von Bundesanwalt Walter Hemberger beschuldigt, im Zusammenhang des Buback-Attentates »wesentliche Beiträge zur Vorbereitung, Durchführung und im Nachtatgeschehen« geleistet zu haben. Begründet wird das damit, dass es durch eine DNA-Analyse gelungen sei, Spuren auf den damals in Düsseldorf und Duisburg aufgegebenen Bekennerschreiben Becker zuzuordnen. Auf sieben von zehn Laschen, mit denen die Briefe zugeklebt, und auf den entsprechenden Briefmarken, mit denen die Kuverts verschickt wurden, hatten sich am 27. Februar 2009 Beckers DNA-Spuren feststellen lassen. Daraufhin soll sie überwacht worden sein. Dieses Vorgehen beweist aber immerhin, dass sie in irgendeiner Weise in das Geschehen eingebunden gewesen sein muss. Möglicherweise ist der in der Causa Becker von der Öffentlichkeit erzeugte Druck so stark geworden, dass sich auch die Bundesanwaltschaft gezwungen sieht, sich mehr als nur reaktiv zu verhalten.

Beckers überraschende Verhaftung hinterlässt jedoch einen zwiespältigen Eindruck. Einerseits wirkt sie wie die Fortsetzung eines Zickzackkurses, mit dem die Bundesanwaltschaft auf Bubacks eigene Recherchen, sein Nachbohren und Drängen, reagiert hat. Zunächst sollte er als ein unerwünschter juristischer Laie in seine Schranken gewiesen und seine Vermutung, dass Becker die Mörderin seines Vaters sei, ins Reich der Fabeln und Legenden verwiesen werden. Und dann auf einmal wird doch noch Anklage gegen sie erhoben. Allerdings nicht wegen Mordes, sondern wegen eher sekundärer Verdachtsmomente, die lediglich besagen, dass sie in einem weiteren Sinne an der Ermordung beteiligt gewesen sei. Mit Hilfe der Speichelproben könnte sie, so vermuten zumindest einige Kommentatoren, vom Motorrad »heruntergeholt« und damit als unmittelbar Tatverdächtige endgültig ausgeschieden worden sein. Denn in der RAF war es üblich, dass die Bekennerschreiben gerade nicht von jenen verfasst und verschickt worden sind, die der für eine Tat verantwortlichen Kommandogruppe angehörten. Außerdem vermieden sie den Tatort und hielten sich damit nicht am selben Ort auf.

Dennoch sind die bei Beckers Überwachung gewonnenen Erkenntnisse von Bedeutung. In einem ihrer Telefonate hat sie im März 2009 Befürchtungen, dass sie erneut vor Gericht gestellt werden könnte, in breitestem Berliner Dialekt mit der Bemerkung zu zerstreuen versucht, sie glaube nicht, dass »... se da was machen können, außer, dass se halt sagen: Ja, die Bekennerbriefe«.[171] Einerseits klingt das ganz danach, als müsse faktisch mehr geschehen sein. Andererseits aber scheint sie sich ziemlich sicher zu sein, dass die Ermittler wohl nichts Beweiskräftiges in Händen halten dürften.

Bekannt wird einige Zeit später auch, dass die Beamten in der Zehlendorfer Wohnung einen Brief gefunden haben, den Becker am 7. April 2009, dem 32. Jahrestag des Attentates, verfasst, aber nicht abgeschickt hat. Darin heißt es:

> »Nein, ich weiß nicht, wie ich für Herrn Buback beten soll. Ich habe kein wirkliches Gefühl für Schuld und Reue. Natürlich würde ich es nicht mehr machen, aber ist es nicht armselig, so zu denken und zu fühlen? Das ist nicht Heilung. Das scheint noch ein weiter Weg zu sein.«[172]

Gemeint ist hier nicht Siegfried Buback, sondern dessen Sohn, und die Zeilen klingen in gewisser Weise nach Anteilnahme, zumindest nach dem Versuch, Mitgefühl für das Opfer zu entwickeln, es jedoch – aus welchen Gründen auch immer – nicht entfalten zu können. Beckers Berliner Anwalt Walter Venedey hat ihr angeblich abgeraten, den an Michael Buback gerichteten Brief abzuschicken. Doch was ist mit dem Mangel an einem »Gefühl für Schuld und Reue« gemeint? Und vor allem mit dem Bekenntnis, es »nicht mehr«, also nicht noch einmal zu machen? Das kann sich eigentlich nur auf den Vater und damit das Attentat beziehen, auf wen und was sonst?

---

171 Leyendecker, »Geschichte wird gemacht«, *Süddeutsche Zeitung*, 2. August 2010.

172 Leyendecker, »Das Mädchen Verena«, *Süddeutsche Zeitung*, 1. Oktober 2009.

Es gibt allerdings auch eine ganz andere Sicht der Dinge. Böse Zungen behaupten, dass Becker in eine Art Schutzhaft genommen worden sein könnte, um zu verhindern, dass sie im Nachhinein aufschreibt, was 1977 und vielleicht auch in der Zeit davor geschehen ist. In dem Moment, in dem ein solcher Bericht zirkulierte, wäre eine Kontrolle darüber kaum noch möglich. Und hatte nicht auch Schmücker so etwas getan, indem er Weihnachten 1972 ein Gedächtnisprotokoll verfasste, das so verheerende Folgen zeitigte?

Einen Tag vor Beckers neuerlicher Verhaftung meldet sich überraschend ein hochrangiger ehemaliger Mitarbeiter des Bundeskriminalamtes zu Wort. Der frühere BKA-Abteilungsleiter Wolfgang Steinke greift Michael Buback in einem Leserbrief der FAZ massiv an und behauptet, dass der Tathergang »völlig aufgeklärt« sei. Lediglich die Frage, »wer den Finger krumm gemacht« habe, merkt er flapsig an, sei offen. Die »ominöse Frau auf dem Motorrad« habe niemand erkennen können. Weder ob es tatsächlich eine Frau noch wie groß die Person auf dem Soziussitz gewesen sei. Durch den Nachweis, dass Becker die Briefmarken auf den Bekennerschreiben abgeleckt habe, werde sie »weder Täterin noch Mitwisserin«. Insgesamt stellt er fest, dass die Ermittlungen »mit äußerster Gründlichkeit« durchgeführt worden seien. »In unserem Rechtsstaat gab es keinen Schutz für RAF-Täter, durch wen auch immer.«[173] Um den Stellenwert seiner Person und damit das Gewicht seiner Wortmeldung zu unterstreichen, betont Steinke, dass er in seiner Behörde zehn Jahre lang an der Seite von Horst Herold die Ermittlungen gegen die RAF »geführt« habe und wohl niemand die RAF besser kennen würden als er und sein früherer Chef. Damit tritt er in Widerspruch zum ehemaligen BKA-Präsidenten, wie er kaum größer sein könnte.

Einen Tag später, also genau an dem Tag, an dem Becker erneut verhaftet worden ist, legt Steinke in der Online-Ausgabe der Tageszeitung *Die Welt* noch einmal nach. Zeugenaussagen, die eine Frau auf dem Soziussitz gesehen haben wollten, hält er für »völlig unglaubwürdig«. Wer wolle denn eine Frau identifizieren können, fragt er rhetorisch, die einen Helm aufhatte und hinten auf dem Motorrad gesessen habe? Und zur Vermutung, dass Becker Informantin des Verfassungs-

---

173 Steinke, »Der Tathergang im Fall Buback ist aufgeklärt«, *Frankfurter Allgemeine Zeitung,* 26. August 2009.

schutzes gewesen sein könnte, stellt er fest: »Wer sich dem Verfassungsschutz offenbart und erklärt, er sei Mörder, der wird – zumindest von deutschen Verfassungsschutzbehörden – nicht gedeckt.«[174]

Nur drei Tage später reagiert Michael Buback in der *Frankfurter Allgemeinen Zeitung* mit einem Leserbrief. Darin führt er noch einmal die wesentlichen von ihm aufgezeigten Widersprüche auf und nimmt Steinkes Ex-Chef für seine Sicht der Dinge in Anspruch. Wörtlich hält er ihm entgegen: »Wenn er in dieser Sache wirklich so eng mit Horst Herold zusammengearbeitet hat, müsste er doch mitbekommen haben, dass dieser dreißig Jahre lang davon ausgegangen ist, dass Verena Becker wegen ihrer Beteiligung am Karlsruher Attentat zu lebenslanger Haft verurteilt worden sei.«[175] Weder Steinke noch Herold reagieren darauf.

Dafür ist aber kurz darauf in der *Süddeutschen Zeitung* zu lesen, dass sich das Kölner Bundesamt für Verfassungsschutz schon vor Monaten bei der Bundesanwaltschaft in Karlsruhe gemeldet habe. In dem Vermerk, der auch der Bundesregierung vorliege, heißt es, sei ausgeschlossen worden, dass es in der Zeit zwischen dem Frühjahr 1972 und dem Frühjahr 1980 zwischen dem BfV und der ehemaligen RAF-Terroristin Verena Becker zu irgendeiner Form der Zusammenarbeit gekommen sei. Insider der Kölner Behörde hätten außerdem erklärt, dass auch das Berliner Landesamt für Verfassungsschutz »keinerlei Zugang zu Becker« gehabt hätte.[176] Damit scheinen offiziell alle Zweifel an der Version, dass es keine Kooperation zwischen dem Verfassungsschutz und Becker gegeben hat, ausgeräumt zu sein.

Im Oktober berichten die *Stuttgarter Nachrichten*, dass Christian Klar einem Mithäftling 2004 bei einem Gespräch in der Justizvollzugsanstalt Bruchsal verraten habe, dass er für den Mord an Siegfried Buback zwar verurteilt worden sei, ihn jedoch nicht begangen habe. Die tödlichen Schüsse auf den Generalbundesanwalt und seine beiden Begleiter hätte Verena Becker abgegeben. Er selbst sei an dem Attentat nicht beteiligt gewesen, habe das jedoch nicht leugnen wollen, da der

---

174 Hollstein, »Ex-BKA-Mann schließt Mittäterschaft Verena Beckers aus«, *Welt online*, 27. August 2009.

175 Buback, »Auch Horst Herold verdächtigte Verena Becker«, *Frankfurter Allgemeine Zeitung*, 29. August 2009.

176 Leyendecker, »Kölner Geheimnisse«, *Süddeutsche Zeitung*, 5. September 2009.

Anschlag auf den obersten Staatsanwalt der Republik innerhalb der RAF so etwas wie »ein Ritterschlag« gewesen sei. Die Nachricht selbst stammt von dem Stuttgarter Rechtsanwalt Ekkehard Kiesewetter, der Klars ehemaligen Mithäftling Andreas Kühn vertritt. Klar hatte zusammen mit dem Kriminellen, der seit 2001 wegen mehrfachen Bankraubs eine Haftstrafe verbüßt, in der Gefängniswäscherei gearbeitet.

Im November 2009 legt Beckers Verteidigung eine Haftbeschwerde für ihre Mandantin ein. Ein dringender Tatverdacht sei für das Buback-Attentat ebenso wenig gegeben wie eine Fluchtgefahr. Außerdem macht Rechtsanwalt Venedey gesundheitliche Probleme geltend. Er verweist damit auf ihre Sjögren-Erkrankung. Die Bundesanwaltschaft weist den Antrag zunächst zurück.

Am 23. Dezember 2009 hebt der 3. Strafsenat des Bundesgerichtshofes den Haftbefehl jedoch auf und setzt Becker wieder auf freien Fuß. Zwar bleibe, so heißt es in der Begründung, der dringende Tatverdacht wegen Beihilfe zum Attentat an dem früheren Generalbundesanwalt Siegfried Buback und seine beiden Begleiter weiter bestehen, jedoch sei der zur Anordnung zwingend erforderliche Haftgrund, insbesondere eine Fluchtgefahr, nicht gegeben. Einerseits sprächen ihre »persönlichen Verhältnisse« dagegen, andererseits hätte sie auch im Falle einer Verurteilung keine so hohe Strafe mehr zu erwarten, dass davon ein wesentlicher Fluchtanreiz ausgehe. Als konkreter Tatbeitrag sei wahrscheinlich nur nachweisbar, dass sie »besonders offensiv die Parolen« der damals in Stammheim einsitzenden RAF-Mitglieder – wie den Befehl »Der General muss weg« – vertreten habe. Das reiche nicht aus, so der BGH, um den Vorwurf der Mittäterschaft oder der Anstiftung zu begründen.

Aus dem 24-seitigen Beschluss des BGH gehen auch weitere Einzelheiten hervor, womit sich Becker seit Beginn der Debatte, wer Buback erschossen haben könnte, befasst hat. Am 27. April 2007, zwei Tage nach der ARD-Sendung, in der Peter-Jürgen Boock und Michael Buback aufeinandergetroffen waren, hatte sie notiert: »Was will ich erreichen? S. (u. andere) reinwaschen. Sagen, wie es wirklich war.«[177] Mit »S.« könnte Stefan Wisniewski ebenso wie Günter Sonnenberg gemeint gewesen sein.

---

177 Knapp, »Verena Becker sucht Rat bei einem Orakel«, *Frankfurter Rundschau,* 4. Januar 2010.

Becker war an jenem Tag mit der Bahn von Berlin nach Mannheim gefahren und hatte sich dort mit Rolf Heißler und Brigitte Mohnhaupt getroffen, die erst am 25. März freigekommen war. In der Stadt, in der 30 Jahre zuvor die Einzelheiten des Buback-Attentates abgesprochen worden waren, kamen sie darin überein, grundsätzlich keine Aussagen zu machen.[178] Dieses Zusammentreffen ist insofern verwunderlich, als Becker wegen ihrer Verfassungsschutz-Äußerungen ja aus der RAF verstoßen worden war. Doch ganz offensichtlich war der öffentliche Druck so stark geworden, dass es sich für die einstige Führungsfrau Mohnhaupt als dringlicher erwies, die Reihen auch weiterhin geschlossen zu halten und die Reste der einstigen RAF-Kader auf die Fortführung des einstmals vereinbarten Schweigegelübdes einzuschwören.

Heißler soll zwei Wochen später nach Köln gefahren sein, um dort Wisniewski zu treffen und auch ihn an die Verabredung zu erinnern. Anschließend hat er jedenfalls Becker gemailt, dass Köln »beruhigend« verlaufen sei. Und Becker wiederum antwortete nur wenig kryptisch: »Das mit Köln freut mich.«[179] Offensichtlich war es auch in diesem Fall gelungen, das Schweigekartell zu erneuern. Diese Unternehmungen vermitteln den Eindruck, als würde von Ehemaligen erheblicher Aufwand betrieben, um mögliche Löcher zu stopfen.

---

178 Vgl. Sontheimer, »Schweigen bis ins Grab«, *Der Spiegel,* 2. August 2010, 64. Jg., Nr. 31, S. 46.

179 Ebenda.

Die RAF meldet sich noch einmal zurück

Am 3. Mai 2010, dem 33. Jahrestag von Verena Beckers Festnahme in Singen, erscheint in der Tageszeitung *junge Welt* – zu DDR-Zeiten das Organ der staatlichen Jugendorganisation FDJ – eine anonyme Erklärung ehemaliger RAF-Mitglieder, in der unmissverständlich klargestellt wird, dass auch in Zukunft keine Aussagen zu den bislang ungeklärten Straftaten der RAF zu erwarten sind. Es heißt darin:

> »Die RAF hat sich 1998 aufgelöst, begründet aus ihrer Einschätzung der veränderten politischen Gesamtsituation. Die Tatsache, daß es ihre eigene Entscheidung war und sie nicht vom Staat besiegt wurde, ist offenbar noch immer ein Stachel. Daher das ewige Gerede vom ›Mythos‹, den es zu knacken gilt. Daher die politische und moralische Kapitulation, die da eingefordert wird. Daher die Versuche, die Kriminalisierung unserer Geschichte zum Punkt zu bringen, bis hin zu dem verlogenen Vorschlag einer ›Wahrheitskommission‹. Während die Fahndung nach den Illegalen, die Hetze in den Medien und die Verfahren gegen ehemalige Gefangene andauern, wird von uns der öffentliche Kotau verlangt. Wo es nach all den Jahren nicht durch ›Abschwören‹ gelaufen ist, sollen wir uns jetzt gegenseitig verpfeifen. Rette sich, wer kann.«[180]

Angeblich hat nie jemand aus der RAF staatlichen Behörden gegenüber Aussagen gemacht. Und wenn doch, dann handelte es sich um Mitkämpfer, die postwendend ausgeschlossen worden sind. So auch im Fall Verena Becker, über die es beinahe verständnisvoll heißt, dass man sich 1983 von ihr »getrennt« habe. Für die Weigerung, als Zeugen auszusagen, werden historische Vorbilder genannt und nur die edelsten Motive veranschlagt:

> »Wenn von uns niemand Aussagen gemacht hat, dann nicht, weil es darüber eine besondere ›Absprache‹ in der RAF gegeben hätte, sondern weil das für jeden Menschen mit politischem Bewußtsein selbstverständlich ist. Eine Sache der Würde, der Identität – der

---

180 Anonym, »Von uns keine Aussagen«, *junge Welt,* 7. Mai 2010.

Seite, auf die wir uns gestellt haben. Keine Aussage zu machen, ist keine Erfindung der RAF. Es hat die Erfahrung der Befreiungsbewegungen und Guerillagruppen gegeben, daß es lebenswichtig ist, in der Gefangenschaft nichts zu sagen, um die, die weiterkämpfen, zu schützen. Es hat die Beispiele des Widerstands gegen den Faschismus gegeben. Wer immer hier ernsthaft politisch etwas wollte, hat sich damit auseinandergesetzt und daraus gelernt. In der Studentenbewegung war Aussageverweigerung eine breit begriffene Notwendigkeit, als die Kriminalisierung losging. […] Wir machen keine Aussagen, weil wir keine Staatszeugen sind, damals nicht, heute nicht.«[181]

Wegen ihrer Bereitschaft, mit Vertretern von Presse und Medien zu sprechen, werden namentlich Peter-Jürgen Boock, Karl-Heinz Dellwo und Knut Folkerts kritisiert. Ganz offensichtlich dient die Erklärung dazu, die Reihen möglichst geschlossen zu halten. Dellwos Äußerung, dass die Ehemaligen »für sich selber entscheiden« sollten, ob sie Namen nennen wollten, verstieß demnach schon gegen den Gruppenkodex. Was der Stockholm-Attentäter, der im Übrigen als treibende Kraft der RAF-Auflösung von 1998 gilt, im April 2007 in einer Sendung des ARD-Politmagazins *Panorama* festgestellt und damit in die Selbstverantwortung von Einzelnen delegiert hat, wird als Verstoß gegen das kollektive Selbstverständnis der RAF gegeißelt. Niemand von den Ehemaligen soll in der Öffentlichkeit unwidersprochen eine Position einnehmen, die dem Schweigekartell zuwiderläuft.

Zu dieser Haltung passt die Nachricht, dass Brigitte Mohnhaupt, die einstige RAF-Chefin und hartnäckigste Gegenspielerin Dellwos, 2010 über Monate hinweg durch die Republik gereist sein soll, um Zweifler oder gar Aussagebereite wieder auf Linie zu bringen. Noch einmal scheint sich die einstige eiserne Lady der RAF in ihre Führungsrolle zurückbegeben zu wollen. Würde sie sich durchsetzen, dann müsste die Hoffnung auf einen ernsthaften Wandel ehemaliger RAF-Mitglieder und eine wachsende Bereitschaft, die viel zitierte Omertà ihrer Organisation zu durchbrechen, wohl endgültig aufgegeben werden.

---

181 Ebenda.

Die Verdachtsmomente

Die Widersprüche, Unterlassungen und Fragwürdigkeiten, die im Laufe der letzten drei Jahre im Fall Buback/Becker aufgetaucht sind, muten zahllos an. Insbesondere das Schuldenkonto, das auf Verena Becker lastet, ist enorm angewachsen. Um im Dickicht der Be- und Zuschreibungen nicht den Überblick zu verlieren, empfiehlt es sich, die einzelnen Verdachtsmomente, die für ihre unmittelbare Tatbeteiligung und eine Deckung ihrer Person von staatlicher Seite sprechen, aufzulisten und kritisch zu überprüfen.

1. Der Verzicht auf eine Anklageerhebung gegen Becker im Mordfall Buback

Der wichtigste Punkt für den Verdacht einer Deckung ist nach wie vor die Tatsache, dass trotz schwerwiegender Verdachtsmomente weder gegen sie noch gegen Sonnenberg Anklage wegen der Ermordung des Generalbundesanwalts erhoben worden ist und wohl auch nicht werden wird. Vier Wochen nach einem spektakulären Anschlag wie dem Karlsruher Attentat mit der Tatwaffe auftauchen zu können, ohne sich danach auf der Anklagebank wiederzufinden, das muss schon Gründe haben. Becker hätte lediglich einmal gefragt werden müssen – was schon bei einer wegen eines geringfügigeren Delikts als eines Mordanschlages Verdächtigten die Regel ist –, ob sie für den Morgen des 7. April 1977 ein Alibi hat.[182] Das scheint nicht geschehen zu sein. Und

182 Kurz vor Beginn des Becker-Prozesses wartet der Spiegel mit einer Meldung auf, die der Verdächtigen noch ein Alibi verschaffen könnte. In den Archiven des Verfassungsschutzes, heißt es, seien überraschenderweise zwei weitere Geheimvermerke aus dem Herbst 1981 aufgetaucht. Danach sollen Verena Becker und Brigitte Mohnhaupt im April 1977 nach Bagdad geflogen sein. Ausdrücklich, so soll es darin weiter heißen, wären die beiden zum Zeitpunkt des Buback-Attentates »abwesend« gewesen. Die Quelle selbst ist jedoch so dürftig, dass der Spiegel in seiner eigenen Darstellung noch einen halben Rückzieher macht und nur von einer »angeblichen Irak-Reise« schreibt. Vgl. Dahlkamp/Stark, »Ratte und Geier«, Der Spiegel vom 27. September 2010, 64. Jg., Nr. 39, S. 33.

falls doch, dann ist die Antwort darauf vorenthalten worden. Die Vermutung, dass es eine schützende Hand für sie gegeben haben muss, steht nach wie vor im Raum.

Für die Aussetzung ihrer Strafverfolgung könnte es sogar eine rechtliche Grundlage gegeben haben. Denn es existieren geheim gehaltene »Zusammenarbeitsrichtlinien« für die Kooperation zwischen Polizei und Staatsanwaltschaft auf der einen und den Geheimdiensten auf der anderen Seite. In § 14 dieser als »Verschlußsache« firmierenden und »Nur für den Dienstgebrauch« gedachten Anweisungen heißt es: »Die Strafverfolgungsbehörden beachten unter Berücksichtigung der Belange des Verfahrens das Sicherheitsinteresse der Verfassungsschutzbehörden, des Bundesnachrichtendienstes und des Militärischen Abschirmdienstes. Dies gilt insbesondere dann, wenn sich Anhaltspunkte dafür ergeben, dass ein Beschuldigter, Zeuge oder sonst am Verfahren Beteiligter geheimer Mitarbeiter der genannten Behörden ist oder war.«[183]

Ein anderes immer wieder zu hörendes Argument lautet, dass es aus Gründen der Zeitökonomie im Fall des Buback-Attentates nicht zu einem Prozess gegen Becker gekommen sei. Im Jahre 1977 hätten sich die Ereignisse regelrecht überschlagen, und am Ende sei man froh gewesen, sie überhaupt in diesem Jahr noch verurteilt zu haben. Ganz unzweifelhaft hat die Herausforderung der RAF, die mit dem Racheakt gegen den Generalbundesanwalt begann, der Ermordung des Bankiers Ponto weiterging und mit der Entführung und Ermordung von Arbeitgeberpräsident Schleyer im sogenannten Deutschen Herbst kulminierte, zu einer Krise der Inneren Sicherheit geführt. Und in der Tat hatte es damals vor dem Hintergrund des Stammheimer Hauptverfahrens gegen die RAF, das durch die Blockadehaltung der Angeklagten, dem Ungeschick des Gerichtsvorsitzenden und eine Antragsflut der Verteidigung ein ums andere Mal ausgebremst worden war, eine Debatte über mögliche Schritte zu einer Beschleunigung in der juristischen Bewältigung des RAF-Terrorismus gegeben. Überlegungen zur Zeitökonomie waren also keineswegs an den Haaren herbeigezogen und besaßen durchaus einen Stellenwert. Dennoch muss dieser Gedanke im Zusammenhang mit dem Mordanschlag auf Siegfried

---

183 Zitiert nach: »Bedauerliches Versehen«, *Der Spiegel,* 26. November 1984, 38. Jg., Nr. 48, S. 108.

Buback und seine beiden Begleiter abwegig und eher wie ein Ablenkungsmanöver erscheinen. Allein der abstrakte Gedanke, die Aufklärung des Attentates auf den höchsten Staatsanwalt der Republik und die Verfolgung der Täter aus utilitaristischen Beweggründen opfern zu wollen, mutet verdächtig an – zumal wenn er von Vertretern des Staates und der Justiz geäußert wird, die ansonsten nichts unversucht lassen, um ihre Loyalität dem Rechtsstaat gegenüber unter Beweis zu stellen. Wie eigentlich hätte die Bekämpfung des Terrorismus weiter gerechtfertigt werden sollen, wenn gerade die Strafverfolgung im Falle des ermordeten Generalbundesanwalts auf eine nicht nachvollziehbare Weise außer Kraft gesetzt worden wäre?

2. Beckers Herausnahme aus der Fahndung

Sichtbar könnte eine schützende Hand bereits im April 1977 kurz nach dem Karlsruher Anschlag geworden sein. Für die überraschende Wendung, die damals bei der Fahndung nach den mutmaßlichen Tätern eingetreten ist, hätte ein Hitchcock-Film Pate stehen können. Titel: »Eine Dame verschwindet«. Zunächst wird am Abend des Buback-Attentates in der *Tagesschau* das Bild eines Zeugen eingeblendet. Es handelt sich dabei um einen Autofahrer, der von einem auf der Nebenspur an der Ampel haltenden Pkw aus das Verbrechen verfolgt hat. Der Nachrichtensprecher erklärt dazu: »Dieser unmittelbare Zeuge des Überfalls auf Buback, ein Jugoslawe, berichtete, dass der Beifahrer auf dem Motorrad möglicherweise eine Frau gewesen sei.«[184] Einen Tag später jedoch ändert sich das schlagartig. Am Karfreitag, dem 8. April, werden in der *Tagesschau* plötzlich drei Männer als Tatverdächtige präsentiert und sogar deren Namen genannt: »Bei der Fahndung nach den Mördern des Generalbundesanwalts Buback und seines Fahrers Göbel gibt es möglicherweise eine erste heiße Spur. Das BKA in Wiesbaden sucht aufgrund von Zeugenaussagen den der Tat dringend verdächtigen terroristischen Gewalttäter Günter Sonnenberg. Sonnenberg ist 22 Jahre alt. Außer ihm wird nach dem 24-jährigen Christian Klar und dem 25-jährigen Knut Folkerts gefahndet.«[185] Zu sehen sind Porträtaufnahmen der drei Männer. Im Anschluss daran

---

184 *Tagesschau,* 7. April 1977.
185 *Tagesschau,* 8. April 1977.

Gerhard Boeden, Leiter der Abteilung Terrorismus im BKA, präsentiert die Maschinenpistole, mit der Generalbundesanwalt Buback und seine beiden Begleiter erschossen wurden.
picture-alliance/dpa

wird der Leiter der Abteilung Terrorismus im Bundeskriminalamt Gerhard Boeden interviewt.

Auf die Frage des ARD-Reporters, warum plötzlich nicht mehr nach einer weiblichen Mittäterin gesucht werde, antwortet der BKA-Beamte lapidar: »Nun, wenn Sie sich die Fahndungsfotos ansehen, dann kann man nicht ausschließen, dass einer der drei Beteiligten so aussieht, wie auch eine Frau aussehen kann.«[186] Da Sonnenberg und Folkerts als Bartträger abgebildet werden, im Gegensatz dazu Klar keinen Bart trägt und eher feminin wirkt, dürfte Boeden wohl Letzteren gemeint haben. Durch Boedens Auftritt entsteht in der Öffentlichkeit ein prekärer Eindruck: »Das Verbrechen erschien somit am Tag danach bereits aufgeklärt, es galt nur noch, die nun bekannten Täter zu ergreifen.«[187] Das war eine völlig trügerische Erfolgsmeldung. Es

186 Ebenda.
187 Buback, Der zweite Tod meines Vaters, S. 215.

wurde der Eindruck vermittelt, als habe man genaue Kenntnisse von der Tat und brauche nur noch auf Hinweise aus der Bevölkerung zu warten, um die Täter in Gewahrsam zu nehmen.

Währenddessen fahndet die BKA-Zentrale in Wiesbaden aber nach einem etwas anders zusammengesetzten Trio – nach Sonnenberg, Klar und Becker. Der Leiter der Sonderkommission Buback beim BKA, Rainer Hofmeyer, hat das jedenfalls in einem im Juni 2008 vom SWR ausgestrahlten Rundfunkfeature klipp und klar festgestellt. Auf die Frage, nach welchen Personen gefahndet worden sei, antwortete er: »Günter Sonnenberg, Verena Becker, Christian Klar – diese Namen waren alle in unserem Zielspektrum.«[188] Ganz offensichtlich hat sich die Abteilung Terrorismus des BKA in Bonn-Bad Godesberg also anders orientiert als die Zentrale des BKA in Wiesbaden. Dieser eklatante Widerspruch tritt auch in einem anderen Dokument zutage. Am selben Tag, an dem Boeden sein fragwürdiges *Tagesschau*-Interview gegeben hat, am 8. April 1977, taucht in der täglichen Lagemeldung des Bundeskriminalamtes die Zeugenaussage des Jugoslawen auf, der den Ablauf der Tat aus unmittelbarer Nähe verfolgen konnte. Darin heißt es: »[...] der Beifahrer, möglicherweise eine Frau, schoß mit einer automatischen Schnellfeuerwaffe.«[189] In keinem anderen Punkt als der Geschlechterfrage verrät sich stärker die Diskrepanz zwischen der BKA-Zentrale und der BKA-Abteilung TE. Warum Boedens »falsche Weichenstellung mit langfristiger Wirkung« (Michael Buback) erfolgt ist, bleibt schleierhaft. Was also könnte ihn bewogen haben, Verena Becker aus der Schusslinie herauszunehmen? Gab es spezifische Verbindungen der 1975 zur Bekämpfung des RAF-Terrorismus gegründeten Abteilung TE zum Verfassungsschutz oder einem anderen Geheimdienst? Der BKA-Mann, der 1987 selbst Präsident des Bundesamtes für Verfassungsschutz wurde und im Mai 2010 verstorben ist, hat sich nach seiner Versetzung in den Ruhestand nie zu dieser oder anderen Fragen öffentlich geäußert.

Angeklagt und verurteilt wurde dann jedoch nicht das von Boeden genannte Trio Sonnenberg, Klar und Folkerts, sondern ein anderes.

---

188 Hufnagl/Schmidt, Verschlusssache Buback. Eine Rekonstruktion, Feature am Sonntag, *SWR 2*, 8. Juni 2008.

189 Zitiert nach: Buback, Der zweite Tod meines Vaters. Erweiterte Taschenbuchausgabe, S. 394.

Ebenso wenig wie Becker ist auch Sonnenberg vor ein ordentliches Gericht gestellt worden. Dritte im Bunde der Angeklagten wurde – wie durch eine Wunderhand gelenkt – Brigitte Mohnhaupt. Sie galt ja als die Figur, an die die RAF-Spitze zu Beginn des Jahres 1977 die Führungsrolle delegiert hatte. Gegen sie aber lagen keinerlei Indizien vor, die auf eine konkrete Beteiligung an den Karlsruher Verbrechen hätten hinweisen können. Sie konnte daher im Fall Buback auch nur als »Rädelsführerin« verurteilt werden.[190] Die Verdachtsmomente gegen Sonnenberg und Becker waren ungleich höher als gegen diejenigen, die schließlich verurteilt wurden.

Der Grund für die Herausnahme Sonnenbergs könnte darin gelegen haben, dass sein Erscheinen auf der Anklagebank unweigerlich die Frage nach sich gezogen hätte, warum dort nicht auch Verena Becker hatte Platz nehmen müssen. Schließlich waren sie zusammen in der Nähe von Singen mit der Tatwaffe des Buback-Mordes in einer sie kompromittierenden Situation verhaftet worden. Zu Sonnenberg heißt es am Rand der Urteilsbegründung im Fall Mohnhaupt/Klar, dass die Bundesanwaltschaft im Hinblick auf dessen Beteiligung am Anschlag auf Generalbundesanwalt Buback und seinen Begleitern am 15. Januar 1982 mit einer Verfügung »von der Verfolgung abgesehen« hätte.[191] Eine explizite Begründung wird dafür nicht angegeben. Es heißt lediglich, die Bundesanwaltschaft habe sich dabei auf § 154 Abs. 1 der Strafprozessordnung bezogen. Es heißt dort: »Die Staatsanwaltschaft kann von der Verfolgung einer Tat absehen, 1. wenn die Strafe oder die Maßregel der Besserung und Sicherung, zu der die Verfolgung führen kann, neben einer Strafe oder Maßregel der Besserung und Sicherung, die gegen den Beschuldigten wegen einer anderen Tat rechtskräftig verhängt worden ist oder die er wegen einer anderen Tat zu erwarten hat, nicht beträchtlich ins Gewicht fällt.«

---

190 Urteil in der Strafsache gegen Brigitte Margret Ida Mohnhaupt und Christian Georg Alfred Klar, Oberlandesgericht Stuttgart, 2. April 1985, S. 347f., HIS-Archiv, Ur/20. Über Mohnhaupts herausragende Rolle heißt es, dass es »vornehmlich ihrem Koordinations- und Durchsetzungsvermögen, ihrer Autorität, ihrer reichen Erfahrung auf dem Gebiet terroristischer Aktivitäten sowie ihrer Überzeugungskraft zuzuschreiben« gewesen sei, dass die Gruppe die »Offensive 77« überhaupt habe einleiten können. Ebenda, S. 217f.

191 Ebenda, S. 55.

Die Ansicht, dass es sich stattdessen bei Becker und Sonnenberg um die mutmaßlichen Buback-Attentäter gehandelt haben könnte, hatte sich nach Singen noch länger in der Presse gehalten. Kurz nachdem Bubacks Nachfolger Kurt Rebmann von Bundesjustizminister Hans-Jochen Vogel im Sommer 1977 in sein neues Amt eingeführt worden war, ließ es sich ein Journalist der *Frankfurter Rundschau* nicht entgehen, ihn darauf anzusprechen, warum in der Anklageschrift gegen Günter Sonnenberg nicht davon die Rede sei, dass er am Mord an Generalbundesanwalt Buback beteiligt gewesen wäre. Rebmann antwortete abwiegelnd, jedoch nicht ohne die RAF-Frau als Erste zu nennen: »Nun, die Anklage gegen Becker und Sonnenberg bezieht sich nur auf die beiden versuchten Morde in Singen. Das ist ein abgrenzbarer Tatkomplex. Ich halte es für richtig, einen klar abgrenzbaren Sachverhalt schnell anzuklagen, damit die Strafe der Tat möglichst schnell auf dem Fuß folgt. Das braucht man auch zur rechtlichen Befriedigung der Bürger. Die Frage, ob Sonnenberg und Becker im Falle Buback Mittäter waren oder die Alleintäter waren, wird weiterhin geprüft.«[192] Der Journalist Werner Hill lässt jedoch keineswegs locker und hakt noch einmal nach: »Aber das ist natürlich etwas unbefriedigend, weil man doch die beiden praktisch schon als Täter angesehen hat und die Öffentlichkeit jetzt von einer Anklageschrift hört, in der dieser eigentliche Vorwurf nicht enthalten ist.«[193] Rebmann, erneut abwiegelnd: »Nun, ich könnte mir denken, daß die Ermittlungen im Falle Buback eben noch gewisse Schwierigkeiten machen. Wahrscheinlich ist die Beweislage noch nicht so weit geklärt, daß Anklage erhoben werden kann gegen Becker und Sonnenberg.«[194] Dieses Argument ist in der Folge immer wieder aufgegriffen worden. Angeblich habe es der Anklage gegen Sonnenberg und Becker an stichhaltigen Beweisen gefehlt. Das jedoch ist angesichts der unmittelbar nach dem Attentat vorliegenden Indizien über Tatverdächtige und Zusammenhänge fadenscheinig, wie inzwischen insbesondere durch das BKA-Schaubild bekannt gemacht und auch hier noch einmal ausgeführt worden ist.

---

192 »›Ich habe auch jetzt keine Angst‹ – Interview mit dem neuen Generalbundesanwalt Kurt Rebmann über sein Amt, die Wanzenaffäre und über Probleme des Terrorismus«, *Frankfurter Rundschau,* 15. Juli 1977.

193 Ebenda.

194 Ebenda.

3. Der Verdacht der Unterdrückung von Beweismitteln

Die Nichtberücksichtigung von Zeugenaussagen, in denen es um eine zierliche, möglicherweise weibliche Person ging, die beim Attentat vom Soziussitz aus die tödlichen Schüsse abgegeben hat, sind inzwischen so zahlreich, dass es überflüssig ist, sie an dieser Stelle noch einmal der Reihe nach zu rekonstruieren. Michael Buback, der einen enormen Aufwand betrieben hat, um derartige verloren gegangene oder vielleicht absichtlich unterdrückte Aussagen zusammenzustellen, spricht inzwischen von nicht weniger als 21 Zeugen, die diesbezügliche Aussagen gemacht haben sollen, die jedoch nicht weiter verwendet bzw. ignoriert worden sind. Zwei davon haben ihre Beobachtungen von einem Auto aus gemacht und von den 19 weiteren sind elf am Tattag und die anderen zuvor erfolgt.

Zur Unbrauchbarkeit der vom BKA festgestellten Haarspur: In einem der beiden Motorradhelme, die das Täterpaar auf der Suzuki getragen hatte und die zusammen mit der Maschine in der Brückenpfeilerkammer unter der Autobahnbrücke Wolfartsweier gefunden worden waren, fand sich eine Haarspitze, die mit jenen Haaren identisch war, die aus Beckers Haarbürste stammten, die nach der Festnahme in Singen gesichert worden war.[195] Diese Spur wäre von zentraler Bedeutung gewesen, weil sie Beckers Identität mit jener Person auf dem Soziussitz der Suzuki hätte nachweisen können. Im Schaubild des BKA wird das deshalb auch festgehalten. Durch eine DNA-Analyse, wie sie ja inzwischen auch im Falle der von Becker zugeklebten Bekennerschreiben nachgeholt worden ist, hätte man klären können, ob es sich dabei um einen unumstößlichen Beweis handelt. Doch später soll sich herausgestellt haben, dass diese Haarspitze unbrauchbar geworden sei. Warum aber?

Bemerkenswert ist auch, dass die Bundesanwaltschaft zu dem Schluss gelangt ist, der in Singen sichergestellte Suzuki-Schraubendreher könne nicht mit dem des Tatmotorrads identisch sein. Die von Gerhard Boeden geleitete Abteilung Terrorismus des Bundeskriminalamtes hatte im August 1977 überraschenderweise eine Nachermittlung in Gang gesetzt. Der Geschäftsführer des Düsseldorfer

---

195 Vgl. Friedmann/Hinrichs/Sontheimer/Holm, »Das Geheimnis des dritten Mannes«, *Der Spiegel*, 23. April 2007, 61. Jg., Nr. 17, S. 30.

Motorradgeschäftes, in dem am 2. April 1977 mit Sonnenberg der Mietvertrag für das Tatmotorrad abgeschlossen worden war, hatte in einer merkwürdig anmutenden Erklärung die Nichtidentität des Schraubendrehers festgestellt. Durch diese mit besonderem Aufwand betriebene Zeugenaussage konnte eine wichtige Verknüpfung außer Kraft gesetzt werden. Michael Buback hat diesen Vorgang akribisch untersucht und im Anschluss daran deutlich gemacht, dass ihn dieser Schachzug nicht überzeugt, sondern eher noch misstrauischer gemacht habe.[196] Wer hat eigentlich, so ist zu fragen, den Auftrag zu dieser Nachermittlung erteilt?

Es gibt jedoch andererseits keinen Automatismus, um vom zeitweiligen Besitz einer Tatwaffe auch auf ihre Verwendung zur Begehung einer Tat durch dieselbe Person zu schließen. Die Vielzahl der Augenzeugenberichte hat aber das Profil der für die Abgabe der tödlichen Schüsse infrage kommenden Person zu einer kleinen, wahrscheinlich weiblichen Verdächtigen verdichtet. Innerhalb der RAF sind Anfang 1977 eine ganze Reihe von Frauen bei Gewaltaktionen in Erscheinung getreten, die den Zeugenbeschreibungen in ihrer Körpergröße entsprechen könnten. Dazu zählt etwa auch die 1,59 Meter große, im Dezember 1975 an der Geiselnahme der OPEC-Konferenz in Wien beteiligte Gabriele Kröcher-Tiedemann. Die 1995 einem Krebsleiden erlegene Terroristin war 1975 mit Becker zusammen freigepresst worden, ebenfalls in den Südjemen geflogen, um sich in einem Trainingslager von Haddads PFLP ausbilden zu lassen, und galt als geübte Schützin. Der ominöse Koffer, der von Becker vor dem Antritt ihrer Zugreise zum Hohentwiel nach Zürich abgeschickt worden war, könnte für sie gedacht gewesen sein.[197] Denn genau zu dieser Zeit hielt sich Kröcher-Tiedemann in der Schweizer Metropole auf. Sie hätte einen Monat zuvor also durchaus auch in Karlsruhe zum Einsatz gekommen sein können. In der konkreten Frage nach der mutmaßlichen Todesschützin dürfte es jedenfalls immer noch einen nicht ganz unerheblichen Spielraum geben.

Warum hat mit Kay Nehm Rebmanns Nachfolger als Generalbundesanwalt 1994 das Bundeskriminalamt angewiesen, »die Spurenakten zum Mordfall Buback zu vernichten«? Angeblich aus Platzgründen.

---

196 Buback, Der zweite Tod meines Vaters, S. 314–319.
197 Vgl. Prantl, »Der Züricher Koffer«, *Süddeutsche Zeitung*, 10. September 2009.

Angesichts der seit Langem zur Verfügung stehenden Möglichkeit, umfangreiche Aktenbestände auf Mikrofilm zu sichern, wirkt das jedoch wie vorgeschoben. Damit lassen sich all jene Spuren, die im Ermittlungsverfahren eine Rolle gespielt haben, nicht mehr rekonstruieren. Das ist in einem Fall, in dem es um dreifachen Mord geht und der nicht verjährt, unverantwortlich und verdächtig zugleich.

Warum ist Verena Beckers Tagebuch, das nach der Schießerei bei Singen in ihrem Gepäck aufgefunden wurde, unter Verschluss gehalten und in ihrem Prozess vor dem Stuttgarter Oberlandesgericht nicht verwendet worden? Michael Buback erfuhr von dessen Existenz erst auf Umwegen und eher zufällig im September 2008.[198] Mit einem ersten Versuch, sich bei der Bundesanwaltschaft Gewissheit darüber zu verschaffen, war er noch ins Leere gestoßen. Bundesanwalt Walter Hemberger hatte ihm geantwortet, er hätte zwar schon einmal davon gehört, bei Nachfragen unter seinen Kollegen jedoch dafür keine Bestätigung bekommen können. Erst in einem zweiten Anlauf stellte sich im Februar 2009 heraus, dass bei einer »Nachschau« unter den Sachakten des Ermittlungsverfahrens gegen Verena Becker die Kopie eines Notizbuchs gefunden worden wäre, das mit hoher Wahrscheinlichkeit Becker zuzuordnen sei. Warum aber ist dieses bedeutende Dokument nicht von Bundesanwalt Joachim Lampe, der in dem Stammheimer Gerichtsverfahren die Anklage gegen Becker vertreten hat, eingebracht worden?

Und warum fehlen in dem Notizbuch bzw. in der Kopie des Notizbuches die Seiten vom 15. Februar bis zum 8. April? Sie sind herausgerissen worden. Unklar ist allerdings, wann und von wem. Noch vor der Festnahme am 3. Mai in Singen oder erst im Anschluss daran? Wenn dies danach geschehen sein sollte, dann wäre das ein eindeutiger Hinweis auf einen Vertuschungsversuch. Gerade diese Aufzeichnungen, von denen die meisten verschlüsselt waren, hätten für die Aufklärung des Buback-Attentates von höchster Bedeutung sein können. Sollte sie selbst, was nicht von vornherein ausgeschlossen werden kann, die Seiten aus Sicherheitsgründen herausgerissen haben? Gegen diese Vermutung spricht allerdings, dass sie das Kalendarium

---

198 Buback, Der zweite Tod meines Vaters. Erweiterte Taschenbuchausgabe, S. 358–363.

überhaupt weiter bei sich hatte. Sehr viel wahrscheinlicher ist die Annahme, dass jemand die fehlenden Seiten nach ihrer Festnahme entfernt hat, um Spuren und damit mögliche Indizien für ihre unmittelbare Tatbeteiligung zu vernichten. Die Tatsache, dass sich erst nach drei Jahrzehnten und nur mit großer Mühe ein Existenzbeweis für Beckers Aufzeichnungen erbringen ließ, verstärkt die Verdachtsmomente erheblich.

Warum bleibt eigentlich auch Beckers Begnadigungsakte verschwunden? Aus den Unterlagen müsste ersichtlich sein, mit welchen Argumenten sich Generalbundesanwalt Rebmann am 22. Juli 1989 für eine Begnadigung Beckers eingesetzt hat. Und vielleicht sogar, welche Faktoren seitens der zuvor an der Beratung beteiligten Behörden – der Bundesanwaltschaft, dem Bundesamt für Verfassungsschutz und dem Bundesnachrichtendienst – Berücksichtigung gefunden haben.

4. Die Herausnahme von Verena Becker aus den verschiedenen von der Bundesanwaltschaft verfassten Anklageschriften

Michael Buback hat bereits in der ersten Fassung seines Buches moniert, dass Verena Becker in einem Abschnitt der Anklageschrift gegen Knut Folkerts zwar noch aufgeführt wird, im Gegensatz dazu jedoch in der Anklageschrift gegen Brigitte Mohnhaupt und Christian Klar vollständig fehlt.[199] Es handelt sich um die »Ermittlungen zur Tatwaffe«. Während bei Folkerts noch von der »Festnahme von Günter Sonnenberg und Verena Becker« die Rede ist, wird in der Anklage der beiden anderen nur noch von der »Festnahme von Günter Sonnenberg« gesprochen. Kann man die Eliminierung einer Tatverdächtigen in einer Anklageschrift noch mit Zufall erklären?

Die Meldung, dass Becker hochgradig verdächtig war, an dem Kölner Banküberfall vom 12. April 1977 und auch an dem in Düsseldorf vom 15. April beteiligt gewesen zu sein, wird weder bei den Ermittlungen noch bei den Gerichtsverfahren berücksichtigt. Das ist umso erstaunlicher, als die Bundesanwaltschaft davon informiert gewesen ist. Michael Buback hat überdies darauf hingewiesen, dass die Aktenzeichen – »1 BJs 26/77« (Attentat) und »BJs 27/77« (Banküberfall) so-

---

199 Buback, Der zweite Tod meines Vaters, S. 206/207.

gar unmittelbar aufeinander gefolgt sind.[200] Das zu übersehen, kann kein Zufall gewesen sein.

5. Der Verdacht der Manipulation einer Verfassungsschutzakte

Am heftigsten umkämpft war die Verfassungsschutzakte, in der sich das Protokoll der von Becker dem BfV gegenüber gemachten Aussagen befinden sollen. Inzwischen sind Zweifel aufgetaucht, was den Inhalt des nach wie vor als geheim eingestuften Dokuments anbetrifft. Denn im entscheidenden Punkt ist ein klärungsbedürftiger Widerspruch aufgetreten. Die Akte besteht – wie bereits erwähnt – aus zwei verschiedenen Teilen, einem 227 Seiten umfassenden Operativvermerk, in dem die bei der Vernehmung der Quelle gemachten Aussagen enthalten sind, und einem dazugehörigen 82-seitigen Auswertevermerk, der auf der Grundlage des ersten Dokuments vom BfV in Köln angefertigt worden ist. Die von Becker angeblich zum Karlsruher Attentat abgegebene zentrale Information, dass Sonnenberg das Motorrad gelenkt, Wisniewski geschossen und Klar im Wagen auf die flüchtenden Täter gewartet habe, taucht im Operativvermerk, also dem eigentlichen Vernehmungsprotokoll, überhaupt nicht auf. Das jedenfalls ist Michael Buback und seiner Frau, denen ja eine Einsicht in das Geheimdokument gewährt worden ist, bei ihrer Lektüre aufgefallen.

Die Frage ist nun, wie kommt eine solche Aussage in eine Auswertung, den sogenannten Aussagevermerk, überhaupt hinein? Gab es noch eine andere, zusätzliche Grundlage für die Auswertung, oder aber ist diese Aussage »erfunden« worden, um die Tatverdächtige zu schützen? Die erste Möglichkeit würde der vom damaligen Bundesinnenminister Schäuble dem Sohn des Attentatsopfers im Juli 2007 gegebenen Zusicherung widersprechen, dass die Generalbundesanwältin über die Ergebnisse der von Becker gegebenen Auskünfte »umfassend« in Kenntnis gesetzt worden sei. Danach könne, so schlussfolgert Michael Buback, die dem Generalbundesanwalt übergebene Verfassungsschutzakte eigentlich nicht unvollständig sein. Demnach dürfte Becker bei ihrer Befragung gar keine Aussage über die Karlsruher Täter gemacht haben.

---

200 Buback, Der zweite Tod meines Vaters. Erweiterte Taschenbuchausgabe, S. 365.

Die zweite Möglichkeit wäre ein Manipulationsversuch mit weitreichenden Folgen. Worin diese bestanden haben könnten, hat Michael Buback in einem Interview bereits zum Ausdruck gebracht: »Diese Ergänzung war günstig für Verena Becker, denn, wenn drei Männer die Tat verübten, wie es im Behördenzeugnis steht, käme sie ja nicht als unmittelbare Mittäterin in Betracht. Zudem kann man aufgrund der Tatsache, dass sie eine Aussage über die Täter gemacht hat, argumentieren, sie stehe jetzt auf der richtigen Seite und unterstütze die Ermittler, sodass man ihr eher Vorteile wie Hafterleichterung, Bezahlung und frühe Gnadenwürdigkeit gewähren könnte.«[201] Dies ist natürlich nur eine Vermutung. Aber ohne plausibel erscheinende Vermutungen lässt sich in einem Fall, in dem von staatlicher Seite ein ums andere Mal »gemauert« worden ist, kein Erkenntnisgewinn erzielen. Unabhängig davon, welche der beiden Varianten zutrifft, zeigt sich jedoch wieder einmal, dass sich auch bei der einzig vorliegenden Aussage der Tatverdächtigen, zu der es ohnehin einen nur sehr eingeschränkten Zugang gibt, die Hoffnung auf eine Klärung der in den Tatvorgang Involvierten bereits im ersten Ansatz zu verflüchtigen scheint.

6. Der unterschiedliche Einsatz der Gegenüberstellung

Die kriminalistische Praxis, Tatverdächtige Zeugen gegenüberzustellen, ist nicht zu Unrecht als ein problematisches Verfahren kritisiert worden, deren Ergebnisse zumindest mit Skepsis behandelt werden müssen. Besonders in einem Fall, in dem sich wie in Karlsruhe die beiden Täter unter ihrer Motorradmontur und den dazugehörigen, mit Klappvisieren ausgestatteten Helmen nur zu gut verstecken konnten. Aus diesem Grund ist immer wieder behauptet worden, es wäre völlig nutzlos gewesen, eine Gegenüberstellung Verena Beckers mit Augenzeugen des Karlsruher Attentates herbeizuführen. Selbst wenn es zu einer Identifikation gekommen wäre, so hätte sie doch als problematisch erscheinen müssen. Da Gesicht und Frisur durch den Helm verdeckt waren, hätte man sich nur auf die Körpergröße, das Körperpro-

---

201 »›Ich erhoffe mir die Wahrheit‹. Michael Buback über seine Suche nach Antworten auf die Frage, warum der Mord an seinem Vater auch nach 33 Jahren noch nicht aufgeklärt ist«, *Frankfurter Rundschau*, 27. August 2010.

fil oder -volumen und die Bewegungseigenschaften des oder der Verdächtigen konzentrieren können.

Warum ist aber – so muss gefragt werden – im Gegensatz zu Becker eine Gegenüberstellung mit Knut Folkerts erfolgt? Bei beiden wäre es ja, was in der Tat von vornherein zweifelhaft war, nur in der auf dem Motorrad getragenen Kleidung und mit aufgesetzten Helmen, also in der entsprechenden Tarnung, möglich gewesen. Die Zeugin Edith Neukirch hatte man zusammen mit anderen Zeugen sogar in einem Bus nach Utrecht gefahren, um Folkerts dort zu identifizieren. Der offiziell als Buback-Attentäter Verdächtigte war in der niederländischen Stadt am 22. September 1977 verhaftet worden, nachdem er zuvor einen Polizisten erschossen und einen anderen schwer verletzt hatte. Sollte das vielleicht etwas damit zu tun haben, dass man bei dem von Boeden präsentierten Verdächtigen eine entsprechende Wiedererkennung auf jeden Fall erreichen, im Falle Becker hingegen nach Möglichkeit vermeiden wollte? Diese Form der Ungleichbehandlung sticht jedenfalls ins Auge. Dass die Zeugin Neukirch den als tatverdächtig Geltenden nicht »wiedererkannt« hat, so könnte man inzwischen zu sagen geneigt sein, ist ganz logisch gewesen. Denn Folkerts kann es – wenn man Boock und seiner eigenen Erklärung trauen darf – nicht gewesen sein. Und warum hätte eine Zeugin jemanden »wiedererkennen« sollen, den sie am Tatort gar nicht gesehen haben kann?

Der Karlsruher Rechtsanwalt Michael Rosenthal hat auf die grundsätzlichen Schwierigkeiten im Hinblick auf die Identifikation von Tatverdächtigen durch Zeugen bei der Gegenüberstellung aufmerksam gemacht. Der *Spiegel* hatte ihn 2007 in einem Interview danach gefragt, wie es möglich sein könnte, dass einerseits Folkerts erklärte, sich weder vor noch nach der Tat in Karlsruhe aufgehalten zu haben, er andererseits aber in dieser Zeit von verschiedenen Zeugen in Karlsruhe oder sogar am Tatort gesehen worden sein soll. Rosenthal meint, dass sich »ein systematischer Fehler in die Beweisführung eingeschlichen« haben könnte:

> »Die Wiedererkennung durch Zeugen ist […] ein Problem, denn die Erinnerung kann leicht von äußeren Einflüssen überlagert werden. Wenn sich da etwas im Unterbewusstsein verschiebt, etwa indem der Zeuge Fahndungsbilder mit seiner ursprünglichen Wahrnehmung vermischt, kriegt man das nie wieder in den Griff […] Deshalb muss nach heutigem Standard ein Urteil akribisch wiederge-

ben, wie dieser Prozess der Identifikation abgelaufen ist: Wie war der genaue zeitliche Ablauf der verschiedenen Wahrnehmungen, wie hat der Zeuge zum ersten Mal für sich oder im privaten Kreis die Person identifiziert, wie lief die Identifikation bei der Polizei? Das tut das Urteil aber bei sämtlichen Zeugenaussagen nicht oder allenfalls scheinbar. Man kann den Richtern selbst in diesem Punkt zwar keinen Vorwurf machen: Solche Ausführungen wurden damals noch nicht höchstrichterlich verlangt, auch weil man sich der Probleme im Detail noch nicht voll bewusst war. So kann man aber leider nicht ausschließen, dass in einigen, vielleicht sogar in allen Fällen bei der Wiedererkennung gravierende Fehler unterlaufen sind [...] Nehmen wir das Ehepaar, das gesehen haben soll, wie Folkerts mit zwei anderen Männern zwei Tage vor der Tat beim Bahnhof Bietigheim-Bissingen in einen Alfa Romeo, das spätere Fluchtfahrzeug, stieg. Der Mann will Folkerts sowie Günter Sonnenberg und Christian Klar auf den Fahndungsblättern – die genau diese drei zeigten – wiedererkannt haben. Bei einer späteren ›Gegenüberstellung‹, heißt es im Urteil, habe der Zeuge zwar bei Sonnenberg Einschränkungen gemacht, sei sich aber bei Folkerts ›sicher‹ gewesen. Wie man heute weiß, ist dabei der Ablauf entscheidend: Zeigt die Polizei bei einer Gegenüberstellung oder der Identifizierung mit Hilfe von Fotos die Auswahlpersonen gleichzeitig, ist die Gefahr, dass jemand ›falsch‹ wiedererkannt wird, viel höher, als wenn die Personen oder deren Fotos nacheinander präsentiert werden. Dem Gericht hat es aber genügt, wenn die Zeugen selbst meinten, die Fahndungsbilder hätten sie nicht beeinflusst. Da muss man befürchten, dass das nicht optimal lief.«[202]

Danach erscheint es als durchaus denkbar, dass Folkerts, dem ja mit Misstrauen entgegengetreten wird, weil man ihm unterstellt, Aussagen nur aus Eigeninteresse zu machen und deshalb möglicherweise zu lügen, die Wahrheit gesagt hat und sich im Gegensatz dazu alle Zeugen, denen eine unbeteiligte, der Wahrheitsfindung gegenüber eine sehr viel günstigere Rolle zugestanden wird, geirrt haben.

---

202 »Urteil gegen RAF-Terrorist Knut Folkerts. Systematischer Fehler«, *Spiegel online*-Interview mit dem Karlsruher Rechtsanwalt Michael Rosenthal, 20. August 2007.

7. Beckers Hafterleichterungen

Ein anderer gewichtiger Punkt sind Beckers misstrauenerweckende Hafterleichterungen. Wie der Berliner Justizsenator in einer am 8. November 1974 herausgegebenen »Dokumentation über die Haftbedingungen der Untersuchungs- und Strafgefangenen, die sich wegen politisch motivierter Straftaten zur Zeit in Berliner Justizvollzugsanstalten im Untersuchungs- oder Strafhaft befinden« belegt, hatte Verena Becker – wie es in dem sie betreffenden Abschnitt heißt –, bevor sie am 24. Oktober in ein Krankenhaus der Berliner Vollzugsanstalten in Moabit überführt wurde, um sie dort künstlich ernähren zu lassen, reichlich Gelegenheit zu Kontakten zu Mitgefangenen der *Bewegung 2. Juni* und der RAF.[203] Zusammen mit Ingrid Siepmann, Annerose Reiche und fünf weiteren Gefangenen konnte sie einmal wöchentlich zwischen 19.00 und 22.00 Uhr Fernsehsendungen verfolgen. Täglich hatte sie in Moabit die Möglichkeit zu einer gemeinsamen Freistunde mit Ulrike Meinhof, die wegen des Prozesses zur Baader-Befreiung vorübergehend von Stuttgart-Stammheim nach West-Berlin überstellt worden war. In der Vollzugsanstalt für Frauen erhielt sie ebenfalls täglich für eine Stunde Gelegenheit zu einer gemeinsamen Freistunde mit Siepmann und acht anderen weiblichen Gefangenen. Im Abschnitt über Ulrike Meinhof heißt es in der Dokumentation, ihr sei in Moabit »die Freistunde mit einer anderen Gefangenen gestattet« worden. Das kann im Umkehrschluss also nur Verena Becker gewesen sein.[204] Ein solcher Kontakt, so ein ungenannt bleiben wollender Sicherheitsexperte, habe »eigentlich allen Regeln« widersprochen. Warum also ist es Becker ermöglicht worden, sich täglich unkontrolliert mit Ulrike Meinhof zu unterhalten? Hatte sie den Auftrag, die Spitzengenossin der RAF auszuhorchen, um dem Verfassungsschutz (oder der Abteilung Terrorismus des BKA) Informationen über die RAF zu verschaffen?

---

203 Senator für Justiz, Dokumentation über die Haftbedingungen der Untersuchungs- und Strafgefangenen, die sich wegen politisch motivierter Straftaten zur Zeit in Berliner Justizvollzugsanstalten im Untersuchungs- oder Strafhaft befinden, Berlin 62, den 8. Nov. 1974, HIS-Archiv, RA 02/002, 013.

204 Eine Biografin schreibt sogar, dass Becker im Oktober 1974 zeitweilig mit Meinhof in einer Zelle untergebracht gewesen sei. Ditfurth, Ulrike Meinhof, S. 392.

Eine weitere denkwürdige Hafterleichterung trat drei Jahre später während Beckers zweiter Haftzeit in Kraft. Ende Juni 1977 wurde es Gudrun Ensslin gestattet, ihre Zeit – und zwar Tag wie Nacht – mit Becker, Schmitz und Schubert gemeinsam verbringen zu dürfen. Auch hier drängt sich die Frage auf, ob das eigentliche Interesse darin bestanden haben könnte, dass Becker eine Gelegenheit gegeben werden sollte, die zweite Führungsfrau aus der RAF-Spitze auszuhorchen? Gerade die Tatsache, dass dieser »Umschluss« drei RAF-Gefangenen gleichzeitig eingeräumt wurde, dürfte diesen Schritt weniger verdächtig gemacht haben. Auch die jahrelange Leugnung, dass Becker überhaupt in Stammheim einsaß und dort Kontakt zur Führungsspitze der RAF aufzunehmen in der Lage war, könnte damit in Zusammenhang stehen.

In einem anderen Punkt geht es um eine Lockerung der Haftbedingungen, die allerdings weniger im Interesse der Inhaftierten, sondern ganz in dem einer staatlichen Behörde gelegen haben dürfte. Generalbundesanwalt Rebmanns am 11. Mai 1977 getroffene Entscheidung, es BKA-Beamten der Abteilung Terrorismus »jederzeit« – wie es ausdrücklich heißt – zu gestatten, Verena Becker »zwecks Ermittlungshandlungen auszuführen«, nährt den Verdacht, dass damit eine besondere Zugriffsmöglichkeit auf die RAF-Gefangene ermöglicht werden sollte. Wozu und wohin sollte Becker »ausgeführt« werden? Einer Abteilung des BKA ist damit ausdrücklich die Möglichkeit eingeräumt worden, eine dringend Mordverdächtige der Kontrolle durch die Justiz zu entziehen. Leiter der Abteilung Terrorismus im BKA war jener Beamte, der einen Tag nach dem Karlsruher Attentat für die entscheidende Weichenstellung gesorgt hatte und später zum Präsidenten des Kölner Bundesamtes für Verfassungsschutz aufstieg: Gerhard Boeden.

8. Das Verwirrspiel um Beckers Unterbringung in diversen Haftanstalten

Ihre erste Station ist angeblich die Frauenhaftanstalt Frankfurt-Preungesheim. In Wirklichkeit befindet sich Becker jedoch – was vom baden-württembergischen Justizministerium noch 2007 in Abrede gestellt wird – in Stammheim. Im Januar 1981 wird Becker wegen der Nachbehandlung einer Tuberkulose-Erkrankung angeblich in die Justizvollzugsanstalt Kassel verlegt. Doch sie ist keineswegs an Tuberkulose erkrankt und auch nicht von Stammheim nach Kassel verlegt worden. Dort saß sie bereits drei Jahre früher ein, zu Beginn des Jahres 1978. Im September 1981 soll sie außerdem in das bayerische Gefängnis Aichach verlegt worden sein. In Wirklichkeit sitzt sie zu dieser Zeit aber in Köln in einer konspirativen Wohnung und packt über ihre Vergangenheit wie die ihrer Mitkämpfer aus. Insofern spricht alles für eine Inszenierung, mit der das BfV nichts anderes als eine Täuschung der Öffentlichkeit beabsichtigt hat, um seine Kontakte zur RAF-Gefangenen kaschieren zu können.

9. Haftverschonung durch Begnadigung

Der Staat hat Becker gegenüber letztlich in auffälliger Weise Milde walten lassen. Bundespräsident Richard von Weizsäcker hatte ihrem Gnadengesuch vom Januar 1989 ein Dreivierteljahr später stattgegeben. Dieses Faktum allein muss noch nicht misstrauisch stimmen. Es ist eher die Art und Weise, wie die Begnadigung zustande gekommen ist. Formal betrachtet war alles in Ordnung. Der Bundespräsident hatte den damaligen Generalbundesanwalt Kurt Rebmann um eine entsprechende Stellungnahme gebeten, und der hat sie dann auch vorgelegt. Diese basierte jedoch auf einer Beratung zwischen Vertretern der Bundesanwaltschaft, dem Bundesamt für Verfassungsschutz und dem Bundesnachrichtendienst. Damit könnten wieder einmal Geheimdienste bei einer Entscheidung, die eine RAF-Gefangene betraf, die zumindest mit dem BfV in Köln kooperiert hatte, die Oberhand gehabt haben. Es ist auffällig, dass das Bundeskriminalamt dabei nicht berücksichtigt worden ist. Vielleicht war das angesichts der Tatsache, dass zu diesem Zeitpunkt mit Gerhard Boeden der ehemalige Leiter der Abteilung Terrorismus im Bundeskriminalamt Präsident des BfV war,[205] auch gar nicht weiter erforderlich.

---

205 Boeden war 1987 nach Erreichen der Altersgrenze zunächst vom BKA in den Ruhestand versetzt, jedoch nur wenige Wochen später überraschend zum Präsidenten des Bundesamtes für Verfassungsschutz ernannt worden. Er hat dieses Amt vom 1. April 1987 bis zum 28. Februar 1991 ausgeführt.

10. Beckers Beschattung vor ihrer Festnahme in Singen

Wer hat Becker, Sonnenberg und ihre drei Begleiter in der Nacht vom 2. auf den 3. Mai 1977 auf ihrer Reise von Essen in Richtung Süden beschattet? Es können nur staatliche Akteure gewesen sein. Handelte es sich tatsächlich um ein Beobachtungskommando des Bundesnachrichtendienstes?[206] Und falls ja, seit wann waren sie den ursprünglich fünf Personen, wahrscheinlich allesamt Mitglieder der Haag-Gruppe, auf den Fersen? Was war der Auslöser für ihre Beobachtung? Wie lange hat sie gedauert? Und führte sie, wovon auszugehen ist, bis nach Singen? Und was geschah angesichts der sich dort abspielenden Eskalation der Ereignisse? Spielten sich etwa die Entziehung der Festnahme und die anschließende, bis auf die Wiesen der Aach führende Verfolgungsaktion unter Beobachtung eines Geheimdienstes ab?

Nach Angaben eines Journalisten soll es nicht irgendeine Besucherin des Café »Hanser« gewesen sein, die misstrauisch wurde und die Polizei alarmiert hat, sondern die Angehörige eines Zielfahndungskommandos des Bundesnachrichtendienstes. Diese Agentin sei zusammen mit einem Kollegen den beiden RAF-Mitgliedern bereits seit längerer Zeit, angeblich seit Beginn des Jahres 1977, auf den Fersen gewesen. Sie sollen sich am frühen Morgen sogar bei der Singener Polizei unter Vorlage ihrer Dienstausweise gemeldet haben. Ihr Plan habe darin bestanden, Becker und Sonnenberg von der Polizei aus dem Café herausholen zu lassen, um anschließend einen Zugriff zu starten. Geheimdiensten obliegen bekanntlich keine polizeilichen Befugnisse; ihnen ist es nicht gestattet, Festnahmen durchzuführen. Insofern wären sie auf die Unterstützung der Polizei angewiesen gewesen. »Doch die Singener Polizei«, so ein Beamter, »hat die Sache vermasselt.«[207] Unter den Augen der BND-Agenten sei es dann zu der beinahe tödlich verlaufenen Eskalation gekommen.

---

206 Das würde dann auch erklären, warum bei den Beratungen über Beckers Begnadigung 1989 auch der BND hinzugezogen worden ist.

207 Zitiert nach: »Geheimdienst-Tummelplatz. Seit der Verhaftung gibt Verena Becker Rätsel auf«, *Singener Wochenblatt,* 26. August 2010, S. 11.

Eine Behörde im Zentrum des Verdachts

Bei alledem gibt es eine Behörde, die die ganze Zeit über im Zentrum des Doppelfalles Buback/Becker gestanden hat und auch heute noch steht. Sie hat ihren Sitz in Karlsruhe und ist in einem doppelten Sinne betroffen: in der Person des damaligen Generalbundesanwalts war sie auf der einen Seite Objekt des Anschlags, auf der anderen Seite aber kam ihr die Aufgabe zu, das zentrale Organ bei seiner Aufklärung zu sein: die Bundesanwaltschaft.[208] Das Strafverfolgungsorgan des Bundes, dem die erstinstanzliche Strafverfolgung von Delikten gegen die innere wie die äußere Sicherheit der Bundesrepublik Deutschland, insbesondere von terroristischen Gewalttaten, Delikten wie Landesverrat, Spionage und Völkermord obliegt, hat diese Aufgabe nicht erfüllt, vielleicht auch gar nicht erfüllen können. Aller Wahrscheinlichkeit nach war sie dieser Aufgabe nicht gewachsen und hat schlichtweg versagt. Warum aber hat sie versagt? Schließlich war die Bundesanwaltschaft doch die Behörde des Ermordeten, nicht nur seine Dienststelle; der jeweilige Jurist, dem die Aufgabe zukommt, die Rolle des höchsten Staatsanwaltes der Republik wahrzunehmen, *ist* die Behörde.

Dennoch aber hat die Bundesanwaltschaft die ganzen Jahre über, die seit dem Gründonnerstag 1977 vergangen sind, nicht nur erfolglos, was ja in vertrackten Fällen, wie sie für den RAF-Terrorismus eher üblich gewesen sind, durchaus passieren kann, sondern höchst undurchsichtig agiert. Das wirft auch einen langen Schatten auf all jene, die seitdem von Rebmann bis Harms Bubacks Nachfolge angetreten haben. Der Eindruck hat sich nicht gerade aufgedrängt, dass

---

208 Nur wenige Monate nach dem Attentat auf den Generalbundesanwalt war im August 1977 selbst das Gebäude der Behörde als Ziel eines RAF-Anschlags auserkoren worden. Warum der von Peter-Jürgen Boock in einer gegenüberliegenden Wohnung aufgebaute Raketenwerfer versagt hat, konnte nie geklärt werden. Auffällig ist, dass zur Bundesanwaltschaft so gut wie keine wissenschaftliche Literatur existiert. Zitiert wurde jahrelang lediglich der schmale Beitrag eines ehemaligen Generalbundesanwalts: Martin, »Die Bundesanwaltschaft beim Bundesgerichtshof«. Inzwischen liegen zumindest zwei eigene Monografien vor: Formann, Der Generalbundesanwalt beim Bundesgerichtshof; Wollweber, Die Zuständigkeit des Generalbundesanwalts in Staatsschutzsachen nach § 120 Abs. 1 und Abs. 2 GVG.

von der Bundesanwaltschaft im Mordfall Buback, der Aufklärung eines an ihrem ehemaligen Chef begangenen Verbrechens, ein besonderer Ehrgeiz an den Tag gelegt worden wäre. Eher im Gegenteil. Es gibt zahlreiche Punkte, in der sie bremsend in Erscheinung getreten ist. Ganz gewiss war sie keine treibende Kraft, eher eine getriebene. Wer aber hat sie getrieben und warum ist sie getrieben worden? Trotz allen Misstrauens ist Michael Buback der Bundesanwaltschaft gegenüber immer mit Respekt entgegengetreten. Bei der Lektüre seiner Einwände und Vorhaltungen drängt sich der Eindruck auf, dass er trotz aller Negativerfahrungen, wie etwa der mit dem ehemaligen Bundesanwalt Zeis oder der mit Bundesanwalt Griesbaum, immer bestrebt geblieben ist, die rechtsstaatliche Souveränität ihrer Entscheidungen anzuerkennen.

Die Bundesanwaltschaft ist aber auch die Schnittstelle zwischen Justiz und Geheimdiensten gewesen. Wie die entsprechenden Dienstwege zum BKA, zum BfV und zum BND verlaufen sind, kann kein Außenstehender beurteilen. Unter der Verantwortlichkeit von Generalbundesanwältin Monika Harms haben einige ihrer Mitarbeiter allerdings bis zur Unerträglichkeit zu lavieren versucht, um den Eindruck, dass alles mit rechten Dingen zugegangen sei, aufrechtzuerhalten. Andererseits wäre es jedoch falsch, hier pauschal urteilen zu wollen. Die Unterschiede im Verhalten einzelner Bundesanwälte sind – soweit sich das von außen beurteilen lässt – zum Teil erheblich gewesen. Die Bundesanwaltschaft hat offenbar alles andere als monolithisch agiert.

Der Sonderfall des Berliner Landesamtes für Verfassungsschutz

Wohl keine andere terroristische Gruppierung ist in der Bundesrepublik derart systematisch von Agenten des Verfassungsschutzes infiltriert worden wie die *Bewegung 2. Juni*. Das war durchaus erfolgreich und spielte sich wohl ausschließlich in West-Berlin ab. Bereits frühzeitig wurde darüber ein anderer, gegnerischer Geheimdienst informiert. Als Michael Baumann im Herbst 1973 bei seinem Grenzübertritt von der Tschechoslowakei in die DDR inhaftiert und anschließend wochenlang von Stasi-Mitarbeitern ausgequetscht wurde, zeigte sich das MfS auch in auffallender Weise an seinen Kenntnissen über Anwerbeversuche des LfV interessiert.

Als er am Nachmittag des 17. Dezember 1973 gefragt wurde, was ihm über derartige Praktiken bekannt sei, begann er bei sich selbst. Ausführlich schilderte er, wie er als Untersuchungshäftling im Oktober 1970 in der Haftanstalt Plötzensee Besuch von Staatsanwalt Wolfgang Thiele erhielt.[209] Dieser versprach ihm, sich beim nächsten Haftprüfungstermin für seine Entlassung einzusetzen – allerdings nur, wenn er zuvor bereit sei, sich vom LfV verpflichten zu lassen. Er müsse lediglich eine Erklärung über eine freiwillige Zusammenarbeit unterzeichnen. Nur eine Woche danach könnte er dann bereits wieder auf freiem Fuß sein. Baumann schilderte, dass er hinhaltend auf das Angebot reagiert habe. Er habe dem Staatsanwalt erklärt, dass er sich das noch einmal überlegen müsse. Seine insgeheim verfolgte Absicht, sich mit einem seiner Anwälte, Otto Schily oder Hans-Christian Ströbele, darüber zu beraten, habe sich jedoch nicht verwirklichen lassen. Am Tag darauf sei es ihm – was für ein Zufall – von der Anstaltsleitung auf einmal untersagt worden, mit einem der beiden zu telefonieren.

Einen weiteren Tag später sei erneut Staatsanwalt Thiele bei ihm erschienen, diesmal in Begleitung eines weiteren Staatsanwalts und zweier Kommissare der Politischen Polizei, darunter dem bereits er-

209 Vernehmungsprotokoll des Beschuldigten Baumann, Michael, Berlin, MfS 73/041, vom 17. Dezember 1973, HIS-Archiv, S. 1–4.

wähnten Wolfgang Kotsch. Auf Thieles Frage, ob er sich das Angebot denn in der Zwischenzeit überlegt habe, ging er in einer seine Besucher offenbar überraschenden Weise ein, indem er etwas über die Verbreitung von Brandbomben durch Peter Urbach erzählte. Er rechnete offenbar damit, dass das als eine Art versteckter Provokation angesehen würde. Obwohl es zu der Zeit noch nicht bekannt war, dass Urbach als Agent provocateur für das LfV tätig war, gehörte Baumann zu jenen, die andere vor dem sich so hilfreich gebenden Szene-Klempner zu warnen versuchten. Darüber hinaus, erklärt er, sei er zu keinen weiteren Auskünften bereit gewesen. Seine vier Besucher hätten daraufhin die Zelle verlassen und wären später nicht mehr auf ein derartiges Angebot zurückgekommen.

Baumann berichtete in seiner Stasi-Vernehmung noch von drei weiteren ihm bekannten Fällen. Seine beiden Genossen Hans-Peter Knoll und Georg von Rauch von den *Tupamaros West-Berlin* hätte die Politische Polizei, ebenfalls durch Kriminalkommissar Kotsch vertreten, anzuwerben versucht. Doch vergeblich. Nicht anders sei es mit dem RAF-Mitglied Ilse Stachowiak gelaufen. Auch sie habe es abgelehnt, sich als Spitzel verpflichten zu lassen. In ihrem Fall sei das Angebot von Beamten der Sicherungsgruppe Bonn unterbreitet worden. Stachowiak hätte ihm davon im Juli oder August 1971 ohne Angabe näherer Gründe erzählt.

Ähnliche Vorkommnisse dürfte es dutzendweise gegeben haben. Doch kaum jemand wird anschließend darüber so ausführlich berichtet haben wie Baumann. Und er wird vermutlich gedacht haben, dass auf der anderen Seite der Mauer wohl niemals jemand Wind von seiner Auskunftbereitschaft bekommen würde. Möglich dürften die exorbitanten Kontakt- und Anwerbeversuche vor allem deshalb gewesen sein, weil die Politische Polizei und das dortige Landesamt für Verfassungsschutz ganz anderen Konditionen als ihre parallelen Dienststellen und Behörden in der Bundesrepublik unterlagen. Der Spielraum für die Mitarbeiter des LfV – damals soll es 300 gegeben haben – war erheblich höher. Nicht ohne Grund behauptete der Koblenzer Oberstaatsanwalt Braun, dass das Legalitätsprinzip für sie keine Gültigkeit besitze. Der Grund dafür lag in seinem Sonderstatus.

Offiziell unterstand das LfV nach dem Gesetz über das Landesamt für Verfassungsschutz dem Regierenden Bürgermeister, der seine Verantwortung jedoch an den Senator für Inneres delegiert hatte. In Wirklichkeit aber lag die Kontrolle bei den Alliierten. Das LfV war in seinen Operationen vor allem abhängig von der Zustimmung bzw. Duldung der in West-Berlin stationierten US-Amerikaner. Nach Informationen eines Insiders konnte kein einziger V-Mann vom Verfassungsschutz eingesetzt werden, ohne zuvor dafür die entsprechende Genehmigung bei ihnen eingeholt zu haben. Seitens der Polizei und des LfV gab es sogar eigene Kontaktleute, die die Aufgabe hatten, im Ernstfall möglichst unverzüglich mit den entsprechenden Offizieren in Verbindung zu treten, um für das operative Vorgehen grünes Licht zu erhalten. Aber auch Telefone abzuhören und die Post zu kontrollieren, gehörte zum Privileg der Alliierten. Für derartige Einbrüche in die Privatsphäre einzelner Bürger gab es keinerlei parlamentarische oder richterliche Kontrolle.

Ein Journalist, der sich eingehend mit dem Mordfall Schmücker befasst hat, schreibt:

> »Das Landesamt für Verfassungsschutz konnte schalten und walten, ohne zu befürchten, daß ein Richter oder Parlamentsausschuß dafür seine Begründung oder Rechtfertigung haben wollte – solange die Besatzungsmächte mitspielten.«[210]

Da sich die *Bewegung 2. Juni* mit ihren Anschlägen auf amerikanische und britische Einrichtungen, zivile ebenso wie militärische, konzentriert hat, dürfte das allein für zwei der drei Westalliierten Grund genug gewesen sein, sich die Angelegenheiten genauer anzusehen.

Als im März 1989 in West-Berlin eine rot-grüne Regierungskoalition an die Macht kam, war das eine probate Gelegenheit, um sich mit der dubiosen Vergangenheit des LfV auseinanderzusetzen. Denn inzwischen war der Christdemokrat Wilhelm Kewenig als Innensenator durch seinen Opponenten Erich Pätzold (SPD) abgelöst worden, der zuvor gerade aus Protest gegen das Blockadeverhalten seines Amtsvorgängers aus der Parlamentarischen Kontrollkommission für den Verfassungsschutz ausgetreten war. Pätzold berief bereits zwei Wochen nach Amtsantritt eine externe fünfköpfige »Projektgruppe Verfassungsschutz« mit dem Ziel ein, Vorschläge für eine Neuorientierung zu erarbeiten. In einer Bestandsaufnahme hieß es, dass die leitenden Kräfte des LfV von der in der Frontstadt üblichen Kalten-

---

210 Bortfeldt, Deckname »Kette«, S. 109.

Kriegs-Mentalität »in starkem Maße ideologisch geprägt« gewesen seien und ihr überdies auch verhaftet geblieben wären. Sie hätten ihre Tätigkeit »vornehmlich nach Freund-Feind- und Rechts-Links-Kategorien« organisiert. In dieser Atmosphäre wäre ein regelrechter Kult um V-Männer betrieben worden, der »andere Wertvorstellungen« überlagert hätte. In einer Auflistung der in der Vergangenheit dem Amt zuschulden gekommenen Ausuferungen und Rechtsbrüche wird unter anderem moniert, dass die Behörde durch den V-Leuten gewährten Schutz »der deutschen Rechtspflege« wie sich selbst »schweren Schaden zugefügt« und den Verdacht in Kauf genommen habe, »kriminelle Handlungen zu unterstützen«. Im Falle des ermordeten Ulrich Schmücker könne zumindest nicht ausgeschlossen werden, dass es zu einer Manipulation der Staatsanwaltschaft durch den Verfassungsschutz gekommen sei. Das war in der Beurteilung immer noch vorsichtig, gleichwohl aber überraschend. Es zeigte immerhin, dass seitens des Berliner Senats nun ernsthafte Anstrengungen unternommen wurden, um eine Kurskorrektur herbeizuführen.

Als es im Untersuchungsausschuss eines Tages um die Frage ging, ob im Fall des unter dem Decknamen »Flach« operierenden V-Mannes Christian Hain die Schmücker-Verteidigung auch durch eine Kontrolle ihres Post- und Telefonverkehrs ausgespäht worden sei, antwortete Innensenator Pätzold am 19. Juni 1990 in einer Weise, die die rechtliche Paradoxie seines Amtes sinnfällig zum Ausdruck brachte:

> »Es gibt eine alliierte Anordnung, wonach Einzelheiten von Dingen, die die Alliierten berühren [...] und über die Tatsache, daß es solche Einzelheiten gibt, keine Auskünfte gegeben werden dürfen, und eigentlich dürfte ich Ihnen auch keine Auskunft darüber geben, daß es diese alliierte Anordnung gibt.«[211]

Das war die Antwort eines Mannes, der berufener als irgendjemand sonst war, eine Erklärung zu den Vorbehalten der Alliierten und zum Sonderfall Berlin abzugeben. Für einen überzeugten Demokraten wie Pätzold war dieser Sachverhalt Ausdruck eines strukturell angelegten Rollenkonflikts. Indem Anordnungen existierten, über deren Existenz der zuständige Senator zum Schweigen verpflichtet war, wurden rechtsstaatliche Grundprinzipien außer Kraft gesetzt. Zumindest eine seiner

---

211 Ebenda, S. 222f.

Behörden, das Berliner Landesamt für Verfassungsschutz, bewegte sich in einem rechtlich doppelt strukturierten Raum. Einerseits gab es das Verfassungsschutzgesetz, von dessen Inhalt sich jeder Bürger ein Bild machen konnte, andererseits aber eine geheime Anordnung einer übergeordneten Instanz bzw. Kraft, von deren Inhalt niemand etwas wissen konnte, ja, deren Existenz bis dahin abgestritten worden war. In West-Berlin existierte also einer Art rechtsfreier Raum oder so etwas wie ein permanenter Ausnahmezustand. Unter diesen Voraussetzungen konnte es nicht verwundern, dass sich das LfV wie ein Staat im Staat gerierte, für dessen Mitarbeiter – wie es Grünhagen alias »Rühl« in einem seiner Gespräche mit dem Untersuchungshäftling Schmücker nicht ohne Stolz hervorgehoben hatte – »das Legalitätsprinzip keine Geltung« besaß.

Nur wenig ist darüber bekannt, welche Konsequenzen der Mauerfall, das Ende der DDR und die deutsche Einigung für das LfV hatten. Mit der Beendigung des Ost-West-Konflikts und der Schutzfunktion der Alliierten waren ja auch die Sonderkonditionen der Behörde entfallen. Eine Zeit lang machte sie jedoch weiter durch Affären von sich reden. Insbesondere als die *Berliner Morgenpost* enthüllte, dass mit Wolfgang Schwanitz ein ehemaliger Hauptmann der Staatssicherheit als V-Mann angeheuert worden war, der den Auftrag hatte, nach einer Besetzung West-Berlins durch die DDR Stasi-Chef im Bezirk Wilmersdorf zu werden, war der Unmut groß. Derjenige, der dies schließlich zum Anlass nahm, um eine grundlegende Änderung herbeizuführen, war der ehemalige Präsident des Kölner Bundesamtes für Verfassungsschutz Eckart Werthebach. Im Frühjahr 2000 überraschte der Beamte, der inzwischen an die Spree gewechselt war und dort den Posten des Senators für Inneres übernommen hatte, die Öffentlichkeit damit, dass er das LfV als eigenständige Behörde abschaffen und als Abteilung in die Innenverwaltung des Senats integrieren werde. Dies geschah tatsächlich und nicht ohne eine – so wird jedenfalls behauptet – gründliche personelle Erneuerung. Ganz offenbar war das alte Berliner Landesamt nicht mehr zu retten.

Als im Mai 2009 bekannt wird, dass mit Karl-Heinz Kurras auch noch jener Polizeibeamte, der am 2. Juni 1967 den tödlichen Schuss auf Benno Ohnesorg abgegeben hat, für den Geheimdienst der DDR, das berüchtigte Ministerium für Staatssicherheit, gearbeitet hat, gerät für einen Moment noch einmal die Gegenseite in den Fokus des Interesses. Gefragt wird danach, ob es nicht auch Spuren von der Doppelrolle des Kriminalkommissars, der am Abend des Schah-Besuchs als ziviler Greifer Jagd auf Demonstranten gemacht hatte, im Berliner Landesamt für Verfassungsschutz gegeben haben könnte. Als die Tageszeitung *Die Welt* Bernd Schmidbauer, den einstigen Koordinator der Geheimdienste in der Regierung Kohl, fragt, wie es eigentlich zu bewerten ist, dass der Berliner Verfassungsschutz seine Unterlagen zum großen Teil vernichtet habe, antwortet dieser sibyllinisch:

> »Aus naheliegenden Gründen vernichten Dienste oftmals ihre Unterlagen, um Quellen nicht zu gefährden oder damit sicherheitsrelevante Maßnahmen nicht öffentlich werden.«[212]

Auf den ersten Blick mag das plausibel erscheinen, gemessen an dem großen zeitlichen Abstand jedoch wirkt das eher wie eine Schutzbehauptung. Dann fügt Schmidbauer in einer Mischung aus Ironie und Sarkasmus lapidar hinzu:

> »Möglich, daß der Berliner Verfassungsschutz einiges zu verbergen hat.«[213]

Ein Mann in dieser Funktion wird bestimmt gewusst haben, wovon er sprach.

---

212 »Wir werden bestimmt noch Überraschungen erleben«. Bernd Schmidbauer, Helmut Kohls Geheimdienst-Mann, über Agenten, die Arbeit der Birthler-Behörde und die Nachrichtendienste in Ost und West, *Die Welt*, 3. Juni 2009.
213 Ebenda.

Welche Rolle könnte Becker für den Verfassungsschutz gespielt haben?

Geheimdienstagenten agieren nicht nur im Halbdunkel oder ganz und gar im Dunkeln, sie führen in der Regel von Berufs wegen eine Doppelexistenz. Sie sind sichtbar und unsichtbar zugleich und erscheinen als etwas anderes, als sie zu sein vorgeben. Haben sich die Indizien so weit verstärkt, dass sie eigentlich als Figur im Auftrag eines bestimmten Dienstes identifiziert werden könnten, dann bleibt eine offizielle Bestätigung trotzdem fast immer aus. Im Grunde genommen kann geschehen, was will – in der Öffentlichkeit wird keine Dekonspiration vorgenommen. In diesem Punkt erweisen sich die betreffenden Behörden als beinhart. Und wenn sie mit ihrem Versteckspiel gar nicht mehr weiterkommen, dann lassen sie den entsprechenden Mitarbeiter einfach verschwinden. Meist wird so jemand dann unter falscher Identität an einen unbekannten Ort verbracht. Und für die Legendierung einer solchen Person wird ein hoher Aufwand erbracht. Unter dem Strich bleibt in solchen Fällen ein hohes Maß an Verunsicherung zurück. Die Öffentlichkeit mit ihrem legitimen Interesse nach Aufklärung wird geradezu im Stich gelassen.

Diese Unsicherheit hat ihre Spuren auch in der Begriffsbildung hinterlassen. Eine zentrale Frage ist, in welcher Rolle tritt ein geheimdienstlicher Akteur auf und wie lässt sich diese von anderen unterscheiden. Der Bremer Rechtsanwalt und Publizist Rolf Gössner, einer der besten Kenner dieses juristischen Graubereiches, hat zwischen vier Figuren der verdeckten polizeilichen und geheimdienstlichen Tätigkeit unterschieden, den Informanten, den V-Leuten, den Under-Cover-Agenten und den Agents provocateur oder Lockspitzeln:

»**1. Informanten** oder auch ›Hinweisgeber‹ arbeiten lediglich im Einzelfall oder sporadisch den Sicherheitsorganen zu. Der Übergang zum Status einer V-Person, die demgegenüber langfristig Informationen liefert, ist fließend. Häufig werden V-Leute von ihren Auftraggebern verharmlosend als bloße (zudem anonyme) Informanten oder Hinweisgeber bezeichnet bzw. in die Ermittlungsakten aufgenommen. Ihre wahre ›Mission‹, Funktion und Tätigkeit sollen auf diese Weise verschleiert werden.

2. V-Leute: Vertrauens- oder Verbindungspersonen, auch Vigilanten (für Polizeispitzel) oder allgemeiner Gewährspersonen genannt. V-Leute sind die privaten Bindeglieder zwischen der als kriminell geltenden Szene und der Polizei oder zwischen der verdächtigen politischen Szene und dem Staatsschutz bzw. ›Verfassungsschutz‹. Sie stammen in der Regel aus der jeweiligen Szene, sind meist bereits straffällig geworden und bieten den Sicherheitsbehörden ihre Sicherheitsdienste freiwillig oder notged(r)ungen an. Dies geschieht sowohl gegen Entgelt (dafür werden Steuergelder in Millionenhöhe über eigens eingerichtete Konten ausgegeben), als auch bestimmter Vergünstigungen wegen: etwa Haftverschonung, (vorläufige) Einstellung des eigenen Strafermittlungsverfahrens etc. Die V-Leute verraten ihren staatlichen Auftraggebern verdächtige Personen und liefern Informationen aus den jeweiligen Szenen, in denen sie (weiter) tätig sind. [...] V-Leute werden von Polizei und Geheimdiensten systematisch angeworben, mit Vorliebe in prekären Lebenssituationen, etwa während der Untersuchungsgefangenschaft in Haftanstalten (bei Terrorismusverdächtigen zumeist unter Isolationshaftbedingungen) oder etwa bei Überschuldung. In verschiedenen Kriminalitätsbereichen (insbesondere Drogenszene) und in bestimmten politisch-oppositionellen Szenen (Hausbesetzer, Anti-AKW-, Friedensbewegung usw.) gibt es mehr oder weniger weit verbreitete Spitzelnetze. Jede darin tätige V-Person, die in der Regel von ihrem behördlichen Auftraggeber förmlich ›verpflichtet‹ ist, wird von einem sogenannten V-Mann-Führer der Kriminalpolizei, des Staatsschutzes oder eines Geheimdienstes ›geführt‹. V-Leuten wird in aller Regel Vertraulichkeit zugesichert, das heißt, die Tatsache ihrer V-Personen-Tätigkeit und ihre Berichte sollen Dritten, also auch den Gerichten gegenüber verheimlicht werden – einerseits, um sie nicht zu ›verbrennen‹, wie es im Geheimdienst-Jargon heißt, also nicht zu enttarnen, damit sie weiterhin für ihre Auftraggeber tätig sein können; andererseits, um sie nicht Gefährdungen auszusetzen, die etwa von verratenen Personen oder denunzierten Szenen ausgehen können (Racheakte). Diese amtliche Verdunkelungsstrategie hat weitreichende Konsequenzen für Strafverfahren gegen solche Angeklagte, die von V-Leuten beschuldigt werden.

Man unterscheidet zwei Einsatzformen: Entweder wird die V-Person mit ihrer eigenen Identität im angestammten Milieu eingesetzt, spielt also nur sich selbst, um an Informationen zu gelangen, oder aber sie wird mit neuer Identität (Tarnnamen und Tarnpapieren) und falscher Legende (etwa krimineller/politischer Werdegang) in die anvisierte Szene milieugerecht eingeschleust.
3. Under-Cover-Agenten (UCA), auch Untergrundagenten oder verdeckte Ermittler (worunter auch kurzfristig agierende Beamte verstanden werden) genannt: Hierbei handelt es sich – im Unterschied zu V-Leuten – um Beamte bzw. Angestellte der Polizei oder Geheimdienste, die, mit neuer Legende, falschen Papieren, konspirativen Wohnungen etc. getarnt, in den kriminellen Untergrund oder in eine politisch verdächtige Szene ab- bzw. eintauchen, sich also dem jeweiligen ›Milieu‹ flexibel anpassen. [...]
4. Agent provocateur oder Lockspitzel: Hierbei handelt es sich entweder um Under-Cover-Agenten oder um V-Leute, die im generellen oder speziellen Auftrag der Polizei oder der Geheimdienste über die erschlichene Informationsbeschaffung hinaus andere Menschen in strafbare Handlungen verwickeln, sie mit unterschiedlichen Mitteln (etwa hohen Geldsummen oder Drohungen) zu Straftaten anstiften. Insbesondere psychisch labile, hoch verschuldete oder sonst wie ›aus dem Gleis geratene‹ Menschen fallen diesen staatlich gelenkten ›Lockvögeln‹ leicht zum Opfer.«[214]

Für Becker dürfte nur eine der beiden zuerst genannten Rollen infrage gekommen sein. Entweder war sie Informantin oder eine V-Person, in ihrem Falle also eine V-Frau. Der Übergang zwischen diesen beiden Typen ist ohnehin fließend.[215] Sowohl die Rolle eines UCA als auch die eines Agent provocateur dürften in ihrem Fall auszuscheiden sein.

Wenn es zu einer Anwerbung Verena Beckers durch den Verfassungsschutz gekommen sein sollte, dann am wahrscheinlichsten nach ihrer Verhaftung im Juli 1972 in West-Berlin. V-Mann-Führer Grünhagen hatte sie zu diesem Zeitpunkt bereits längst, wie die Erinnerungen Vietts belegen, auf seinem Radarschirm. Vermutlich hat er es ohnehin bei jedem und jeder in der Zelle der *Bewegung 2. Juni*

214 Gössner, »Die dunklen Gestalten polizeilicher und geheimdienstlicher ›Ermittlungsarbeit‹«, S. 210f.
215 Lüderssen (Hg.), V-Leute.

ausprobiert. Bei Sommerfeld und Schmücker ist es zweifelsfrei nachgewiesen. Ebenso ist es bei Knupe und Viett versucht worden, allerdings wohl erfolglos. Der Chef des Berliner LfV Eberhard Zachmann hat dies in seiner im Januar 1975 vor Kollegen gehaltenen Rede jedenfalls so dargestellt.[216] Die Tatsache, dass man hingegen Sommerfeld und Schmücker zu einer Aussage hätte bewegen können, sei »ein besonderer Glücksumstand« gewesen. Der »Erfolg einer solchen Aktion« hänge von der jeweiligen »Persönlichkeit des Betroffenen« und »seiner Reaktion auf den Befrager« ab.

Warum also sollte es nicht auch bei Becker versucht worden sein? Es ist kaum vorstellbar, dass Grünhagen im Sommer 1972 nicht auch bei ihr einen derartigen Versuch unternommen hätte.[217] Es waren sogar einige Faktoren vorhanden, die in ihrem Fall ein solches Vorgehen durchaus aussichtsreich erscheinen lassen mussten. Becker war zum Zeitpunkt ihrer Festnahme nicht einmal 20 Jahre alt, nach dem damals geltenden Gesetz – sie wurde in ihrem ersten Gerichtsverfahren ja auch nach dem für Jugendliche geltenden Strafrecht verurteilt – war sie noch keine Erwachsene, und sie war wesentlich jünger als Viett. Zudem war sie durch die Festnahme ihrer Gruppe in Bad Neuenahr seit Wochen von allen für sie zentralen Verbindungen abgeschnitten. Sie war von ihrer Freundin und Kampfgefährtin getrennt und auf sich allein gestellt. Fast das gesamte Netz ihrer Verbindungen war in sich zusammengefallen. Ganz sicher wird sie in dieser Situation ein gravierendes Orientierungs- und zugleich ein soziales Kontaktproblem gehabt haben. Da sie nicht wissen konnte, was sich in der Untersuchungshaft der anderen abspielte, dürfte das eine Situation der Verunsicherung und der realen Gefährdung gewesen sein. Mehr als in den Wochen und Monaten zuvor, in denen eine terroristische Aktivität auf die andere folgte, musste sie damit rechnen, jederzeit geschnappt werden zu können. In den Augen des Verfassungsschutzes dürfte sie als wesentlich instabiler als Viett gegolten haben, die sich für die

216 Geheime Rede des scheidenden Verfassungsschutz-Chefs Zachmann, ebenda, S. 253.

217 Das Gleiche gilt selbstverständlich auch für das der Gruppe zugehörige oder aber mit ihr zumindest kooperativ verbundene Ehepaar Mahn. Siegfried Mahn war am selben Tag wie Verena Becker festgenommen worden. Und seine Frau Karin im Monat darauf. Sie wurde noch am selben Tag wieder auf freien Fuß gesetzt.

Staatsschützer in der Folge ohnehin als besonders große Herausforderung erwies.

Über einen Anwerbeversuch Beckers ist jedoch nichts bekannt geworden. Warum auch? Der tragische Fall des Ulrich Schmücker war ja eine Ausnahme, in den Augen des LfV – wie bereits zitiert – gar »ein besonderer Glücksumstand«. Nur durch seinen unverzeihlichen Leichtsinn, von den Gesprächen mit dem ominösen »Herrn Rühl« ein Gedächtnisprotokoll verfasst und dieses weitergeleitet zu haben, ist die Affäre überhaupt ins Rollen gekommen. Die Folgen hätten für beide Seiten durchaus absehbar sein können. Für den Aussagewilligen entstand Lebensgefahr und für das Landesamt das Problem eines kaum noch zu stoppenden Gesichtsverlustes. Nur durch das Drama, das sich um Schmücker in den beiden Jahren nach seiner Verhaftung abgespielt und wie mit innerer Konsequenz zu seiner Ermordung geführt hat, und die Serie der nicht enden wollenden Gerichtsverfahren ist es der Öffentlichkeit möglich geworden, scheibchenweise Einblick in die Machenschaften des Verfassungsschutzes zu gewinnen. Wie kein anderer Fall zuvor oder danach hat es der Mordfall Schmücker erlaubt, einen Blick hinter die sonst so fest zugezogenen Gardinen des Geheimdienstes zu werfen.

Unter Beachtung des gesamten Kontextes, den es 1972 in der terroristischen Szene gegeben hat, muss also die eingangs zitierte Meldung des MfS aus dem Jahre 1978 keineswegs so sehr aus der Luft gegriffen erscheinen. An der Meldung der Staatssicherheit, dass Becker »seit 1972 von westdeutschen Abwehrorganen wegen der Zugehörigkeit zu terroristischen Gruppierungen bearbeitet bzw. unter Kontrolle gehalten« werde, fallen zwei Punkte auf: Erstens heißt es darin, über den angeblichen Sachverhalt lägen »zuverlässige Informationen« vor, und zweitens, so heißt es weiter, seien diese »Informationen [...] durch Mitteilungen der HVA von 1973 und 1976 bestätigt« worden. Die Selbstsicherheit, mit der die Meldung vertreten wird, ist schon erstaunlich. Im Grunde genommen sollte damit ja nichts anderes gesagt werden, als dass jeder vernünftige Zweifel an der Dignität der Information ausgeschlossen sei. Sollte Verena Becker also tatsächlich schon 1972 angeworben worden sein? Der Einzige, der diesen Verdacht bislang geäußert hat, ist Michael Baumann, der behauptet, er habe sie seinerzeit überhaupt in der terroristischen Gruppe »eingestellt«. In einem Interview hat er unlängst die Vermutung geäußert, dass Becker ihm wegen bestimmter Äußerungen ohnehin verdächtig vorgekommen und sie wahrscheinlich im Gefängnis »umgedreht« worden sei.[218]

Welche Aufgaben hätte Becker aber für das LfV überhaupt wahrnehmen können? Als Erstes Mitgefangene auszuhorchen und als Zweites Kommandogruppen über ihre weiteren Vorhaben, Planungen wie Verabredungen, auszuspionieren. Dass sie die erste Funktion erfüllt haben könnte, erscheint angesichts ihrer besonderen Zugangsmöglichkeiten zu Führungsmitgliedern der RAF wie Meinhof und Ensslin als sehr wahrscheinlich. Die Möglichkeiten, die ihr eingeräumt wurden, Meinhof in Moabit und später Ensslin in Stammheim anzuzapfen, waren außerordentlich günstig. Und die zweite Funktion dürfte durch ihre Freipressung, die direkt in ein Ausbildungslager der PFLP im Südjemen und auf diesem Weg über Siegfried Haag an die Spitze der damaligen RAF führte, noch sehr viel aussichtsreicher geworden sein. Eine bessere Gelegenheit, sich ein Bild von den geplanten Kommandoaktionen zu machen, dürfte es kaum gegeben haben.

Eine andere wichtige Frage lautet: Welche Rolle spielte der Bundesnachrichtendienst im Fall Becker? Eines darf ja als gesichert gelten – der BND war 1989 an den Geheimberatungen über Beckers Begnadigungsantrag beteiligt. Was hat es aber mit der Behauptung auf sich, dass ein Observationskommando des BND Becker und Sonnenberg Anfang Mai 1977 beschattet und auf der Fahrt von Essen nach Singen auf Schritt und Tritt beobachtet hat? Falls das zutreffen sollte, ist nicht nur die Rolle des VS, sondern auch die des BND erklärungsbedürftig. Was hat ein Geheimdienst, der ausschließlich dazu legitimiert ist, seinen Aufgaben im Ausland nachzugehen, bei der Beschattung von Terroristen zu tun, die im Inland operieren? Handelte es sich dabei nicht um einen Gesetzesverstoß? Oder aber sind die Bereiche in manchen Fällen nicht so klar voneinander zu trennen und könnte es sich bei der Verfolgung der ursprünglich von Haag geleiteten und aus dem Jemen zurückgekehrten RAF-Gruppe um international agierende Terroristen gehandelt haben? Bei Becker und ihren Gefährten war das ja durchaus der Fall. Sie war 1976, vermutlich zusammen mit Haag und Heißler, aus dem Jemen eingereist, hatte zum Jahreswechsel 1976/77 an der RAF-Konferenz in den Niederlanden teilgenommen und war

---

218 Vgl. Elsässer, »Buback-Mord und Geheimdienste«, *Die Rote Fahne,* 1. August 2010.

schließlich zwischen der Schweiz und der Bundesrepublik hin- und hergependelt. Das dürfte ein für die Kompetenzen von Geheimdiensten durchaus schwieriger Fall gewesen sein. Zu vermuten ist in diesem Fall eine Arbeitsteilung. Das erklärt und rechtfertigt allerdings nicht den Einsatz des mutmaßlichen BND-Observationskommandos in der Bundesrepublik. In der Stasi-Notiz von 1978 ist ja in aufschlussreicher Weise unspezifisch und im Plural von »Abwehrorganen« die Rede. Das könnte bedeutet haben, dass mehrere Geheimdienste gemeint waren, keineswegs also nur der Verfassungsschutz, sondern auch das Bundeskriminalamt und der Bundesnachrichtendienst.

Berührungspunkte des Falles Becker hat es bis zu ihrer zweiten Verhaftung im Mai 1977 insgesamt zu zwei Geheimdiensten und dem BKA gegeben: dem Verfassungsschutz, allerdings nicht dem Kölner Bundesamt, sondern dem Berliner Landesamt; dem Bundesnachrichtendienst in Pullach und dem Bundeskriminalamt, allerdings nicht zur Wiesbadener Zentrale, sondern zur Abteilung Terrorismus in Bonn-Bad Godesberg.

Von Bedeutung sind hier die Differenzierungen. BKA ist also nicht gleich BKA und Verfassungsschutz nicht gleich Verfassungsschutz. So wie beim BKA die aus der Sicherungsgruppe Bonn hervorgegangene Abteilung Terrorismus in Bad Godesberg ein gewisses Eigendasein gegenüber der Zentrale in Wiesbaden geführt hat, so in einem noch sehr viel stärkeren Maße das Berliner Landesamt für Verfassungsschutz gegenüber dem Kölner Bundesamt. Diese Unterschiede haben es einerseits für die Öffentlichkeit umso schwieriger gemacht, Licht ins Dunkel zu bringen, es andererseits aber den jeweiligen Mitarbeitern der betreffenden Behörden erleichtert, ihre Spuren zu verwischen.

Einer der nächstliegenden Einwände lautet: Ist es überhaupt vorstellbar, dass Becker zum Zeitpunkt des Buback-Attentates für einen Geheimdienst, am wahrscheinlichsten den Verfassungsschutz, gearbeitet hat? Die Vorstellung, eine VS-Agentin habe die tödlichen Schüsse auf den ranghöchsten Staatsanwalt der Republik abgegeben, hat in der Tat etwas Hypertrophes an sich. Eine für eine staatliche Behörde arbeitende Agentin soll einen Spitzenbeamten desselben Staates aus dem Weg geräumt haben! Worin sollte das Motiv bestanden haben? Das mutet paradox an. Eine solche Überlegung könnte jedoch kurzschlüssig sein. Sehr viel wahrscheinlicher ist ein anderes Szenario. In der Vergangenheit hat sich häufiger erwiesen, in welch prekäre Situationen V-Personen mitunter geraten konnten. Einerseits unterstanden sie ihrem Dienst und waren an dessen Vorschriften gebunden, insbesondere aber den Anweisungen ihres jeweiligen V-Mann-Führers, andererseits aber mussten sie sich innerhalb ihrer kriminellen oder terroristischen Gruppe möglichst konform verhalten. Sie konnten von illegalen Aktionen nicht einfach Abstand nehmen, ohne sich damit gleichzeitig verdächtig zu machen. In ihrer Doppelrolle liefen sie daher häufig Gefahr, selbst zu Rechtsbrechern zu werden und sich an der Begehung von Straftaten, manches Mal sogar an Anschlägen und Mordaktionen, zu beteiligen.

Wie schwierig eine solche Situation werden konnte, hatte Michael Grünhagen bei einem seiner Schmücker-Besuche in der Untersuchungshaftanstalt Koblenz klar ausgesprochen. Der Verfassungsschützer bereitete den jungen Studenten, der im Grunde immer noch stolz darauf war, in der *Bewegung 2. Juni* mitmachen und sogar mit einem Vertreter einer palästinensischen Guerillaorganisation verhandeln zu können, im Gefängnis eingehend auf seine Rolle als V-Mann vor. Er wusste offenbar nur zu gut, welches Wechselbad der Gefühle auf jemanden zukam, wenn er wieder in seine Gruppe zurückkehrte und die anderen nicht ahnten, dass er die Seite gewechselt hatte. Grünhagen schwor Schmücker darauf ein, sich keinen Sentimentalitäten hinzugeben und im Zweifelsfall Härte zu beweisen:

> »Sie sind ja die ganze Zeit mit Linken zusammen, dabei kommt es leicht zu emotionalen Bindungen. In dieser Beziehung haben wir schon Schwierigkeiten mit Peter Urbach gehabt. Der war einige Male so weit, daß er alles hinschmeißen wollte. Erst mit viel Mühe und in stundenlangen Gesprächen haben wir ihn dazu bringen können weiterzumachen. Und damals ist immerhin noch nicht geschossen worden. Ich bin sicher, daß Sie auch einmal an einen solchen Punkt kommen. Ich will ganz offen sein: Es ist durchaus denkbar, daß bei einer Polizeiaktion, die durch Ihren Hinweis herbeigeführt wird, mal ein oder zwei Leute erschossen werden. Oder glauben Sie etwa, daß sich Leute wie Baumann, Brockmann oder Knoll widerstandslos festnehmen lassen? Mit so etwas müssen Sie rechnen und das auch verkraften. Auch wenn mal eine Frau dabei ist.«[219]

---

219 Zitiert nach: Aust, Der Lockvogel, S. 70.

Grünhagen musste wissen, wovon er sprach. Schließlich war Georg von Rauch am 4. Dezember 1971 genau in einer solchen Situation von einem Polizeibeamten namens Schulz erschossen worden. Und auch für einen anderen Fall hatte der V-Mann-Führer einen Lösungsvorschlag parat: Wenn Schmücker überhaupt nicht mehr weiterwisse, dann könne man auch seine Festnahme arrangieren. Anschließend würde man ihn dann durch ein ordentliches Gerichtsverfahren »legalisieren«.

Vor dem Hintergrund einer derartigen Offerte, die Grünhagen seinem Kandidaten für die V-Mann-Rolle unterbreitete, muss einem das im Fall Becker als Möglichkeit entwickelte Singener Szenario keineswegs mehr als absurd erscheinen. Man muss sich nur folgende Situation vor Augen führen: Was wäre geschehen, wenn der Verfassungsschutz am 7. April 1977 auf einmal bemerkt hätte, dass eine für sie als Informantin tätige Terroristin an der Durchführung eines Attentats beteiligt war oder es als Todesschützin gar selbst verübt hat? Das hätte eine Krise mit unausdenkbaren politischen Folgen ausgelöst. Der Geheimdienst hätte alles unternehmen müssen, um zu verhindern, dass davon etwas ruchbar geworden wäre.

Und wäre das, so ließe sich dieses Szenario weiterdenken, nicht der Auslöser für die Absicht, die Doppelfigur Becker – unabhängig davon, ob sie damit einverstanden gewesen wäre oder nicht – ganz herauszunehmen? In Karlsruhe war mit einer Waffe geschossen worden, die Haag vermutlich schon 1976 gekauft hatte und die nun weiter im Besitz des Duos war. Was hätte alles noch geschehen können? Das wäre in höchstem Maße beunruhigend gewesen. Und in den darauffolgenden Tagen und Wochen bis zum 3. Mai 1977 in Singen ist von den beiden schließlich noch genügend Unheil angerichtet worden. Und alles mit der Heckler & Koch im Anschlag. Falls das bekannt war, dürfte das Boedens Abteilung Terrorismus, das BfV und eventuell auch den BND alarmiert haben. Unter diesen Voraussetzungen erscheint die Annahme, dass in Singen ein doppeltes Spiel getrieben worden ist, nicht ganz unplausibel. War das nicht eine probate Chance, eine aus dem Ruder gelaufene Informantin herauszunehmen – und ihr zugleich eine passable Legende zu verschaffen? Der RAF-Terroristin Becker und ihrem Kampfgefährten Sonnenberg, der von ihrer hier einmal unterstellten Doppelexistenz nichts gewusst haben muss, kommt man durch einen aus der Bevölkerung gegebenen Hinweis auf die Spur, überwältigt sie und macht sie dingfest. Damit wäre einerseits das Bild einer erfolgreichen Polizeiaktion zu präsentieren gewesen und andererseits hätte man sich zugleich eines überaus drängenden Problems erst einmal entledigt.

Gegen dieses Gedankenspiel spricht aber eine erst in jüngerer Zeit abgegebene Erklärung. Das Bundesamt für Verfassungsschutz hat vor einem Jahr der Bundesanwaltschaft gegenüber die Zusicherung abgegeben, es habe mit Verena Becker zwischen dem Frühjahr 1972 und dem Frühjahr 1980 keinerlei Zusammenarbeit gegeben.[220] Ist es überhaupt denkbar, dass sich diese Feststellung doch noch als unzutreffend herausstellt? Ja, durchaus. Es gibt genügend Beispiele dafür, wie spitzfindig Geheimdienste werden können, wenn es sich gar nicht mehr umgehen lässt, eine amtliche Auskunft zu erteilen. Die Art und Weise, wie etwa Regierungsamtsrat Koppermann 1982 im dritten Schmücker-Prozess vor dem Berliner Landgericht aufgetreten ist, um Kontakte des Kölner BfV zu dem Kronzeugen Jürgen Bodeux zu dementieren, ist lehrreich genug. Die Becker betreffende Auskunft kann formal betrachtet durchaus zutreffend und insofern auch wahr gewesen sein. Trotzdem aber muss sie der Sache nicht unbedingt entsprochen haben. Denn es wäre nicht das erste Mal gewesen, dass das BfV die Verantwortung für eine Angelegenheit des Verfassungsschutzes abgestritten hätte.[221] Als Hintertür stand zur Zeit des Kalten Krieges immer das Berliner Landesamt zur Verfügung. Denn was sich in West-Berlin abspielte, das lag nur sehr bedingt in der Zuständigkeit des Bundesamtes. Dort gab es die Alliierten mit den von ihnen für das LfV eingeführten Sonderkonditionen. Wer hätte das besser wissen sollen als das BfV in Köln.

---

220 So zumindest: Leyendecker, »Kölner Geheimnisse«, *Süddeutsche Zeitung*, 5. September 2009.

221 Der Autor hat im Dezember 2005 auf einer Konferenz selbst die Erfahrung gemacht, dass von einem früheren Präsidenten des Bundesamtes für Verfassungsschutz die Verantwortung für einen V-Mann mit dem Verweis abgestritten wurde, dass dies außerhalb ihrer Zuständigkeit gelegen habe. Es war dabei um den Agenten Peter Urbach gegangen, der die Westberliner APO mit Waffen, Bomben und Sprengstoff beliefert hatte. Mit einer der von ihm stammenden Bomben war dann am 9. November 1969 versucht worden, einen Anschlag auf das Jüdische Gemeindehaus in der Charlottenburger Fasanenstraße durchzuführen. Vgl. Kraushaar, Die Bombe im Jüdischen Gemeindehaus.

Eines sollte jedoch zum Schluss ganz unmissverständlich festgehalten werden. Der Autor dieser Untersuchung hat keinen Beleg für eine Informantentätigkeit Verena Beckers für den Verfassungsschutz *vor* 1977. Er will auch nicht suggerieren, dass es so gewesen sein müsse. Im Zuge seiner Recherchen ist es aber in dieser Hinsicht zu einer derartigen Häufung von offenen und verdeckten Hinweisen gekommen, dass es leichtfertig wäre, einfach weiter vom Gegenteil ausgehen zu wollen. Bekanntlich erzeugt auch die Kumulation von Indizien, die im Hinblick auf eine bestimmte Argumentation noch keine geschlossene Kette bilden, eine besondere Qualität. Die hier aufgezeigte Vielzahl der unterschiedlichsten Verdachtsmomente, die die Annahme einer Deckung Beckers durch staatliche Stellen nahelegen, hat in ihrem Gewicht ständig weiter zugenommen. Es mag Zufälle, Pannen, Ungeschicklichkeiten und Unzulänglichkeiten geben, doch irgendwann ist das Maß überschritten. Michael Buback ist deshalb bereits bei seinen eigenen Recherchen zu dem Schluss gelangt:

> »Bei der Annahme einer Deckung und Unterstützung für Verena Becker, etwa von Geheimdienstseite, ließ sich alles, was ansonsten unverständlich war, widerspruchsfrei erklären.«[222]

So plausibel diese Annahme auch sein mag, auch sie stellt natürlich keinen Beweis dar, sondern lediglich eine Vermutung. Der Verdacht, dass Becker bereits vor 1977 für den Verfassungsschutz gearbeitet haben könnte, ist und bleibt eine begründete Vermutung. Nicht mehr, aber auch nicht weniger.

---

222 Buback, Der zweite Tod meines Vaters, S. 323.

Quellen- und Literaturverzeichnis

Ungedruckte Quellen

Aktionen linksextremistischer Personen in der BRD und WB, HIS-Archiv, MfS 73/009.

Anklageschrift gegen Verena Christiane Becker und Günter Wilhelm Gustav Sonnenberg, Karlsruhe, den 28. Juni 1977, HIS-Archiv, RA 01/013, 005.

Becker, Verena, ich trete heute [...] in einen unbefristeten hungerstreik, stammheim, den 28. 3. 78, HIS-Archiv, RA 03/002, 001.

Berichte und Dossiers zu Angela Luther, HVA Abt. X/4 vom 19. März 1975, Reg.-Nr. XV 219/70, HIS-Archiv, MfS 75/012.

Beschluß in dem Ermittlungsverfahren gegen Verena Becker, Der Ermittlungsrichter des Bundesgerichtshofes, 11. Mai 1977, HIS-Archiv, RA 02/066, 002.

Internationales Komitee zur Verteidigung politischer Gefangener in West-Europa, Pressemitteilung, Stuttgart, den 27. Juni 1977, HIS-Archiv, RA 01/013, 005.

Luther, Angela/Berichte und Dossiers zu Angela Luther (1973.05.30. – 1977. 11.15.), HIS-Archiv, MfS 75/012.

Senator für Justiz, Dokumentation über die Haftbedingungen der Untersuchungs- und Strafgefangenen, die sich wegen politisch motivierter Straftaten zur Zeit in Berliner Justizvollzugsanstalten im Untersuchungs- oder Strafhaft befinden, Berlin 62, den 8. Nov. 1974, HIS-Archiv, RA 02/002, 013.

TE 13, Bericht/Betr.: Festnahme HAAG/MAYER am 30. November 1976; hier: Sichergestellte Papiere, BN-Bad Godesberg, 12. 12. 76, S. 22, HIS-Archiv, KOK 005, 02.

Urteil in der Strafsache gegen den Diplom-Psychologen Siegfried Bruno Mahn und die Lehrerin Karin Ingeborg Mahn, 15. Große Strafkammer des Landgerichts Berlin, 2. April 1976, S. 21, HIS-Archiv, Ur/13.

Urteil in der Strafsache gegen Brigitte Margret Ida Mohnhaupt und Christian Georg Alfred Klar, Oberlandesgericht Stuttgart, 2. April 1985, S. 199, HIS-Archiv, Ur/20.

Urteil in der Strafsache gegen den Glasreiniger Willi Räther und die berufslose Verena Christiane Becker, 12. Dezember 1974, HIS-Archiv, Ur/12.

Urteil in der Strafsache gegen den Studenten Ulrich Sepp Schmücker, 14. Große Strafkammer des Landgerichts Berlin, 7. Februar 1973, S. 23f., HIS-Archiv, Ur/10.

Urteil in der Strafsache gegen den Studenten Harald Erich Sommerfeld, Große Strafkammer 502 a des Landgerichts Berlin, 25. Mai 1973, HIS-Archiv, Ur/11.

Verfügung des Vorsitzenden Richters, 28. Juni 1977, Bundesarchiv Koblenz, B 362/3161, Bd. VII, Bl. 3/107.

Vernehmungsprotokoll des Beschuldigten Baumann, Michael, Berlin, den 10. November bis 19. Dezember 1973, HIS-Archiv, Akte Baumann, MfS 73/022–047.

403 E – 17/78, z. Nt. Buback, Siegfried, Hauptstaatsarchiv Stuttgart.

Gedruckte Quellen und Literatur

Albertz, Heinrich, Blumen für Stukenbrock. Biographisches, Reinbek 1983.

Anonym, »Von uns keine Aussagen«, *junge Welt* vom 7. Mai 2010.

Aust, Stefan, Der Baader Meinhof Komplex, Hamburg 2008.

Ders., Kennwort Hundert Blumen. Die Verwicklung des Verfassungsschutzes in den Mordfall Ulrich Schmücker, Hamburg 1980.

Ders., Der Lockvogel. Die tödliche Geschichte eines V-Mannes zwischen Verfassungsschutz und Terrorismus, Reinbek 2002.

Barth, Karl Günther, »Ein Schwein nach dem anderen umlegen«, *Stern* vom 29. Mai 1980, Nr. 23, S. 120–124.

Baumann, Michael, Wie alles anfing, München 1975.

»Bedauerliches Versehen«, *Der Spiegel* vom 26. November 1984, 38. Jg., Nr. 48, S. 106–112.

Bienfait, Claus, »So wurde Siegfried Buback ermordet«, *Die Welt* vom 9./10. April 1977.

Bittorf, Wilhelm, »Die lange Jagd. Den Buback-Mördern auf der Spur«, *Stern* vom 12. Mai 1977, Nr. 21, S. 18–28.

Bortfeldt, Wolfram, Deckname »Kette«. Der Verfassungsschutz und der Mord an Ulrich Schmücker, Hamburg/Zürich 1992.

Brückner, Peter/Sichtermann, Barbara, Gewalt und Solidarität. Zur Ermordung Ulrich Schmückers durch Genossen. Dokumente und Analysen, (West-)Berlin 1974.

Buback, Michael, »Fremde, ferne Mörder«, *Süddeutsche Zeitung* vom 24. Januar 2007.

Ders., »Gnade für Christian Klar«, *Süddeutsche Zeitung* vom 18. April 2007.

Ders., »Gnade ohne Klärung?« Ein Beitrag aus der Tagung: Dreißig Jahre nach dem Deutschen Herbst, Bad Boll, 26.–28. Oktober 2007, Online-Text der Evangelischen Akademie Bad Boll, http://www.ev-akademie-boll.de/filead min/res/otg/520707-Buback.p df [10. September 2010].

Ders., Der zweite Tod meines Vaters, München 2008.

Ders., Der zweite Tod meines Vaters. Erweiterte Taschenbuchausgabe, München 2009.

Ders., »Auch Horst Herold verdächtigte Verena Becker«, *Frankfurter Allgemeine Zeitung* vom 29. August 2009.

C.L., »Letzter Terror-Akt: Hungern bis zum Tod«, *Welt am Sonntag* vom 26. Juni 1977.

Claessens, Dieter/de Ahna, Karen, »Das Milieu der Westberliner ›scene‹ und die ›Bewegung 2. Juni‹«, in: Analysen zum Terrorismus, hrsg. vom Bundesministerium des Innern, Band 3: Wanda von Baeyer-Katte u.a. (Hg.), Gruppenprozesse, Opladen 1982, S. 19–181.

Dahlkamp, Jürgen/Stark, Holger, »Ratte und Geier«, *Der Spiegel* vom 27. September 2010, 64. Jg., Nr. 39, S. 33.

Dalldorf, Erich, »Bomben vom Verfassungsschutz. Wie Berlins Innensenator Neubauer einen V-Mann enttarnte«, *Konkret* vom 3. Juni 1971, 17. Jg., Nr. 12, S. 17.

»Das Attentat«, *Stern* vom 14. April 1977, Nr. 17, S. 18–35.

»Der Treff vor dem Tod«, *Der Spiegel* vom 21. Juni 1976, 30. Jg., Nr. 26, S. 41–43.

»Die Eltern der Terroristen sind am Ende«, *Quick* vom 13. März 1975, Nr. 12, S. 24–28.

»Die Lorenz-Entführung: Nur die Generalprobe?«, *Der Spiegel* vom 10. März 1975, 29. Jg., Nr. 11, S. 19–26.
»Die Rote Armee aufbauen!«, *Agit 883*, 5. Juni 1970, 2. Jg., Nr. 62, S. 6.
Diewald-Kerkmann, Gisela, Frauen, Terrorismus und Justiz. Prozesse gegen weibliche Mitglieder der RAF und der Bewegung 2. Juni, Düsseldorf 2009.
Ditfurth, Jutta, Ulrike Meinhof. Die Biografie, Berlin 2007.
Droste, Gabriele/Klaus, Alfred, Sie nannten mich Familienbulle. Meine Jahre als Sonderermittler gegen die RAF, Hamburg 2008.
Dürkop, Marlies, »Frauen als Terroristen. Zur Besinnung auf das soziologische Paradigma«, in: *Kriminologisches Journal*, 10. Jg., 1978, S. 264–280.
»›Eigentlich müßte jeder verdächtig sein‹. Das Dilemma der Terroristen-Fahndung: Untergrund in Bürgermaske«, *Der Spiegel* vom 12. September 1977, 31. Jg., Nr. 38, S. 22–33.
Einsele, Helga/Löw-Beer, Nele, »Politische Sozialisation und Haftbedingungen«, in: Susanne von Paczensky (Hg.), Frauen und Terror. Versuche, die Beteiligung von Frauen an Gewalttaten zu erklären, Reinbek 1978, S. 24–36.
Elfferding, Rainer, »Zum Schmücker-Prozeß. Vortrag im Bremen am 19. September 1986«, in: Künast (Hg.), Der Mordfall Schmücker und der Verfassungs»schutz«, (West-)Berlin 1987, S. 1–21.
Ellersiek, Christa/Becker, Wolfgang, Das Celler Loch. Die Hintergründe der Aktion Feuerzauber, Hamburg 1987.
Elsässer, Jürgen, »Buback-Mord und Geheimdienste. Prozess gegen Becker beginnt im Herbst«, *Die Rote Fahne* vom 1. August 2010.
Faerber, Renate, »Verena Becker wurde für wenige Minuten zwangsvorgeführt«, *Frankfurter Rundschau* vom 29. November 1977.
Formann, Gunnar, Der Generalbundesanwalt beim Bundesgerichtshof. Kompetenzen und Organisation der Bundesanwaltschaft zwischen Bundesstaat und Gewaltenteilung, Hamburg 2004.
Freudenreich, Johann, »Lehrerin an Banküberfällen beteiligt«, *Süddeutsche Zeitung* vom 6. Mai 1971.
Friedmann, Jan/Hinrichs, Per/Sontheimer, Michael/Holm, Carsten, »Das Geheimnis des dritten Mannes«, *Der Spiegel* vom 23. April 2007, 61. Jg., Nr. 17, S. 24–34.
»›Für Revolutionäre gibt es keinen Urlaub‹. Die Bewegung 2. Juni im Untergrund«, *Der Spiegel* vom 19. November 1973, 27. Jg., Nr. 47, S. 74–92.
Gast, Wolfgang, »Die aufgerollte RAF«, *die tageszeitung* vom 29. Juli 2010.
»Geheimdienst-Tummelplatz. Seit der Verhaftung gibt Verena Becker Rätsel auf«, *Singener Wochenblatt* vom 26. August 2010, S. 11.
Geheime Rede des scheidenden Verfassungsschutz-Chefs Zachmann, in: Bortfeldt, Deckname »Kette«, S. 250–270.
Gössner, Rolf, »Die dunklen Gestalten polizeilicher und geheimdienstlicher ›Ermittlungsarbeit‹«, in: ders., Das Anti-Terror-System. Politische Justiz im präventiven Rechtsstaat, Hamburg 1991.
Häusler, Bernd, Der unendliche Kronzeuge. Szenen aus dem Schmücker-Prozeß, (West-)Berlin 1987.
Hafthilfeausschuss Westberlin, »Hungerstreik in der Strafanstalt Lehrter Straße/Berlin-West«, *Rote Hilfe*, 1. Jg., Nr. 2, 1973, S. 18.
Hannover, Heinrich, Reden vor Gericht. Plädoyers in Text und Ton, Köln 2010.
Harbusch, N./Koch, E./Kürthy, S./Ley, J., »BILD fand RAF-Terroristin Verena Becker und fragte: Haben Sie Buback erschossen?«, *Bild*-Zeitung vom 26. August 2009.

Hollstein, Miriam, »Ex-BKA-Mann schließt Mittäterschaft Verena Beckers aus«, *Welt online* vom 27. August 2009.
Ders., »Mordfall Buback: Sohn fordert Ausweitung der DNA-Analyse«, *Die Welt* vom 24. Juli 2008.
Holm, Carsten, »Der Sieg des Spitzels«, *Der Spiegel* vom 6. Mai 2002, 56. Jg., Nr. 19, S. 50–54.
Hübner, Siegfried F., Der erste Treffer zählt, Schwäbisch Hall 1967.
ID-Archiv (Hg.), Bad Kleinen und die Erschießung von Wolfgang Grams, Berlin/ Amsterdam 1994.
ID-Verlag (Hg.), Rote Armee Fraktion, Texte und Materialien zur Geschichte der RAF, Berlin 1997.
Initiative für einen neuen Schmücker-Prozeß (Hg.), Ein Toter von Amts wegen? Die Verstrickungen des Verfassungsschutzes in den Mordfall Ulrich Schmücker, (West-)Berlin 1980.
Klose, Rainer, »Weniger Tricks beim Kleinkrieg«, *Süddeutsche Zeitung* vom 29. November 1977.
Knapp, Ursula, »Verena Becker sucht Rat bei einem Orakel«, *Frankfurter Rundschau* vom 4. Januar 2010.
Knobbe, Martin/Krause, Dieter/Nübel, Rainer, »Ein Hüpferle war's«, *Stern* vom 3. September 2009, Nr. 37, S. 46–47.
»Kommuniqué über Verrat«, *Frankfurter Rundschau* vom 7. Juni 1974.
Korte-Pucklitsch, Ilse, »Warum werden Frauen zu Terroristen? Versuch einer Analyse«, in: *Vorgänge*, Nr. 40/41, 18. Jg., 1979, Heft 4/5, S. 121–128.
Kraushaar, Wolfgang, Die Bombe im Jüdischen Gemeindehaus, Hamburg 2005.
Ders. (Hg.), Die RAF und der linke Terrorismus, 2 Bde., Hamburg 2006.
Ders., »Die Tupamaros West-Berlin«, in: ders. (Hg.), Die RAF und der linke Terrorismus, Bd. I, Hamburg 2006, S. 512–530.
Ders., »Aus der Protest-Chronik: 6. Mai 1972«, in: *Mittelweg 36*, 18. Jg., Heft 5, Oktober/November 2009, S. 89–92.
Künast, Renate, Der Mordfall Schmücker und der Verfassungs»schutz«. Dokumentation seit dem 29. September 1986, Alternative Liste für Demokratie und Umweltschutz, Fraktion des Abgeordnetenhauses von Berlin, vorgelegt von Renate Künast (MdA), (West-)Berlin 1987.
Lehmann, Peter-Hannes, »Aden ist kein Paradies«, *Stern* vom 13. März 1975, Nr. 12, S. 56–65.
Leyendecker, Hans, »Geschichte wird gemacht«, *Süddeutsche Zeitung* vom 2. August 2010.
Ders., »Kölner Geheimnisse«, *Süddeutsche Zeitung* vom 5. September 2009.
Ders., »Das Mädchen Verena«, *Süddeutsche Zeitung* vom 1. Oktober 2009.
Ders., »Die Notizen des Stasi-Majors Siegfried J.«, *Süddeutsche Zeitung* vom 2. September 2009.
»Lockende Losung«, *Der Spiegel* vom 17. Juni 1974, 28. Jg., Nr. 25, S. 34.
Lüderssen, Klaus (Hg.), V-Leute. Die Falle im Rechtsstaat, Frankfurt am Main 1985.
Martin, Ludwig, »Die Bundesanwaltschaft beim Bundesgerichtshof«, in: Roderich Glanzmann/Hans Joachim Faller (Hg.), Ehrengabe für Bruno Heusinger. Gewidmet von Mitgliedern des Bundesgerichtshofes, der Bundesanwaltschaft und der Rechtsanwaltschaft beim Bundesgerichtshof, München 1968, S. 85–100.
Meyer, Till, Staatsfeind. Autobiografie, Hamburg 1996.

Minkmar, Nils, »Schmutzige Geschichten«, *Frankfurter Allgemeine Sonntagszeitung* vom 20. Juni 2010.

»Mit den Fingern in die Wunde greifen. Terrorismus-Fahndung: Erkenntnisse aus den RAF-Hausapotheken«, *Der Spiegel* vom 4. Dezember 1978, 32. Jg., Nr. 49, S. 64–73.

Moser, Thomas, »RAF und kein Ende. Wer erschoß Generalbundesanwalt Siegfried Buback? Immer neue Fragen zu einem politischen Attentat«, in: *Deutschland Archiv*, 42. Jg., Heft 2/2009, S. 314–320.

»Neubauers Bomben-Politik. Die V-Mann-Affäre wird immer dubioser«, *Berliner Extra-Dienst* vom 8. Mai 1971, V. Jg., Nr. 36, S. 2.

Peters, Butz, Tödlicher Irrtum. Die Geschichte der RAF, Berlin 2004.

Pfuhl, Walter, »Verena Becker nach Zwangsvorführung von der Verhandlung ausgeschlossen«, *Die Welt* vom 29. November 1977.

Prantl, Heribert, »›Das sind unsere Mörder, Herr Buback‹. Vor 25 Jahren wurde der Generalbundesanwalt von Terroristen der Roten Armee Fraktion erschossen«, *Süddeutsche Zeitung* vom 6. April 2002.

Ders., »Verena Becker war und ist gnadenwürdig«, *Süddeutsche Zeitung* vom 9. Dezember 1989.

Ders., »Der Züricher Koffer«, *Süddeutsche Zeitung* vom 10. September 2009.

»So sehen sie das Ende der RAF«, *die tageszeitung* vom 22. April 1998, S. 3.

Rath, Christian, »Buback: Verena Becker war es nicht. Eine DNA-Untersuchung zeigt, dass die Ex-RAFlerin nicht am Buback-Mord beteiligt war«, *tageszeitung* vom 23. Juli 2008.

Röttger, Maike, »BKA-Beweise belasten Verena Becker«, *Hamburger Abendblatt* vom 4. September 2009.

Rote Hilfe Westberlin (Hg.), Einblicke in den Schmücker-Prozess – eine Materialsammlung, Berlin 1990.

Schenk, Dieter, Der Chef. Horst Herold und das BKA, Hamburg 1998.

Schulze, Udo, Becker-Prozeß: Kommen Geheimdienste in Schwierigkeiten?, *KOPP-Online* vom 12. August 2010. http://info.kopp-verlag.de/hintergruende/deutschland/udo-schulze/becker-prozess-kommen-geheimdienste-in-schwierigkeiten-.html [10. September 2010].

Schuster, Jacques, Heinrich Albertz – der Mann, der mehrere Leben lebte. Eine Biographie, Berlin 1997.

Serke, Jürgen/Seufert, Michael/Unger, Walter, »Der Spitzel des Senators«, *Stern* vom 30. Mai 1971, 24. Jg., Nr. 23, S. 32–36.

»Sicher gestört«, *Der Spiegel* vom 27. Februar 1978, 32. Jg., Nr. 9, S. 99–108.

Sontheimer, Michael, »Natürlich kann geschossen werden«. Eine kurze Geschichte der Roten Armee Fraktion, München 2010.

Ders., »Operation Zauber«, *Der Spiegel* vom 7. September 2009, 63. Jg., Nr. 37, S. 63–66.

Ders., »Schweigen bis ins Grab«, *Der Spiegel* vom 2. August 2010, 64. Jg., Nr. 31, S. 46.

»Spitzel aus der Tarantel«, *Der Spiegel* vom 29. September 1986, 40. Jg., Nr. 40, S. 63–73.

Steinke, Wolfgang, Abteilungspräsident BKA a.D., »Der Tathergang im Fall Buback ist aufgeklärt«, *Frankfurter Allgemeine Zeitung* vom 26. August 2009.

Strauß, Franz Georg, Mein Vater: Erinnerungen, München 2008.

Stuberger, Ulf G., Die Akte RAF: Taten und Motive. Täter und Opfer, München 2008.

Süllwold, Lieselotte, »Stationen in der Entwicklung von Terroristen. Psychologische Aspekte biographischer Daten«, in: Analysen zum Terrorismus, hrsg. vom Bundesministerium des Innern, Band 2: Herbert Jäger/Gerhard Schmidtchen/Lieselotte Süllwold (Hg.), Lebenslaufanalysen, Opladen 1981, S. 80–116.

UL, »Verena Becker: Auf Schleichwegen kam sie aus dem Südjemen zurück«, *Die Welt* vom 4. Mai 1977.

Vereinigung Berliner Strafverteidiger e.V. (Hg.), Das Urteil. Ende des Schmücker-Prozesses?, Berlin 1991.

Viett, Inge, Einsprüche! Briefe aus dem Gefängnis, Hamburg 1996.

Dies., Nie war ich furchtloser. Autobiographie, Hamburg 1996.

»Verfassungsschutz contra Justiz. Umstrittene Praktiken in Terrorismus-Verfahren«, *Der Spiegel* vom 20. Oktober 1980, 34. Jg., Nr. 43, S. 53.

Vornbäumen, Axel, »Die verlorene Ehre der Verena Becker«, *Tagesspiegel* vom 28. April 2007.

»Vorsitzender Richter als ›altes Schwein‹ beschimpft«, *Frankfurter Rundschau* vom 30. November 1977.

Wisnewski, Gerhard/Landgraeber, Wolfgang/Sieker, Ekkehard, Operation RAF. Was geschah wirklich in Bad Kleinen?, München 1995.

Wollweber, Tina, Die Zuständigkeit des Generalbundesanwalts in Staatsschutzsachen nach § 120 Abs. 1 und Abs. 2 GVG (Europäische Hochschulschriften: Reihe 2, Rechtswissenschaft; 4975), Frankfurt am Main u.a. 2010.

Wunschik, Tobias, »Die Bewegung 2. Juni«, in: Wolfgang Kraushaar (Hg.), Die RAF und der linke Terrorismus, Bd. I, Hamburg 2006, S. 531–561.

Interviews

»Es ist auch Scham dabei«. Ex-Terrorist Peter-Jürgen Boock, 55, über das Attentat auf Generalbundesanwalt Siegfried Buback, die Strategie der RAF und seine persönliche Schuld, *Der Spiegel* vom 23. April 2007, 61. Jg., Nr. 17, S. 36–38.

»Ich erhoffe mir die Wahrheit«. Michael Buback über seine Suche nach Antworten auf die Frage, warum der Mord an seinem Vater auch nach 33 Jahren noch nicht aufgeklärt ist, *Frankfurter Rundschau* vom 27. August 2010.

»Ich habe auch jetzt keine Angst«. Interview mit dem neuen Generalbundesanwalt Kurt Rebmann über sein Amt, die Wanzenaffäre und über Probleme des Terrorismus, *Frankfurter Rundschau* vom 15. Juli 1977.

»Der Rechtsstaat auf dem Hackklotz«. Generalbundesanwalt Siegfried Buback über die strafrechtliche Bewältigung des Terrorismus, *Der Spiegel* vom 16. Februar 1976, 30. Jg., Nr. 8, S. 30–38.

Urteil gegen RAF-Terrorist Knut Folkerts. »Systematischer Fehler«, *Spiegel Online*-Interview mit dem Karlsruher Rechtsanwalt Michael Rosenthal, 20. August 2007.

»Wir werden bestimmt noch Überraschungen erleben«. Bernd Schmidbauer, Helmut Kohls Geheimdienst-Mann, über Agenten, die Arbeit der Birthler-Behörde und die Nachrichtendienste in Ost und West, *Die Welt* vom 3. Juni 2009.

»›Leistung liegt im Deutschen drin‹ – Interview mit Bundeskanzler Helmut Schmidt«, *Der Spiegel,* 15. Januar 1979, 33. Jg., Nr. 3, S. 32–45.

Fernseh- und Rundfunkdokumentationen

Hufnagl, Tobias/Schmidt, Holger, »Verschlusssache Buback. Eine Rekonstruktion«, Feature am Sonntag, SWR 2, Redaktion Walter Filz, 8. Juni 2008.

Koch, Egmont R., »Der Fall Buback – Auf den Spuren der Mörder«, ARD 2009.

Personenregister

Wolfgang Kraushaar (Hg.)
Die RAF und der linke Terrorismus

Gebunden, 1415 Seiten
2 Bände im Schuber
ISBN 978-3-936096-65-1

»Nach einer Reihe von Detailstudien hat Wolfgang Kraushaar jetzt eine epochale Aufarbeitung der RAF-Zeit vorgelegt, ein vorzügliches Handbuch und Nachschlagewerk über den Linksterrorismus, der aus der 68er Bewegung hervorging.«
Winfried Sträter, Deutschlandradio Kultur

»Wer sich für einen neuen Blickwinkel auf die politischen Hintergründe der RAF interessiert – diesen liefert die Aufsatzsammlung ›Die RAF und der linke Terrorismus‹. Auf fast 1500 Seiten, in mehr als 60 Einzelbeiträgen, untersuchen Wissenschaftler unter anderem die Bereitschaft der RAF zur Gewalt wie auch ihr Verhältnis zu den Nazi-Tätern.«
Aspekte

»Wirrnis und Wahnsinn – ein Mammutwerk von 47 Experten zeigt die Terroristen der Roten Armee Fraktion als Juniorpartner von Geheimdiensten im Kalten kreig – mit antisemitischen Tendenzen. [...] Das Projekt mit dem Titel ›Die RAF und der linke Terrorismus‹ war überfällig, denn die RAF ist Geschichte.«
Michael Sontheimer, Der Spiegel